全国高校就业创业特色教材课题研究成果
教育部学生服务与素质发展中心组织编写

大学生创新创业理论与实践

DAXUESHENG
CHUANGXIN CHUANGYE
LILUN YU SHIJIAN

主　编　陈献锋　张芳丽

副主编　李　娟　陆　昊　乔游子

编　者　华晓晓　蒋杰锐　迟晓君　赵志桓
　　　　王立杰　孟　飞　赵　琳

西安交通大学出版社
XI'AN JIAOTONG UNIVERSITY PRESS

图书在版编目（CIP）数据

大学生创新创业理论与实践 /陈献锋，张芳丽主编；
李娟，陆昊，乔游子副主编. — 西安：西安交通大学出
版社，2022.9（2025.8 重印）
ISBN 978 - 7 - 5693 - 2797 - 7

Ⅰ . ①大… Ⅱ . ①陈… ②张… ③李… ④陆…
⑤乔… Ⅲ . ①大学生—创业 Ⅳ . ①G647. 38

中国版本图书馆 CIP 数据核字（2022）第 179792 号

书　　名	大学生创新创业理论与实践	
	DAXUESHENG CHUANGXIN CHUANGYE LILUN YU SHIJIAN	
主　　编	陈献锋　张芳丽	
副主编	李　娟　陆　昊　乔游子	
责任编辑	牛瑞鑫	
责任校对	张　娟	

出版发行　西安交通大学出版社
　　　　　（西安市兴庆南路 1 号　邮政编码 710048）
网　　址　http://www.xjtupress.com
电　　话　（029）82668357　82667874（市场营销中心）
　　　　　（029）82668315（总编办）
传　　真　（029）82668280
印　　刷　陕西思维印务有限公司

开　　本　787 mm×1092 mm　1/16　印张　14.5　字数　301 千字
版次印次　2022 年 9 月第 1 版　　2025 年 8 月第 4 次印刷
书　　号　ISBN 978 - 7 - 5693 - 2797 - 7
定　　价　49.00 元

如发现印装质量问题，请与本社市场营销中心联系。
订购热线：（029）82665248　（029）82667874
投稿热线：（029）82665371

前　言

党的二十大报告提出：坚持科技是第一生产力、人才是第一资源、创新是第一动力，深入实施科教兴国战略、人才强国战略、创新驱动发展战略，强调"创新是引领发展的第一动力""创新创业是企业的命脉"。

创新创业教育被联合国教科文组织喻为"第三本教育护照"。创新创业教育注重培育创新思维、创业素养和企业家精神，被认为与学术教育、职业教育等同样重要。创新是提升我国核心竞争力的关键因素，是建设现代化经济的战略支撑。

2016年国务院办公厅印发《关于建设大众创业万众创新示范基地的实施意见》，进一步明确了高校和科研院所示范基地的领头作用，要求其充分挖掘人力和技术资源，构建大学生创业支持体系，促进人才优势和科技优势转化为产业优势和经济优势。

习近平总书记曾寄语青年："让创新成为青春远航的动力，让创业成为青春搏击的能量。"顺应时代要求，高校根据人才培养定位和创新创业教育目标的要求，组织编写具有科学性、先进性、适用性的创新创业教育教材具有重要现实意义。本书编写采用"理念渗透——场景体验——项目执行"模式，将创新创业相关理论知识融入一系列体验活动中，增强了创新创业教育的实操性，能培养大学生的创新思维、创业意识与创业能力。本书在课堂教学中综合运用体验教学、活动教学、案例教学等方式增加学生的体验感和获得感，以学生的自我发展为最终目的，突出过程导向、成长导向。

依照党的二十大精神，创新创业教育要服务科教兴国战略，要融入创新驱动发展，要支撑现代化产业体系，要增进民生福祉，切实提高战略性全局意识，着力造就创新创业型拔尖人才。本教材的编写逻辑符合教育规律和创新人才认知规律，以学生为中心从学生认知规律的角度进行内容编排。本书从大学生创新创业的时代背景入手，激发大学生学习的主动性，在此基础上，进行创新思维训练和创业实践训练，培育学生的创业意识和创业基本知识的运用能力。最后，本书通过对创业大赛的解读，提升学生参赛的意识，达到以赛促学的目的。全书依照学生的认知规律，深入浅出、循序渐进地普及创新创业知识，增强学生的创新精神、创业意识和创新创业能力。

在编写过程中，编者借鉴、参考了国内外创新创业教育的文献资料、专家学者的研究成果和创业成功人士的实践案例，在此一并表示感谢！

由于编者水平有限，真诚欢迎广大读者提出宝贵建议和意见。

编者

目　录

第一章 创新创业概述

▶ 第一节 "双创"时代

学习目标

1. 了解创新创业教育的时代背景。
2. 了解国内外创新创业教育的发展现状。

阅读材料

甲骨文裁员风波

不久前，突如其来的甲骨文裁员风波，激起了人们对中年危机的忧虑。"工作 10 年，年薪 100 万元，被裁只用了 10 分钟"，一篇篇充斥着强烈对比字眼的文章刷爆了朋友圈。对此，有人得出的结论让众多网友感慨万千——时代抛弃你，连声招呼都不会打。

美国软件巨头、数据库产品供应商甲骨文大举裁员的确令人唏嘘。自 1989 年进入中国以来，甲骨文公司一直备受关注。进入甲骨文的人通常是名校毕业，拥有很好的学历及技术背景的人才。有人一度以为，进入甲骨文工作，就迎来了职业生涯的高光时刻。而经济社会发展日新月异，站在科技前沿的互联网行业更是一日千里。甲骨文、滴滴、拜耳、福特等许多耳熟能详的大企业都大举裁员，被裁工程师平均年龄 37 岁，这进一步放大了中年危机，渲染了社会焦虑。

事实上，时代不曾抛弃谁，我们正处于一个最好的时代。改革开放 40 多年以来，随着中国企业的不断崛起，昔日在中国市场风光无限的外企光环已渐渐消散。除了政策改变、人力成本上升等不可抗因素外，一些外资企业自身也存在较大问题。反观，从大哥大到 5G，以华为为代表的中国企业踏浪前行风正劲，正从学习者、跟随者向领跑者、贡献者转变。甲骨文的故事，只不过是波澜壮阔的中国企业崛起浪潮中的一朵小浪花。"新时代是奋斗者的时代"，唯改革者进，唯创新者强，唯改革创新者胜。

或许，被裁的甲骨文员工们并没有停止前进，只是前进的速度慢于时代的步伐。从名校毕业，获得一份国际巨头公司的录取通知书，似乎年纪轻轻就获得了通往人生巅峰的捷径。但其实，容易走的路通常都是下坡路。安逸舒适的环境往往会让人懒惰松懈，忽略了隐藏的风险和趋势的改变。

没有什么是一成不变的，唯一不变的，就是变革本身。抛弃我们的，正是故步自封的自己。当别人在奔跑时，我们却在漫步，当别人为了更好的生活挥汗如雨时，我们却在喝咖啡中悠闲度日，待我们回过神来，才发现自己早已掉队出局。

"只有退潮的时候，才知道谁在裸泳"，与其坐看别人的"故事"，感受不确定性带来的焦虑，倒不如想想，如何主动帮一把未来的自己，避免让自己成为下一次"事故"的主人公。不论是刻苦钻研业务争当行家里手，还是自觉学习充电掌握实用技能，唯有奋斗，才能不负自己，不负青春韶华。

甲骨文裁员的现象告诉我们，没有什么是一成不变的，唯一不变的，就是变革本身，正如文中所说，"新时代是奋斗者的时代"，唯改革者进，唯创新者强，唯改革创新者胜。因不创新而失败的企业案例还有许多，知名的企业如诺基亚、柯达等。没有哪一家企业敢保证自己是常青树，更没有哪一个平台能保障员工一辈子的就业。无论从企业方面看还是从个人方面看，我们都应该树立创新意识，增强创业能力，以增强自己应对未来和适应未来的砝码。

一、创新创业的时代背景与意义

（一）创新创业是时代呼唤

随着计算机、互联网技术的普及和知识经济社会的快速发展，世界范围内技术和经济的前进速度超乎我们的想象。同学们可以思考一下，近年来发生了哪些科技变化？在哪些方面改变了生活？当下最流行什么？是"互联网＋"、大数据、云计算，还是人工智能？……所有这一切都围绕着一个主题，即这个时代的最强主旋律——创新创业。

2014年9月，国务院总理李克强在夏季达沃斯论坛上公开发出"大众创业、万众创新"的号召，提出要在960万平方公里的土地上掀起"大众创业""草根创业"的新浪潮，形成"万众创新""人人创新"的新态势。此后，他又在首届世界互联网大会、国务院常务会议和各种场合频频阐释这一关键词。

党的二十大报告指出，要坚持守正创新，坚持党的全面领导不动摇，坚持中国特色社会主义不动摇，紧跟时代步伐，顺应实践发展，以满腔热忱对待一切新生事物，不断拓展认识的广度和深度，敢于说前人没有说过的新话，敢于干前人没有干过的事情，以新的理论指导新的实践。

近年来，大众创业、万众创新已逐步成为经济发展的新引擎，在经济新常态下，对充分就业起到了重要的支撑作用。特别是在北京、上海、深圳等一线城市，以创新要素聚集的"双创"成果正在迅速涌现，全社会的创新创业热情不断高涨，经济增长的内生动力不断增强。

据天眼查等机构联合发布的《青年创业城市活力报告(2021)》显示，2011—2020年，中国共新增超过4400万家创业公司，也就是说，平均每7秒就有1家创业公司成立。2020年，新冠疫情对经济形势造成了一定程度的冲击，但中国创业公司新注册量呈现"逆势增长"，全年新增创业公司超710万家。与此同时，伴随着创业公司注册量的飞速增长，2011—2020年，中国新增近3万家创业服务机构。

(二)创新创业可为乡村振兴提供有力支撑

民族要复兴，乡村必振兴。全面推进乡村振兴，全面建设社会主义现代化国家，最艰巨最繁重的任务仍然在农村。坚持农业农村优先发展，坚持城乡融合发展，畅通城乡要素流动。加快建设农业强国，扎实推动乡村产业、人才、文化、生态、组织振兴。这是党的二十大报告中关于"全面推进乡村振兴"的重要论述。

2021年是乡村振兴工作全面启动的第一年。2021年国家持续加大力度扶持农村的发展，最直接的表现是，为衔接推进乡村振兴，中央财政直接补贴1561亿。乡村振兴已经成为热点投资趋势。如何紧紧抓住这一机遇，构建成功商业模式，真正使其成为区域经济发展、企业战略转型、房地产投资转型、产业促进创新的抓手，需要动一番心思，做一番努力。

乡村振兴战略的实施需要懂农业、知农情的新型农业人才。涉农院校大学生服务基层或面向农业农村就业能够将先进的农业科技和发展理念融入农村现代化建设，促进农村经济社会发展。

许多涉农院校的优秀毕业生扎根农村创新创业，为乡村振兴"添砖加瓦"。"中国大学生在线"平台报道显示，某校畜牧兽医专业的毕业生龙某，回乡创业，当起了"放牛娃"。龙某运用在校学习的专业知识，积极改善养殖技术。龙某在充分实地调研的基础上发现，用传统的养殖方式养牛，产量较低，肉质也不佳。龙某利用所学专业知识改良了肉牛养殖技术，牛肉品质和产量提高了30%～50%，价格也上涨了。在自身发展时，龙某还不忘带动村里其他养牛户共同致富，教授他们养殖技术，积极探索新路子。龙某表示："一个人富不算富，大家富了才算富，我要扎根农村，用自己学到的知识带着乡亲们一起致富奔向小康。"龙某扎根农村带动村民共同发展的精神深深鼓舞了其他同学。同是畜牧兽医专业的蒋某，采取区域性循环养殖模式，建立和完善桑叶养猪—粪便发酵—沼气供暖—沼粪肥桑的种养结合技术体系，走出一条新型生态养猪之路，并引进了自动化饲养系统，带领周边养殖户共同发展。

(三)创新创业是大学生个人成长与国家战略融合的有效途径

利用自己的专业技术优势以科技兴农的创新创业实践不在少数。还有不少大学生在学校期间就积极地参与创新创业大赛项目，在赛事中学习历练，不断提高自己的创新创业能力，为未来做准备。赵教授通过全球1249位专家的深入研究发现创新的最佳年龄是25到45岁之间，最佳年龄是37岁。而大学教育时期正是为创新创业夯实基础的时期。大学生朝气蓬勃、思想活跃；开放自信、学习力强；思维定式少，勇于创新。大学生具备创新创业的思想优势。大学生作为国家培养的高素质劳动者和技能型人才，是最具前瞻性的创业群体之一，是国家创新发展的新鲜血液。大学生创新创业不仅可以缓解大学生就业供需不平衡的总量性矛盾，而且可以营造"大众创新"的良好氛围，激发经济发展的活力，实现大学生个人成长与国家创新发展深度融合。

作为有思想意识、有价值判断的行为主体，大学生接受创新创业教育能够促进学生更好地认知自我，形成个人的就业创业价值观。大学生通过不断增强创新创业能力，能够激发民族的创新精神与创新基因，激发个人的智慧与创造力，从而推动国家富强和社会经济的迅速发展。当高校大学生接受了创新创业观念，并勇于去实践创新创业，就能把创新创业的实际作用发挥出来。从短期看，大学生参与"双创"有利于促进其全面发展、增加就业、促进经济增长；从长期看，则有利于为国家和社会培养创新型、应用型人才，优化社会创新创业环境。

二、创新创业教育的发展现状

（一）国外创新创业教育发展状况

国外的创新创业教育至今已有半个多世纪的发展历史。美国是世界上创新创业教育比较发达的国家之一。1947 年哈佛大学商学院开设了大学创业教育的第一门课——新企业管理，1948 年麻省理工学院将创造学列入大学教育内容。美国将创新作为重大国家战略，提出美国创新战略，从国家层面上加大了对创新创业的投入与支持。经过半个多世纪的发展，美国已经形成了政府、学校、社会机构等多主体深度参与的创新创业教育体系，具有明确的人才培养目标、完善的学科建制、雄厚的师资力量、系统化的课程设置，教育内容覆盖面广，涵盖了初中、高中、大学本科及研究生阶段，呈现出支持保障有力、产学合作广泛、重视精神培育和价值引领、注重国际性和开放性等特点。

英国创新创业教育的兴起，起初是为了给高校毕业生创造更多的就业机会以缓解就业压力，但随着时间的推移和就业率的不断提高，英国政府开始将创新创业的教育目的变为培养创业者品质，并在全国范围内普及。2019 年 11 月，英国发布《企业和创业教育框架》作为国家层面的顶层设计和高校实施创新创业的指南。

日本政府从环境、教育、制度等方面积极推进创新创业教育，学校也积极配合产业结构调整人才培养战略，积极探索创业人才培养的优秀方案。1991 年，东京创业创新教育国际会议从广义上把创业创新教育界定为，培养最具有开创性个性的人，包括首创精神、冒险精神、创业能力、独立工作能力及技术、社交和管理技能。

21 世纪以来，欧盟国家的创新创业教育方针和政策对西方国家的创新创业教育产生了重大影响。2016 年《欧洲高校创业教育》报告提出创业教育帮助学习者发展技能和培养心态，使其能够将创造性的想法转化为创业行动。同时，创业教育在欧洲国家课程中被确定为跨越初级、中级和高级水平的通用课程。

（二）国内创新创业教育发展状况

改革开放之初的 20 世纪 70 年代末，我国一些有识之士开始向国内介绍创造创新学。在上海交通大学，许立言教授首次为该校大学生开设创造创新课程。广西大学、清华大学、同济大学、中国矿业大学、中国科技大学等许多所大学也很快开设了创造创新类课程。清华大学于1998年5月最先举办了第一届创业计划大赛，并率先在本科生教育及研究生教育中开设了高新技术创业管理课程及创新与创业管理专业。

1999年6月国家颁布的《关于深化教育改革全面推进素质教育的决定》指出，高等教育要重视培养大学生的创新能力、实践能力和创业精神。2002年教育部在清华大学、上海交通大学、西北工业大学等大学开展了创业教育工作试点。

2010年5月教育部颁布《关于大力推进高等学校创新创业教育和大学生自主创业工作的意见》，这是第一个推进创新创业教育的全局性文件，正式使用创新创业教育这一概念，并明确地将其定义为适应经济社会和国家发展战略需要而产生的一种教学理念与模式，标志着创新创业教育工作进入新阶段。

2014年5月，国务院办公厅发布的《关于做好2014年全国普通高等学校毕业生就业创业工作的通知》，首次提出实施大学生创业引领计划，计划通过提升创业能力、落实创业扶持政策等手段提升大学生创业的比例。

2015年5月4日国务院办公厅发布的《关于深化高等学校创新创业教育改革的实施意见》(以下简称《意见》)明确地制定了高等学校创新创业教育的总体目标——"到2020年建立健全课堂教学、自主学习、结合实践、指导帮扶、文化引领为一体的高校创新创业教育体系"。《意见》指出，"坚持创新引领创业、创业带动就业，主动适应经济发展的新常态"，并针对高校创新创业人才的培养，提出"促进高等教育与科技、经济、社会紧密结合，加快培养规模宏大、富有创新精神、勇于投身实践的创新创业人才队伍"。《意见》站在国家实施创新驱动发展战略、促进经济提质增效升级、推进高等教育综合改革、促进高校毕业生更高质量创业就业的高度，明确了深化高等学校创新创业教育改革的指导思想、基本原则、总体目标。这一纲领性文件的出台标志着高等学校创新创业教育被正式纳入国家创新驱动发展战略，进入在国家统一领导下的深入推动阶段。党的二十大报告指出，"完善中国特色现代企业制度，弘扬企业家精神，加快建设世界一流企业"。这是以习近平同志为核心的中共中央基于新时代新征程党的使命任务作出的重要部署，为我国在全面建设社会主义现代化进程中科学推进企业改革发展提供了根本遵循。

改革开放以来，一大批优秀企业家在波澜壮阔的历史进程中迅速成长，为促进经济社会发展、增强综合国力作出了重要贡献，也积淀形成了以爱国情怀、创新精神、诚信操守、责任担当、国际视野为核心内涵的优秀企业家精神。一部改革开放的历史，不仅记录了企业家群体的创新创业，也见证了企业家精神的成长成熟。

(三)创新创业教育得到国家和地方政府层面的大力支持

教育部高等教育司司长吴岩指出，我国高等教育毕业生从过去从业、就业的模式已逐步转变成有创新本领创业、以创业引领就业的范式。就业是最基本的民生，完善促进创业带动就业的保障制度，支持和规范发展新就业形态。

国家对大学生创新创业高度重视。为助力大学生创新创业，从国家层面和地方政府层面出台了一系列涵盖金融扶持、税收优惠、公共服务、指导培训等方面的政策，如国务院《关于推动创新创业高质量发展打造"双创"升级版的意见》及教育部每年下发的关于做好全国普通高校毕业生就业创业工作的通知等相关文件。《关于推动创新创业高质量发展打造"双创"升级版的意见》明确指出，允许大学生用创业成果申请学位论文答辩。

除政策支持外，教育部牵头建设了 19 个国家级双创示范基地、200 多所创新创业教育改革示范高校。每年有近千所高校的 20 万大学生参与国家级大学生创新创业训练计划。"挑战杯"中国大学生创业计划竞赛、"互联网＋"大学生创新创业大赛等国家级赛事在激发大学生创新创业活力的同时，也为大学生创新创业项目搭建了与社会资本对接的平台，推动了大赛成果的转化。2017 年"青年红色筑梦之旅"系列活动的融入，促使创新创业教育实践与精准扶贫战略、乡村振兴战略有效结合，拓宽了创新创业教育的广度和深度。

三、正确认识创新创业教育

创新创业教育被联合国教科文组织喻为"第三本教育护照"。创新创业教育注重培育创新思维、创业素养和企业家精神，被认为与学术教育、职业教育同等重要。

创新教育的目标是把青少年培养成有创新思维、创新意识和创新能力的创新型人才。学者何克抗指出，创新思维是形成创新的思想、理论、方法及创新设计的高级、复杂认知能力；创新能力则解决如何把创新的思想、理论、方法及创新设计转化为实际的精神产品或物质产品，即写成文学作品、谱成乐曲、形成绘画及理论著作或是制造出各种专利产品。可见，创新思维和创新能力这两种素质的作用是要共同解决如何创新的问题。而创新思维在整个创新人才培养过程中具有基础性(或奠基性)作用。

创业教育与创业不同，创业教育重在"教育"，而创业则是一种实实在在的商业活动。创业教育更多的是转变学生的就业观念，培养学生的创业意识和创业潜质，发掘学生的创造潜能，激发学生的创业兴趣，并非鼓励所有大学生毕业后都立即去创办自己的公司或经营自己的店铺。创业教育是面向所有学生的，重在培养学生的"企业家"精神，但是创业却是个性化、个体的活动，对于有创业愿望和具备现实条件的学生，教师应该给予充分的指导和帮助。

创业教育就是引导学生明白，在就业创业的过程中，要把握好时代脉搏，努力将个人的小我融入祖国的大我，敢于把梦想变成现实。广大青年应当正奋力走在创新创业创造前列，积极投身创业热潮，以聪明才智和青春光热服务人民、推助发展、贡献国家。

【思考练习】

1. 从文中龙某扎根农村创业的例子，分组探讨一下如何充分结合专业特长服务国家发展战略，开展创新创业。

2. 为什么大学生要学习创新创业？

▶ 第二节　对创新的基本认知

学习目标

1. 理解创新的概念。
2. 理解创新的来源。
3. 熟悉创新的内容。

阅读材料

书店的创新

1994 年，30 岁的杰夫·贝佐斯在上网时偶然看到了 2300% 这个数字，这是当时互联网使用人数每年暴增的比例。杰夫·贝佐斯看到这个数字时目光炯炯，他开始思考：现在互联网还不成熟，就有这么快的增长率，留恋网络的人越来越多，能否在网络空间中创造一些商机呢？他列举了 20 多种商品，然后到大街上去观察和思考，终于某天，当他看到一个书店时，一个主意浮现在脑海中：为什么不先开一家网上书店呢？当时，美国作为出版大国，图书量有 130 多万种以上，音乐产品只有二三十万种。当时世界第一大书店的年销售额，也仅占全部市场销售额的 12%。可以说网上书店的市场空间很广阔。杰夫·贝佐斯迫不及待地起草商业计划，开启了自己的创业之路。他率先开启了电子商务的大门，用自身的超速增长引领了世界商业模式的革命，诠释了什么是电子商务。

1999 年 11 月，李国庆创设的当当网开通了。这与他的妻子一次在图书大厦费时费力的购书经历有关。后来他从亚马逊购买书籍时，发现购物渠道简单、流程快捷，于是坚定了网上卖书的创业想法。当时国内互联网才刚刚起步，现在当当网已发展成号称全球最大的中文网上图书商城。除了图书，商品种类繁多。现在很多人愿意在当当网上购物。

一、创新的概念

创新，顾名思义，指创造新的事物。创新一词出现很早，如《魏书》中有"革弊创新"，《周书》中有"创新改旧"。在西方，创新的英文是 innovation，起源于拉丁语，原意有三层含义：一是更新，指对原有的东西进行替换；二是创造新的东西，即创造出原来没有的东西；三是改变，即对原有的东西进行发展和改造。

创新是指人们为了发展需要，运用已知的信息和条件，突破常规，发现或产生某种新颖、独特的有价值的新事物、新思想的活动。

从经济学的角度来看，创新的概念最早可以追溯到1912年美籍经济学家约瑟夫·熊彼特在《经济发展理论》中提出的创新理论。熊彼特在其著作中提出，创新是指把一种新的生产要素和生产条件的新结合引入生产体系。它包括五种情况：引入一种新产品，引入一种新的生产方法，开辟一个新的市场，获得原材料或半成品的一种新的供应来源，实现任何一种工业的新的组织。

因此，经济学角度下的创新就是以现有的思维模式提出有别于常规或常人思路的见解为导向，利用现有的知识和物质，在特定的环境中，本着理想化需要或为满足社会需求，而改进或创造新的事物，包括但不限于各种产品、方法、元素、路径、环境等并能获得一定有益效果的行为。

创新的目的不是实现利润最大化，而是创造客户。创新是为客户创造出新的价值，把未被满足的需求或潜在的需求转化为机会，并创造出新的客户满意。以牺牲客户价值为代价的创造不是创新。

创新的本质是突破，即突破旧的思维定式、旧的常规戒律。创新活动的核心是新，它或者是产品的结构、性能和外部特征的变革，或者是造型设计、内容的表现形式和手段的创造，或者是内容的丰富和完善。

创新是一种首创性活动，因参照对象不同而有不同的含义，衍生出狭义创新和广义创新两种类型。狭义创新是相对于其他人或全人类来说的，是第一，是首创，比如各类发明创造。广义创新是指相对于我们自己来说，是第一，是首创，比如推行了新的工作方法，进行了某些方面的改革等。阅读课前关于书店的创新案例，亚马逊网站作为第一个真正意义上开启电子商务大门的商业模式，无疑是创新，那么当当网则带有一定的借鉴性质，也可以称为创新吗？如果也算的话，又如何对它们进行区分呢？

二、创新与创业之间的关系

创新和创业相辅相成，创新与创业的动态融合及相互影响对于创业成功和企业成长至关重要。两者的关系主要体现在以下四个方面。

第一，创新是创业的基础和源泉。创业者在创业过程中具有持续旺盛的创新精神、创新意识和创新思维，才可能产生富有创意的想法或方案，才可能不断产生新的思路、新的方法、新的模式、新的出路，最终获得创业成功。创新能力是最重要的创业资本。

第二，创业是创新的体现和延伸。创新精神所具有的意义，只有通过创业实践活动才能实现，才有可能使创业获得成功。但是仅仅具备创新精神是不够的，它只是为创业成功提供了可能性和必要条件。如果脱离创业实践，缺乏一定的创业能力，创新精神也就成了无源之水，无本之木。

第三，基于创新的创业活动更有可能成功。有些创业活动只是在简单复制别人的产品、服务或经营模式，没有对具体问题进行具体分析，因此难以形成自己的市场竞争力。创业与财富创造更加关注市场和顾客，以创新为核心的创业活动更容易形成独特的竞争优势，也更可能带来新的价值，进而更好地成长。

第四，创业推动并深化创新。创业可以推动新的发明，新的产品、服务或新的商业模式的不断涌现，创造出新的市场需求，进而提高了企业或整个国家的创新能力。创业的关键在于创新，持续的创新必然推动和成就创业。

三、创新的内容

人类所做的一切事物都存在创新，创新遍布人类生活的方方面面。因此，创新涵盖众多领域，包括政治、军事、经济、社会、文化、科技等。随着时代发展和社会变迁，创新包含的范围更加广泛，主要有理论创新、制度创新、科技创新、文化创新和其他创新。其中，科技创新是基础前提和动力，制度创新是重要保证与关键，理论创新是核心灵魂与指导，文化创新是智力和支持。它们之间相互促进，密不可分。

(一)理论创新

理论创新是指人们在社会实践活动中，对出现的新情况、新问题，作新的理性分析和理性解答，对认识对象或实践对象的本质、规律和发展变化的趋势作新的揭示和预见，对人类历史经验和现实经验作新的理性升华。简单地说，就是对原有理论体系或框架的新突破，对原有理论和方法的新修正与新发展，以及对理论禁区和未知领域的新探索。

新时代是一个需要理论而且一定能够产生理论的时代，是一个需要思想而且一定能够产生思想的时代。习近平新时代中国特色社会主义思想是党的十九大精神的核心内容。习近平新时代中国特色社会主义思想既继承又发展了马克思列宁主义、毛泽东思想、邓小平理论、"三个代表"重要思想和科学发展观，在多个方面具有理论创新，包含"新时代""新目标""新矛盾""新方略"和"新要求"等多方面新的内容。

(二)制度创新

制度创新是指随着生产力的发展，相关的制度也需要随之进行变革，因而通常也可以称之为制度再造。对企业来讲，企业制度创新是极其重要的。企业本身作为一种生产要素的组合体，实际上就是依靠企业制度来将各生产要素组合起来的。现代企业制度创新是为了实现管理目的，通过建立一种更优的制度，将企业的生产方式、经营方式、分配方式、经营观念等规范化设计与安排的创新活动。它是管理创新的最高层次，是管理创新实现的根本保证。

二战期间，美国空军降落伞的合格率为99.9%，这就意味着从概率上来说，每一千个跳伞的士兵中会有一个因为降落伞不合格而丧命。因此军方要求厂家必须让合格率达到100%。厂家负责人说他们已经竭尽全力了，99.9%已是极限，除非出现奇迹。于是军方就改变了降落伞的检查制度，每次交货前从降落伞中随机挑出几个，让厂家负责人亲自跳伞检测。从此，奇迹出现了，降落伞的合格率达到了100%。

(三)科技创新

科技创新是社会生产力发展的源泉，是指科学技术领域的创新。科技创新涵盖两个方面，即自然科学知识的新发现和技术工艺的创新。在现代社会，大学、科学工程研究等研究机构是基础科学技术创新的基本主体，而企业是应用工程技术、工艺技术创新的基本主体。从企业的角度来看，科技创新主要指创造和应用新知识、新技术、新工艺，采用新的生产方式和经营管理模式，开发生产新产品，提高产品质量，提供新的服务的过程。科技创新包括三类：知识创新、技术创新及现代科技引领的管理创新。

20世纪40年代，美国有许多制糖公司向南美洲出口方糖，因方糖在海运中会受潮，损失巨大。一位名叫科鲁索的制糖工人，想出一个简单的防潮方法：只要在包装纸上开一个小孔，使空气能够流通，方块糖就不会受潮了。其原理就像穿着透气的衣服会比较舒适一样。科鲁索为此创造申请了专利，后来一家制糖公司以100万美元购买了专利使用权。

(四)文化创新

文化创新几乎曾出现在每个重要的历史节点，具有重要的作用和意义。传统文艺非常讲究创新，譬如造字六法的产生，以及篆隶楷行草不同书体的演变；再譬如山水画中不同皴法的形成，以及不同流派的确立等，这些都是创新的具体体现。从企业的角度来看，企业文化创新是指为了使企业的发展与环境相匹配，根据企业本身的性质和特点形成体现企业共同价值观的企业文化，并不断创新和发展的活动过程。面对日益深化、日益激烈的国内外市场竞争环境，越来越多的企业不仅从思想上认识到创新是企业文化建设的灵魂，是不断提高企业竞争力的关键，而且逐步将创新贯彻到企业文化建设的各个层面，落实到企业经营管理的实践中。

近年来国潮文化的融合发展带动了许多新的经济业态，如汉服、国风动漫、国风经济等。消费者不再以国产还是进口为标准选择商品，而是回归到产品本身。许多实体业态开始对传统文化进行再挖掘与创新。例如，百年王老吉携手瓷妆进军彩妆界，老干妈卫衣大火，李宁等中国本土品牌也焕发新姿。

(五)其他创新

管理学家彼得·德鲁克将创新引入管理，他认为，创新是组织的一项基本功能，是管理者的一项重要职责。创新还体现在组织管理层面、服务层面、方法层面等。管理创新是指组织形成创造性思想并将其转换为有用的产品、服务或作业方法的过程，是企业把新的管理要素（如新的管理方法、新的管理手段、新的管理模式等）或要素组合引入企业管理系统以更有效地实现组织目标的活动。服务创新就是使潜在用户感受到不同于从前的崭新内容。服务创新为用户提供未能实现的新服务，主要形式有为了使用户感觉到新的服务，对服务传递过程作巨大变动，或者对现存的服务包、服务传递过程逐步作出改善，或者只是简单地变更附加服务的某些成分，或者改变服务定位以增强竞争力。

对于企业来说，企业创新主要包括产品创新、工艺创新、商业模式创新等。

四、创新的来源

现代管理学之父彼得·德鲁克在《创新与企业家精神》一书里根据许多成功的创新案例，归纳了创新的七个机遇来源。虽然国内外市场环境都发生了巨大变化，但这些思想对今天的企业经营管理仍然具有普适性。

(一)意外事件

意外事件是最容易被利用且成本最低的创新机会。万豪酒店成立初期是做连锁餐饮行业的，其中一家开在华盛顿州的餐馆生意意外火爆。后来一了解，原来是因为餐馆对面是机场，而那时候飞机上不提供食物，很多乘客就来餐馆买快餐。于是，万豪就意外地发现了新机会，开始和航空公司合作，开创航空餐厅，并取得了成功。

(二)不协调事件

不协调事件是指一件事情明明从逻辑上、道理上是可行的，但实践结果却不如预期。那么创新，便有可能从中产生。20世纪50年代之前，航海公司都在使劲购买好货船、招聘有经验的船员，他们认为，只有船跑得更快、船员业务更熟练，航运效率就会更高，公司才能赚钱。这听起来很有道理，但航运成本仍然居高不下，整个行业都面临瓶颈。后来大家才发现，原来影响效率的最主要因素不是船和船员，而是轮船在港口闲置，等待卸货再装货太耽误时间。所以大家想办法发明了集装箱来提高货物装卸的速度，这样一来，航运总成本一下子下降了60％，整个航运业起死回生。

(三)程序需求

程序需求的创新来源指寻找现有流程中的薄弱环节，通过解决或弥补某个"欠缺的环节"从而产生一个完整的新程序，满足市场需求。巴西阿苏尔航空公司的机票价格低廉，但乘客却不多。后来他们发现，这是因为乘客无法便捷地抵达机场。于是，阿苏尔航空开通了到机场的免费大巴，生意一下就好了，成为巴西成长最快的航空公司之一。

(四)产业和市场结构

行业和市场变化，往往会带来创新的机会。数码技术的出现，让影像行业发生了很大变化。早在1975年，柯达公司就发明了第一台数码相机，但它只想着保护自己的传统优势，没有看到行业变化带来的创新机会。

(五)人口统计数据

创新机会来自人口结构的变化。人口数量、年龄结构、性别组合、就业情况、受教育状况、收入情况等方面的变化，都会带来新的机会。我国人口老龄化趋势逐步加深，老年人口的消费能力还在持续增长，可能会给养老产业带来无限的发展空间。

(六)认知的变化

意料之外的成功和失败能产生创新，就是因为它能引起认知上的变化。比如计算机，最早人们认为只有大企业才有用，后来意识到家庭也能用，这才有了家用电脑的创新。资源也是如此，曾经青霉素被认为是一种细菌时，只是一种物质，当被发现其可以作为抗生素时，就变成了资源，有了新的价值。

(七)新知识

新知识的创新往往需要多个因素的合力，因此其转换成价值的时间通常是较长的。喷气式发动机发明于1930年，但应用到商业航空领域却是在1958年，时隔28年之久。这是因为新飞机的研发不仅是研制发动机，还需要综合空气动力学、新材料及航空燃料等多方面的技术。

实际上，这七种创新机遇来源之间的界线非常模糊，彼此之间有相当大的重叠部分。它们好比是七个位于同一建筑物不同方向的窗口，每一个窗口所展现的某些景致，也可以从邻近窗口看到，但是，每一扇窗口的中心所呈现的景色却是截然不同的。

世界上绝大多数成功的创新都是利用变化来达成的。确切地说，许多创新本身就蕴含着重大变化。同时，绝大部分的创新都是平凡的，它们只是利用了变化而已。

五、创新的实践性

创新是属于实践领域的活动，实践性是创新发生的前提。创新不仅体现在对客观事物、现象及规律的认识，还体现在对实践的能动性指导上，体现在实践过程中。因此，创新是有实践指向的理想价值的具体体现。

创新的实践性具体体现在三个方面：

首先，实现创新要有创新意识及正确的创新动机，即创新的意愿。有的人在成长期受家庭环境或教育环境的熏陶，热爱创新，有的人在工作单位受到创新文化的熏陶，积极主动地创新。这些都说明了外部环境在创新意识激发和培养中起着不可忽视的重要作用。外部环境是否鼓励创新，是否有相应的激励制度等，都可能影响个体和组织创新力的发挥。

创新意识能够推动多种因素的变化，进一步解放人类的思想，有利于帮助人们形成开拓精神、领先精神，从而带动社会的进步发展。创新意识能够激发人才素质的变化，它代表着一种人才素质发展的方向，可以激发人的主观能动性。在知识经济时代，知识更新很快，所以具备知识的整合、迁移和操作能力十分重要。当代大学生要主动掌握一些迁移性强、概括性高的知识。这些核心知识有的不是靠学习得到的，而是需要个人主动地构建和再整合、再创造，这就离不开创新意识的主动性。有了创新意识的牵引，创新实践的能动性才能大幅提升。

其次，创新的实践活动离不开有价值的创意。创意是创新的一种特殊形态，常常表现为头脑中的灵光一现，可以说是一个点子。创意能否转化为社会生产力，要看这个创意是否具有价值，是否符合社会发展的需求。所以说，创意并不等于创新，更不等于创新实践。

一个有价值潜力的创意一般具有新颖性、价值性、真实性等基本特征。新颖性指的是新技术和解决方案，差异化的解决办法或好的措施，是不容易被模仿的，具有领先性；价值性是创意的根本，创新活动的成果越能满足社会主体的需要，就越有价值，越能推动社会的进步；真实性是指在此创意指导下能在现实中开发出这种产品或服务，同时又能满足市场需求。

再次，创新的实践活动离不开一个个具备创新能力的实践主体，即创新型人才。创新的过程要遵循科学，有创新需要的创新型人才能依据事物的客观规律进行探索，以严谨求实的工作作风，严格遵循事物的客观规律，从实际出发，以科学的态度进行创新实践。

冬暖式蔬菜大棚的发明人、山东省寿光市某村党支部书记，在创建冬暖式蔬菜大棚之初，为了求证大棚的最佳地理朝向，连续两年用罗盘观测当地的光照情况，最后提出本地区的大棚最佳朝向为正南偏西 5 度。来自北京的专家都赞叹说："地理学上的专题被一位土专家钻研透了。"在带领群众发展蔬菜生产的过程中，正是基于这种严谨科学的创新实践，他才能不断改进种植模式，相继研发了立体种植、无土栽培等 20 多项蔬菜种植新技术，站到了农业科技的最前沿。

案例和练习题

【案例分享】

王先生卖米

被誉为"经营之神"的台湾首富、塑胶集团创始人王先生，16 岁时用 200 元钱在嘉义一条偏僻的巷子里开了一家铺面很小的米店。面对 30 多家同行的激烈竞争，为了打开销路，他一改当时人们将掺杂了小石子等杂质的米直接出售的传统习惯，手工挑出杂质再出售。因此米店生意日渐红火起来。之后，他又打破当时顾客上门买米的惯例，主动上门送米，并将米倒进缸里。如果米缸里还有陈米，他就帮助客户把新米放到底层，旧米放回上层。送米时，他还会细心记下这户人家米缸的容量，询问家里吃饭的人数和每人的饭量。据此他就能预测出该户人家下次买米的大概时间。到时不等顾客上门，他就主动把米送到客户家里。正是这种为顾客着想的创新性增值服务帮助王先生赢得了很多顾客。

【思考练习】

请通过以上故事，分析讨论是不是只有轰轰烈烈的、惊天动地的创新活动才是创新。

【活动体验】

训练指导书

训练名称	生活中的创新
训练目的	发现并分享生活中的创新点
训练所需器材	A4 纸、笔
训练要求	讨论时间：15 分钟，1~2 组发言，其他组补充
所提问题记录	
训练结果	完成训练所用的时间：_____ 训练结果：_____
体现原理	
训练总结与反思	

▶ 第三节　对创业的基本认知

学习目标

1. 了解创业的定义。
2. 理解创业能力对大学生职业发展的作用。

阅读材料

新东方的浴火重生

2021 年 7 月我国"双减"政策（《关于进一步减轻义务教育阶段学生作业负担和校外培训负担的意见》）颁布后，教培行业骤然迎来寒冬。新东方作为我国成立最早、最负盛名的教培机构之一，其股票市值从高峰时的 2600 多亿元跌到 270 亿元。为了谋求生存，新东方果断转型。公司决定，在 2021 年底前按国家政策要求停止所有的 K9 学科辅导业务，未来将重心及大部分资源转向其他的教育产品及服务，同时酝酿发展直播带货业务。

2021 年 12 月 28 日，新东方在线旗下的东方甄选直播平台正式宣告成立。今年 3 月 25 日，东方甄选粉丝数量达到 40 万。6 月，举着一口方锅的董宇辉降临直播间，口若悬河，引经据典，被粉丝封为新一代顶流。以董宇辉为代表的一批优秀教师成功转型主播，既符合互联网经济"短平快"的特点，能迅速抓住观众，又展现出深刻的知识内涵，两者结合奠定了东方甄选的核心竞争力。今年 6 月堪称东方甄选的鼎盛时期,其粉丝数达到 2000 万,而新东方在线的股价也从 2 元飙升至 30 元,最高时达到 33.15 元。近日新东方在线的股价回调至 18.56 元。虽然股价仍有波动,但是俞敏洪也带领新东方实现了浴火重生。

一、创业的定义

创业就是把想法变成现实的价值创造过程。哈佛大学史蒂文森教授曾经指出,创业是不拘泥于当前资源约束,寻求机会,进行价值创造的行为过程。这里包括三个层面的含义:创业者不甘于资源供给的现状,努力突破资源束缚,通过资源整合来达到创业目标;寻求机会是产生创业活动的重要一环;创业应该伴随新价值的产生。

首先,创业是一种活动,即一种有目的地开创新事业但不局限于创建新企业的活动。开创新事业是创建新企业的基础。从广义的角度去看,创业指个人根据自己的性格、兴趣、所学专业、能力等选择适合自己的事业(可以是创办企业,也可以是创办非营利的事业,还可以是就业),并把握机会,为这个事业的成功整合资源、付诸努力,最终实现人生目标的过程。狭义上讲,创业指创办一个新企业。

其次,创业是一种过程,其始于从变化的环境中发现有利于价值创造的机会,是经过整合资源使得有用的新创意转化为现实,最后实现价值的过程。

最后,创业还是一种行动和思考方式,即受到机会驱动并以机会而非资源为中心的行动方式,是一种边行动边思考的行动方式。

二、创业的要素

(一)创业三大核心要素

创业离不开三个关键要素,即商机、团队和资源。商机又名创业机会,指创业者可以利用的商业机会。从创业过程的角度来看,机会是创业的起点,创业过程就是围绕着机会进行识别、开发的过程。创业团队是指在创业初期(包括企业成立前和成立早期)一群才能互补、责任共担、愿为共同的创业目标奋斗的人所组成的特殊群体。创业资源是指新创企业在创造价值的过程中需要的特定的资产,包括有形与无形的资产,它是新创企业创立和运营的必要条件,主要表现形式为创业人才、创业资本、创业技术和创业管理等。

在创业活动中,这三个要素都是不可或缺的。没有机会,创业活动就成了盲目的行动,很难创造价值;机会虽然普遍存在,但如果没有创业者去识别和开发,创业活动就不可能发生;创业者不仅要能把握合适的机会,还需要资源,否则机会将无法被开发和利用。

(二)创业核心要素的匹配关系

蒂蒙斯模型具有动态性的特征,认为创业过程实际上是三个要素之间相互作用,由不平衡向平衡发展的过程。

三个因素之间的平衡是动态的。由于外界环境的不确定性、机会模糊性、风险性，三要素可能会失衡，出现两个极端的情况：机会很好，但资金很有限；资金充足，但没有很好的机会。创业者需要通过创业团队调整机会和资源，实现三方面的再次平衡。创业者是创业的核心，是使机会识别利用与资源获取组合得以实现的驱动者。在创新创业过程中，由于机会模糊、市场不确定，创业者要依靠自己的领导、创造和沟通能力来发现和解决问题，掌握关键要素，及时把握机会。创业三要素与过程模型如图 1-1 所示。

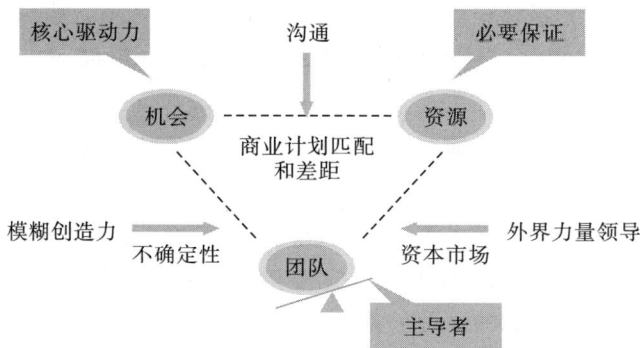

图 1-1 创业三要素与过程模型

三、创业的类型

可以按照不同的标准对创业进行分类。

(一)按创业动机或发展潜力或价值大小，创业可分为机会型创业和生存型创业

机会型创业是指创业的出发点并非谋生，而是为了抓住和利用市场机遇。它以市场机会为出发点，以创造新的需要或满足潜在需求为目标，因而会带动新产业发展。生存型创业是指为了谋生而自觉或被迫地创业，大多偏于尾随和模仿，因而往往会加剧市场竞争。

(二)依创业起点的不同，创业可分为创建新企业和既有组织内创业

创建新企业是指创业者从无到有地创建全新企业的过程。这个过程充满机遇和挑战，风险和难度也大，创业者往往缺乏足够的资源、经验和支持。既有组织内创业是指在现有组织内的有目的的创新过程。例如，企业流程再造正是通过二次、三次乃至连续不断的多次创业，使企业的生命周期不断在循环中延长。

(三)依创业者数量的不同，创业可分为独立创业和合伙创业

独立创业是指创业者独立创办自己的企业，其特点是产权归创业者个人所有，企业由创业者自由掌控，决策迅速，但创业者要独自承担风险，创业资源整合比较困难，并且受个人才能限制。合伙创业是指创业者与他人共同创办企业，其优势和

劣势正好与独立创业相反。

(四)依创新内容的不同，创业可分为基于产品创新的创业、基于营销模式创新的创业和基于组织管理体系创新的创业

基于产品创新的创业是指基于技术创新或工艺创新的成果，用新产品促生新的消费群体，从而引起创业行为的发生。基于营销模式创新的创业是指采取了一种有别于其他厂商的市场营销模式，并因此给消费者带来更高满足感的创业模式。零售店的开架销售模式就是最典型的例子，从中进一步开发出的连锁超市更是形成了日用商品零售端的革命性变革，超大规模购物中心在一定程度上改变了人们的购物习惯。基于组织管理体系创新的创业指采取一种有别于其他厂商的企业组织管理体系，从而更有效地实现产品的商业化和产业化的创业模式。例如事业部制既保留了直线职能制组织模式的优点，又使组织的管理和控制规模得到了较大扩展，在一定程度上抵消了"大企业病"对组织的危害。

四、创业能力与职业发展

(一)创业能力

俞敏洪是一位高明的创业家，他在《愿你的青春不负梦想》中记录了很多创业感悟，还结合自己的创业实践，总结了大学生创业应该具备的八种能力。

1. 目标能力

我们不是为了创业而创业，也不是为了自娱自乐，而是为了做好一件事情，做大一件事情。如果没有目标，只是一时冲动，只是觉得应该做点什么，并且对所做的事情并不十分热爱，那么创业就不现实。

2. 专业能力

创业者只有在想创业的领域具备相当的专业知识，达到专业水平，才能具备对专业的把控能力。如果创业者不懂专业知识，那么创业失败的可能性就很大。比如开饭店，如果自己不是厨师，没有雄厚的资金，一下请很多大厨，就很难把控质量。如果大厨饭做得好，就会要高价，你一生气把他开了，直接影响饭菜质量，最后饭店面临倒闭。新东方当时能做起来的一个很重要的原因是俞敏洪老师自己就是位"大厨"。

3. 营销能力

生产出产品之后，就要把产品推销出去，把品牌推销出去，把自己推销出去，让大家不仅知道这个产品，还知道这个产品是由你的公司生产出来的。一家公司要取得成功，品牌营销有时候比产品营销更重要，品牌营销的价值是无限的。这就是为什么一般的包只能卖 1000 人民币，同样材质的包印上 LV 的标志之后却能卖 10 万元人民币，这正是品牌的价值所在。

4. 转化能力

第一种转化是把科学技术转化成生产力，将研究成果转化成产品推向市场。比尔·盖茨把实验室里的研究成果转化成了微软产品，推销到全世界，成了世界首富。

第二种转化是个人能力的转化。创业者应把专业能力转化成综合能力，把专业才能转化成领导才能。

5. 社交能力

进入社会，首先要理解社会，理解别人，修炼平和的心态。

6. 用人能力

仅仅一个人做事情不能叫创业，那叫个体户。要想创业的话，就得找一帮人，你的合作伙伴、你的同事、你的下属，把人招进来了就得让人服你，因此就得展示个人魅力，还得展示你的判断能力、设计能力，让大家觉得跟着你走是有前途的，哪怕在最艰难的时候，大家也愿意跟着你。假如新东方没有相当一批人才，是走不到今天的。

7. 把控能力

对人的把控能力、对环境的把控能力、对企业发展步骤的把控能力，构成了创业取得成功的重要条件。对企业的把控，包括企业的发展速度、发展节奏，什么时候增加投入，什么时候研发产品等问题。

8. 革新能力

革新就是不断把旧的东西去掉，把新的东西引进来，进行体制上的革新、制度上的革新、技术上的革新及思想上的革新。新东方就经历了无数次否定，从个体户发展到家族店，再到合伙制，接着成为国内股份制有限公司，然后发展成国际股份制有限公司，最后成为美国上市公司。每一次改变都要进行各种革新。在技术方面，如果不更新，企业就会失去市场，失去发展机会。

(二)创业能力对大学生职业生涯发展的作用

职业生涯规划是指个人基于职业生涯的主观和客观条件，结合自身兴趣爱好、能力和特点进行综合分析，权衡利弊，确定最佳的事业奋斗目标，并为实现这个目标作出职业安排。面对职场、面对工作，通常有5种视角，反映了不同的职场心态，有的人认为工作就是完成一个个任务，他们被动地接受被指派的工作内容，按照指定的目标和时间节点完成任务；有的人认为，在明确的分工和职责下，要自发地完成程序化任务；有的人认为要拥有更多的实践经验、职业素养，能对工作产生热爱；还有的人认为职场就是一份事业，不是别人要求我做，而是我要做，我可以为之奋斗一辈子；还有的人认为职场就是人生，可以从中找到并丰富工作的意义，看到事业归宿和发展方向。前三种是普遍常见的就业视角和就业思维，而后两种是创业的视角和思维。未来职场中，我们以哪种视角来面对职场，可能直接影响着我们的职业生涯。

创新创业与职业生涯的关系体现在，职业生涯规划需要创新，创业可以成为一种职业选择。创业能力适用于各种职业发展，创业是一种高级的就业形式，创业是更为明确的职业规划。

创业能力是职业发展的基础，有利于确定和实现职业发展目标。与其说创业是一项工作选择，不如说它更是一种生活方式的选择。迪士尼公司创始人沃尔特·迪士尼曾说过："我的人生爱好是坚持不懈地做事情，并用激动人心的全新方式做令人愉快的事情，我也从中得到了自我愉悦和满足感。"让创新创业融入职业生涯的每个环节，让创新创业成为一种生活状态，只有这样才能更好地适应时代的需求，才能更好地实现人生追求。

创业是一种理念、一种精神，一种不满足于现状、敢于创新并承担风险的精神，一种在考虑资源约束的情况下把握机会创造价值的认识。创业能力中所包括的捕捉机会、整合资源的意识，以及领导、沟通等能力，具有普遍性与适应性。无论未来从事何种职业，创业能力都将在个人职业生涯中发挥积极作用。

案例和练习题

【案例分享】

金牌工人的故事

许某出生在一个贫穷的工人家庭，只上了一年半初中的他，成为一名普通工人，1974 年进入青岛港，与码头结缘。入行时亲朋好友送给他一句话："好好干，当一个好工人！"这成了他几十年来追求与奋斗的目标。

当许某准备大干一番时，发生了一件让他刻骨铭心的事。1990 年，一台桥吊控制系统出现故障，需请外国工程师维修，高达 4.3 万元人民币的维修费让许某震惊了。当许某试着向外国专家请教时，人家却耸耸肩，对他不屑一顾。许某被深深刺痛了，他发誓："一定要争口气，学会自己修桥吊。"为了攻克这个难关，许某着魔似地钻研。一块书本大的控制系统模板，一面是密密麻麻上千个电子元件，另一面是弯弯曲曲的印刷电路。为了分辨细如发丝、若隐若现的线路，许某用玻璃专门制作了一个简易支架，将模板放在玻璃上，下面安上 100 瓦的灯泡，通过强光使模板上隐身的线路显现出来，再一笔一笔将其绘制成图。许某用了整整 4 年的时间，倒推了不同型号的 12 块电路模板，绘制的电路图纸有两尺多厚。凭着这股劲儿，他逐步掌握了各类桥吊技术参数和设备性能，不仅能排除一般的机械故障，还能修复精密部件。这套模板图纸后来成为桥吊司机的技术手册，成了青岛港集装箱桥吊排障、提效的利器。

许某的工作室获得人力资源和社会保障部批准之后，他对打造工匠精神更加关注，带领团队围绕码头安全生产需求，开展科技攻关，推进互联网战略，持续破解安全生产难题，完成了集装箱岸边智能操作系统，在世界上率先实现桥板头无人，解决了集装箱桥板头作业人机交叉的风险问题。他带领团队打造的 48 小时泊位预报、24 小时确报服务品牌，每年为船舶公司节约燃油 1.26 万吨，成为青岛港的又一金字招牌。

【思考练习】

1. 金牌工人许某将自己的青春和全部精力奉献给青岛港，取得了一个个超越，实现了个人的全面发展，请根据本节所学内容思考这是不是创新。

【活动体验】

训练指导书

训练名称	产品创业实践案例分析
训练目的	搜集基于产品创新的创业实践，分析创新与创业的关系
训练所需器材	上网设备、网络
训练要求	案情：搜集身边基于产品创新的创业实践案例，通过分享讨论，分析创新与创业的内在关系 规则：在规定时间（20分钟）内，小组完成案例搜集、分享与归纳
所提问题记录	
训练结果	
体现原理	
训练总结与反思	

第二章

创新思维形式

新电商的崛起——拼多多

2019年春节，远在乡下的二姨，一边跟我们说着话，一边还时不时玩着手机。她65岁了，是拼多多的忠实用户。

2019年春节前，极光大数据发布《2018年电商行业研究报告》。报告中显示，拼多多的用户占比已经达到了33.2%，仅次于淘宝的41.8%，并成功地超过了天猫、京东、苏宁。2019年春节后，据中证网报道，MSCI新纳入17家公司，拼多多、腾讯音乐、小米在列。

拼多多的创始人黄峥于2002年留学美国；2004年进入谷歌；2006年受命与李开复回国建立谷歌中国办公室；2007年先后创办手机电商、电商代运营、游戏公司，是一位较成熟的连续创业者。仅仅三年多时间，拼多多就以傲人的成绩崛起，让人刮目相看。

以淘宝、京东为代表的电商平台已经运营得非常成熟，要从这些巨头手里抢夺市场份额不太容易，新电商需另辟蹊径。那么，拼多多的创新是从哪里开始呢？

首先，2013—2014年，智能手机普及，从城市到乡村，移动互联网激增，其中使用智能手机的人群中有90%都使用微信。据腾讯报道，当时每月微信的活跃用户达到了5.49亿，以化妆品为代表的微商也做得如火如荼。

其次，2015年6月，淘宝清理了24万低端商家，京东也在同年7月放弃了面向低端用户的产品拍拍。数十万低端供应商无处可归，其中不乏许多低端优质商家。与此同时，三、四、五线城市及广大农村的消费者不仅逐渐接受电商，而且也有升级的消费需求。

再次，根据长尾理论，对于商家来说，最赚钱的并不是服务那些身处头部地位的"高净值"消费者，而是那些占人口总规模比例极大的、相对普通的、收入水平一般的、能够带来巨大流量的人群。

基于以上背景，2015 年 9 月，拼多多上线了。

为什么说拼多多是新电商，新在哪里？

新在拼多多致力于将娱乐社交的元素融入电商运营中，通过社交＋电商的模式，让更多的用户带着乐趣分享实惠，享受全新的共享式购物体验。

例如，多多果园、种树浇水、领取免费水果，还有花样繁多的限时秒杀、品牌清仓、天天领现金、砍价免费拿等。用户即使不想买任何东西，但是打开拼多多依然可以干一点事，如现金签到。

另外，在拼多多网购的过程中，拼着买的形式很新颖，同时也为那些小众品牌省下了广告费，而小众品牌也为大家的网购提供了一定的优惠。小众品牌和拼多多的用户各取所需，这大概就是拼多多的魅力所在。

（资料来源：胡飞雪. 创新思维训练与方法［M］北京：机械工业出版社，2019.）

创新思维是指以新颖独创的方法解决问题的思维过程。这种思维能突破常规思维的界限，以超常规甚至反常规的方法、视角去思考问题，提出与众不同的解决方案，从而产生新颖的、独到的、有社会意义的思维成果。

创新思维的形式主要有：发散思维、聚合思维、联想思维、逆向思维、移植思维等。

▶ 第一节　聚散思维

学习目标

1. 了解发散思维、聚合思维的内涵。
2. 熟悉发散思维、聚合思维的特征。
3. 掌握发散思维、聚合思维的方法。

一、发散思维

(一)发散思维的定义

发散思维又称辐射思维、放射思维、扩散思维或求异思维，指从一个目标出发，沿着不同的途径去思考，探索多种答案的思维。发散思维是大脑在思维时呈现的一种发散状态的思维模式。从不同方面思考同一问题，如一题多解、一物多用等方式，可培养发散思维能力。发散思维是一种推测、发散、想象和创造的思维过程。

(二)发散思维的特征

1. 流畅性

流畅性就是观念的自由发挥，是指在尽可能短的时间内生成并表达出尽可能多的思维观念并较快地适应、消化新的思想观念。机制与流畅性密切相关。流畅性反映的是发散思维的速度和数量特征。

2. 变通性

变通性指提出设想或答案所表现出的灵活程度。变通性是发散思维"质"的指标，表现了发散思维的灵活性，是发散思维的关键。变通性指知识运用上的灵活性及观察问题的多层次、多视角。

3. 独特性

独特性指提出设想或答案的新颖性程度。独特性是发散思维的本质，独特性也可称为独创性、求异性。这是发散思维的最高目标，能形成与众不同的独特见解，是思维活动创新的高级阶段。

4. 多感官性

发散思维不仅运用视觉思维和听觉思维，而且还可充分利用其他感官接收信息并进行加工。发散思维还与情感有密切关系。如果思维者能够想办法激发兴趣，产生激情，把信息感性化，赋予信息以感情色彩，会提高发散思维的速度与效果。

(三)发散思维的形式

1. 立体思维

立体思维指思考问题时跳出点、线、面的限制，进行立体式思维。

立体绿化：屋顶花园可增加绿化面积、减少占地，改善环境、净化空气。

立体农业：玉米地种绿豆、高粱地里种花生等。

立体森林：高大乔木下种灌木、灌木下种草，草下种食用菌。

立体渔业：网箱养鱼充分利用水面、水体。

立体开发资源：煤、石头、开发产品。

你还能想出什么样的立体思维形式？

2. 平面思维

平面思维是以构思二维平面图形为特点的发散思维形式。如用一支笔一张纸，一笔画出圆心和圆周。这种不连续的图形是难以一笔画出来的。

3. 侧向思维

侧向思维指从与问题相距很远的事物中受到启示，进而解决问题的思维方式。当一个人为某一问题苦苦思索时，大脑里就会形成一种优势灶，一旦受到其他事物的激发，就很容易与这个优势灶产生联系，问题就会得到解决，如19世纪末，法国园艺学家莫尼哀从植物的盘根错节想到如何加固水泥。

【案例分享】

狄更斯钓鱼

狄更斯是英国著名小说家，他喜欢钓鱼，钓鱼对他来说是最好的休息。有一次，狄更斯正在聚精会神地垂钓。忽然一位陌生人走到他的身边问："怎么，你在钓鱼呀?"狄更斯直了直腰点头回答："是的，今天钓了半天没钓到一条鱼，可昨天也是在这个地方，却钓了15条鱼啊!""真的?"陌生人说："你可知道我是谁吗? 我是这里管鱼的，这里禁止钓鱼!"说完陌生人掏出纸要写罚款单。狄更斯连忙反问："那么你知道我是谁吗? 我是作家狄更斯，我说我钓了15条鱼你不能罚我的款，因为虚构是我的职业。"陌生人耸了耸肩很无奈。

（资料来源：郝金红. 狄更斯钓鱼[J]. 思维与智慧，2015(9).）

4. 横向思维

横向思维是相对于纵向思维而言的一种思维形式。纵向思维是按逻辑推理方法直上直下的收敛性思维。而横向思维是在纵向思维受挫时，从横向寻找问题答案。正像时间是一维的，空间是多维的一样，横向思维与纵向思维代表了一维与多维的互补关系。最早提出横向思维概念的是英国学者德博诺。他创立横向思维概念的目的是针对纵向思维的缺陷提出与之互补的对立的思维方法。

【案例分享】

竹禅和尚画观音

晚清一位和尚画家竹禅被召进宫作画。那时宫里画家众多，各有所长。慈禧命在五尺宣纸上画一幅九尺高的观世音菩萨像，画家中无一人敢出来接旨。只见竹禅磨墨展纸，一挥而就。众人一看，无不惊奇叫绝，心悦诚服。原来，竹禅画的观音和大家常画的并无多大差异，只是观音弯腰在拾净水瓶中的柳枝，如果观音直起腰来则正好九尺。此画传到了慈禧手中，她看后连连称赞，自愿受戒出家。据说后来李莲英等称呼慈禧为"老佛爷"，就是由此开始的。

（资料来源：陈雪梅. 用故事激发孩子的创新能力[M]. 北京：中国纺织出版社，2010.）

二、聚合思维

（一）聚合思维的含义

聚合思维又称收敛思维、求同思维、辐集思维或集中思维。聚合思维是指某一问题仅有一种答案。为了获得正确答案，每一个思考步骤都必须指向这一答案，个人须从不同方面集中指向同一个目标进行思考。

聚合思维以某种研究对象为中心，将众多的思路和信息汇集于中心点，通过比较、筛选、组合、论证，得出在现有条件下解决问题的最佳方案。

【案例分享】

垃圾和宝贝

当年，在奥斯威辛集中营有一位犹太人对他的儿子说："现在我们唯一的财富就是智能，当别人说 1 加 1 等于 2 的时候，你应该想到 1＋1 大于 2。"后来，父子俩竟然在纳粹的奥斯威辛集中营里活了下来。

后来他们来到美国做铜器生意。一天，父亲问儿子 1 磅铜的价格是多少？儿子答 35 美分。父亲说："对，谁都知道每磅铜的价格是 35 美分，但是作为犹太人的儿子，你要说是 3.5 美元，你试着把一磅铜做成门把手看看。"20 年后，父亲死了，儿子独自经营铜器店。他做过铜鼓，做过瑞士表上的簧片，曾把 1 磅铜卖到 3500 美元，这时的他已经是麦考尔公司的董事长了。

然而，真正使他扬名的却是一堆垃圾。

1974 年，美国政府为清理给自由女神像翻新扔下的废料，向社会广泛招标。很长时间过去了都没人应标。正在法国旅行的他知道后，立即飞往纽约，看过自由女神像下堆积如山的铜块、螺丝和木料，未提任何条件，他就签了字。那时有不少人对他的行为暗自发笑，因为有如此多的垃圾既不能就地焚化，也不能就地挖坑深埋，送到垃圾厂又运费高昂。而且纽约州垃圾处理有很严格的规定，弄不好还会遭到环保组织的起诉。

就在一些人准备看他笑话时，他开始组织工人对废料进行整理。他让人把废铜熔化，铸成小自由女神像；把木头加工成木座；把废铅、废铝做成纽约广场的钥匙；最后他甚至把自由女神像身上扫下的灰尘都包装起来，出售给花店。

不到 3 个月时间，他让这堆废料变成了 359 万美元，其中每磅铜的价格整整翻了 1 万倍。

（资料来源：胡飞雪．创新思维训练与方法［M］北京：机械工业出版社，2019.）

（二）聚合思维的特征

1. 封闭性

如果说发散思维的思考方向是以问题为原点指向四面八方，具有开放性，那么聚合思维则是把许多发散思维的结果由四面八方集合起来，从中选择一个合理的答案，具有封闭性。集合过程中不会再有新的方案出现，已有方案的数量也会在经过评价、选择后变得越来越少，直至产生最优结果。

2. 连续性

聚合思维一环扣一环，具有连续性，这是由逻辑思维的因果链决定的。

【案例分享】

连续性案例

1875 年春天的一个周末，菲利普·亚默尔在报纸上看到一条看似并不重要的消息，这则消息引起了他的注意。消息报道了墨西哥的一例牲畜病例，而这种病好像是由一种瘟疫引起的。当时亚默尔正在经营肉类生意。他的目光停留在那条消息上，脑子飞快地运转着。亚默尔想，要是墨西哥真的发生家畜瘟疫，美国与其邻近的两个州，加利福尼亚和得克萨斯势必将被累及。而这两个州是美国肉类食品的供应中心，一旦发生瘟疫，整个美国的肉类供应必将发生严重短缺。于是亚默尔集中了自己全部能够动用的资金，在加利福尼亚和得克萨斯州抢购了大批肉用牛和生猪，并把它们运到美国东部。不久瘟疫在加利福尼亚和得克萨斯州扩散开来，美国政府严厉禁止这两个州的一切肉类食品外运，市场上肉类食品出现紧缺，价格猛涨。而备货充足的亚默尔在短短几个月时间就赚了600万美元。

3. 求实性

发散思维的众多设想一般来说是不成熟、不实际的。聚合思维则能起到筛选作用，并且是按照实用的标准筛选的，结果切实可行。

4. 比较性

虽然聚合思维具有明确的指向性，但由此产生的途径和方法较多，因此要在其中进行比较、选择。

(三) 聚合思维的形式

1. 目标确定法

日常，在大多数情况下，我们很容易找到问题的关键，只要采用适当的方法，问题便能迎刃而解。但有的问题并不是非常明确的，很容易让人产生似是而非的感觉，把人们引入歧途。这就要求我们要正确地确定搜寻目标，认真观察并作出判断，找出其中的关键，围绕目标进行聚合思维。

【案例分享】

阵地出现的猫使法军指挥部覆没

第一次世界大战期间，法国和德国交战时，法军的一个旅司令部在前线构筑了一座极其隐蔽的地下指挥部。指挥部的人员深居简出，十分诡秘。不幸的是，他们只注意了人员的隐蔽，而忽略了长官养的一只小猫。德军的侦察人员在观察战场时发现：每天早上八九点钟左右，都有一只小猫在法军阵地后方的一座土包上晒太阳。德军依此判断：这只猫不是野猫，野猫白天不出来，更不会在炮火隆隆的阵地上出没；猫的栖身处就在土包附近，那很可能有一个地下指挥部，因为周围没有人家；通过仔细观察，这只猫是相当名贵的波斯品种，在打仗时还有兴趣玩这种猫的绝不会是普通的下级军官。据此，他们判定那个土包一定是法军的高级指挥所。随后，德军集中六个炮兵营的火力，对那里实施猛烈袭击。事后查明，他们的判断完全正确，这个法军地下指挥所的人员全部阵亡。

(资料来源：张薇. 大科技百科新说[M]. 海口：大科技杂志社，2006.)

2. 求同思维法

如果有一种现象在不同的场合反复发生，而在各场合中只有一个条件是相同的，那么这个条件就是这种现象产生的原因，寻找这个条件的思维方法就叫求同思维法。

【案例分享】

怪洞

一位牧羊人发现一个奇怪的山洞。一天，当他带着一条猎狗走进这个洞里时，没有走多远，狗就瘫倒在地，四肢抽搐，挣扎了几下就死了，而他自己却安然无恙。消息一传开，很多好奇的人蜂拥而来，试图亲自证实这一消息。人们每次实验都会发生同样的情况，从此，人们就把这个洞称为怪洞。

为什么狗一进这个洞就会死亡呢？许多人想揭开这个谜。一位地质学家也赶来实地考察，他发现这里属于石灰岩结构。在考察过程中，他用各种动物做实验，得到如下情况。

狗、猫、老鼠等头部离地面较近的小动物在石灰岩洞里都会死亡；人在石灰岩洞里不会死亡；马、牛、骡这些头部距离地面较远的大牲畜在石灰岩洞里不会死亡；猫、狗等小动物如果被人抱着带进石灰岩洞里也不会死亡。

经过一系列实验，这位科学家发现一条规律，凡是走进洞里很快死亡的都是头部离地很近的小动物；凡是能平安通过岩洞的都是头部离地面较远的动物。这样，科学家就初步推断出小动物进入洞内死亡是由于它们的头部接近地面。小动物的头部靠近地面为什么会死亡呢？这位科学家通过进一步考察发现：这个岩洞的地下冒出许多二氧化碳。因为二氧化碳比重比空气大，洞内又不通风，所以二氧化碳都沉积到地面附近，靠近地面的地方就没有氧气了。而动物需要吸进氧气才能生存，狗、猫、老鼠等小动物走进洞内没有氧气的地方，当然会闷死。人和牛、马等大动物之所以能安全走出这个岩洞，是由于头部离地面较远，仍然可以吸进氧气。怪洞之谜终于揭开了。

（资料来源：陈文宽. 创新思维学[M]. 成都：四川科学技术出版社，2002.）

案例和练习题

【活动体验】

1. 发散思维体验训练活动

训练指导书

训练名称	连词成戏
训练目的	体验与训练发散思维
训练所需器材	白板、白板笔、便利贴、彩笔一盒
训练要求	在 15 分钟之内，将关键词"《西游记》师徒四人、合作、三聚氰胺"连成一个符合逻辑的小故事，并以团队的形式表演出来。

续表

训练步骤 （小组商讨后，拟定训练步骤）	
训练结果	完成训练所用的时间：_____ 训练结果：_____
体现原理	
训练总结与反思	

2. 聚合思维体验训练活动

训练指导书

训练名称	谁是神探
训练目的	体验与训练聚合思维
训练所需器材	白板、白板笔、便利贴、彩笔一盒
训练要求	案情：在海边的沙滩上，躺着一个男人，一动不动，身上没有穿任何衣服，他手里攥着一个纸团，纸上写着一个字母"J"，周围没有任何痕迹 规则：在规定时间（10分钟）内，各组队员可通过向主持人或老师提出封闭性的问题来推断案情的起因和经过，主持人或老师只负责用"是"或"不是"来回答学员的提问，看看哪一组推断出来的案情起因和经过最合理
所提问题记录	
训练结果	完成训练所用的时间：_____ 训练结果：_____
体现原理	
训练总结与反思	

▶ 第二节　联想思维

学习目标

1. 了解联想思维的内涵。
2. 熟悉联想思维的特征。
3. 掌握联想思维的方法。

一、联想思维的含义及类型

（一）联想思维的含义

联想思维简称联想，是人们经常用到的思维方法，是一种由一事物的表象、语词、动作或特征联想到其他事物的表象、语词、动作或特征的思维活动。通俗地讲，联想一般是由某人或者某事而引起的相关思考，人们常说的由此及彼、由表及里、举一反三等就是联想思维的体现。

《世说新语·假诵第二十七》中有则望梅止渴的小故事："魏武行役，失汲道，军皆渴，乃令曰：'前有大梅林，饶子甘酸，可以解渴。'士卒闻之、口皆出水，乘此得及前源。"

在身处困境没有水源，一时间又想不出什么好办法的情况下。曹操没有局限于困顿的条件，而是创造性地利用假设和联想，让士兵们相信前面有梅林，然后士兵们就会自然地分泌唾液，缓解口渴的状况，同时也给了士兵们一个明确的、短时间内能实现的目标，激发了士兵们的动力，又继续行军了一段时间。最终，曹操带领部队成功找到了水源，熬过了困难的时刻，解决了问题。

（二）联想思维的类型

1. 相似联想

相似联想是指由一个事物的外部构造、形状或某种状态与另一种事物的类同、近似而引发的想象延伸和连接。例如："春蚕到死丝方尽，蜡炬成灰泪始干""床前明月光，疑是地上霜"等。

2. 相关联想

相关联想是指联想物和触发物之间存在一种或多种相同而又具有极为明显属性的联想。例如看到鸟就想到飞机。

3. 对比联想

对比联想指联想物和触发物之间具有相反性质的联想。例如看到白色想到黑色。文学艺术的反衬手法就是对比联想的具体运用。例如描写岳飞和秦桧的诗句："青山有幸埋忠骨，白铁无辜铸佞臣。"

4. 因果联想

因果联想源于人们对事物发展变化结果的经验性判断和想象，触发物和联想物之间存在一定的因果关系，如看到蚕蛹就想到飞蛾，看到鸡蛋就想到小鸡。

5. 接近联想

接近联想指联想物和触发物之间存在很大关联或关系极为密切的联想，如看到学生想到教室、实验室及课本等相关事物。

【案例分享】

一顿特殊的午餐

在英格兰，有人曾做过这样一个有趣的实验。他邀请了许多人来吃午餐，并为此聘请了一位有名的厨师。这厨师做的饭菜不说是十里飘香，也可谓有滋有味。但实验者别出心裁地对做好的饭菜进行了颜色加工。他将牛排制成乳白色，将色拉（西餐中的一种凉拌菜）染成发黑的蓝色，把咖啡泡成混浊的土黄色，把芹菜变成了并不高雅的淡红色，把牛奶弄成血红色，将豌豆染成漆黑色。满怀喜悦的人们本来都想大饱口福，但当这些菜肴被端上桌子时，他们都面对着美餐发起呆来。有的人迟疑不前，有的人不肯就座，有的狠狠心勉强吃了几口，都恶心得直想呕吐。而另一桌的人又是怎样的呢？同样是这样一桌颜色奇特的午餐，就餐者被蒙住眼睛，很快这桌菜肴就被人们吃了个精光。人们意犹未尽，赞不绝口！

这顿午餐的"魔术师"即实验者通过上述实验证明：联想具有很强的心理作用。眼见食物的人们，由于食物的异常颜色而产生了种种奇特的联想：牛排形似肥肉，喝牛奶像喝猪血，吃豌豆像在吞食腐臭了的鱼子酱……是联想妨碍了他们的食欲。另一桌被蒙住眼睛的客人没有这种异样的联想，因此食欲大增。

二、联想思维的方法

(一)自由联想法
自由联想法指不受限制的联想，个人可以从多个方面、多种可能性中寻找问题的答案。

(二)强制联想法
强制联想法指把思维强制性地固定在一对事物中，并要求对这对事物产生联想。

(三)仿生联想法
仿生联想法通过研究生物的生理机能和结构特性，设想创造对象的方法。

三、联想思维的特征和作用

(一)联想思维的特征
联想思维具有形象性、连续性和概括性的特征。

1. 形象性

由于联想思维属于形象思维的范畴，它的基本操作元素是表象，所以，联想思维和想象思维一样生动，具有明显的形象性。

2. 连续性

联想思维最神奇的地方就在于它的连续性。通过联想思维，人们可由一种现象进而寻求原因，或者由一种事物联系到与这种事物相似、相关的事物。联想的过程可以是直接的，也可以是迂回曲折的；可以按顺序进行，也可以不按顺序进行；可以按一定的逻辑规则进行，也可以不按逻辑规则进行；可以由一种事物联系到另一事物，也可以从一种事物联想到多种事物。通过这些思维过程，事物可形成一系列的联系，原本风马牛不相及的事物也会相互联系起来。

3. 概括性

联想思维能够很快地把联想到的思维结果呈现在我们面前，而不顾及联想过程中所涉及的诸多细节问题，是一种可以整体把握的思维操作活动，因此也具有很强的概括性。

(二)联想思维的作用

在开发创新能力的过程中，人们发现联想思维不仅能够改善和提高记忆力，而且还能强化创新意识，开发创新潜能。

1. 建立事物之间的联系

世间万事万物均有联系，看似毫不相干的事物也能通过联想而相互关联。心理学家哥洛万斯和斯塔林茨就曾经用实验证明，任何两个或者两个以上事物都可以通过四五个步骤将其通过联想联系起来。联想思维可以将两个或两个以上相似、相近甚至是相反的事物通过一定的诱因相互联系起来，从而展现出它们之间的属性，使个人得到启发，进而去探索未知的领域，获取更多的创新成果。

2. 活化创新思维的空间

联想思维具有由此及彼、触类旁通的特征，能将思维引向更加广阔的领域，让我们能够多角度、多渠道、多侧面地思考问题，形成新的联想思维，产生灵感，从而寻求多种途径去解决问题。

3. 为想象思维提供基础

联想思维能将那些需要记住的东西"串"起来，然后纳入一定概念或形象的"链"中去，并在大脑中将其储存起来，从而为想象思维提供了一定的基础——表象。也正因为人的头脑中储存了丰富的表象，人们在想象的过程中才能以极高的速度从大脑的信息库中检索出所需的信息。

▶ 第三节 逆向思维

学习目标

1. 了解逆向思维的内涵。
2. 熟悉逆向思维的特征。
3. 掌握逆向思维的方法。

一、逆向思维的含义及特点

(一)逆向思维的含义

逆向思维也称逆反思维，是从与正向思维或常规思维相反的方向，即以对立、颠倒、逆转、反面等方式去认识问题或解决问题的思维。简单地说，逆向思维是从相反的方向去思考问题，探寻解决问题的途径。逆向思维在现实生活中的运用十分广泛，是创造性思维中最重要的思维形式之一。

逆向思维是发现问题、分析问题和解决问题的重要手段，有助于打破思维定式的局限，是决策思维的重要方式之一。它的思维取向总是与常规思维取向相反。进行逆向思维一般要采取顺繁则逆、正难则反的策略。

任何事物都具有多面性，人们往往受过往经验的影响，容易看到熟悉的一面，忽略另一面。逆向思维能克服这一障碍，给人耳目一新的感觉。

【案例分享】

哈桑借据法则

一个商人向哈桑借了 2000 元钱，并且写了借据。在还钱的期限快到的时候，哈桑突然发现借据丢了，这使他焦急万分，因为他知道，丢失了借据，向他借钱的这个人会赖账。哈桑的朋友那斯列金知道此事后对哈桑说："你给这个商人写封信过去，要他到时候把向你借的 2500 元还给你。"哈桑听了迷惑不解："我丢了借据，要他还 2000 元都成问题，怎么还能向他要 2500 元呢？"尽管哈桑没有想通，还是照办了。信寄出以后，哈森很快收到了回信，借钱的商人在信件上写道："我向你借的是 2000 元钱，不是 2500 元，到时候就还你。"

(二)逆向思维的特点

1. 普遍性

逆向思维主张把对立面从背景中拉出来，推到前台，使之一目了然。逆向思维在各个领域、各种活动中都很适用。在现实生活中，有很多事物保留着逆向思维的痕迹。例如：橡皮头铅笔，一头用来写字，另一头可以用来擦字。

2. 批判性

正向思维指按常规的、公认的、习惯的想法和做法进行思考。逆向思维是相对正向思维而言的，换句话说，逆向思维就是对常规的、传统的、习惯的思维方式的反叛，挑战天经地义、绝对正确等传统思维。显而易见，逆向思维的好处是克服了思维定式，打破了由于经验和习惯造成的模式僵化，具有批判性。

【案例分享】

关于地质变动的假设曾经非常盛行，外国地质学家由此断言中国是贫油国家。我国著名地质学家李四光采用了批判性的精神重新审视板块理论，提出新的地质理论，并探测出了地下资源，发现了大油田，驳回了中国是贫油国家的言论，促进了我国石油产业的发展。

逆向思维有时会产生意想不到的效果。

3. 新颖性

用传统方法解决问题，虽然简单易行，但时间久了就使人的思路僵化、刻板，陷入思维定式的牢笼，难以获得有新颖性的成果。逆向思维要求个人从不被注意、不熟悉的方面入手，进行思索，寻求解决问题的途径，其结果往往是人们无法预料的。逆向思维不仅有利于打开思路，而且有利于创造新的成果。

二、逆向思维的方式与类型

(一)逆向思维的方式

1. 反转型逆向思维

反转型逆向思维是指从已有事物的相反方向来引导构思的思路。在自然界的大多数事物和现象，都存在正反两方面。因此，用逆向思维去认识和理解事物，往往会创造出新的东西。就印刷来说，凹版印刷不如凸版印刷方便，照相用正片合适，而X光片用底片更合适。大家都熟知的司马光砸缸的故事，就是反转型逆向思维的典型例子。

2. 转换型逆向思维

当某种技术目标或技术课题，从一个方向屡攻不破时，放弃这种解决思路，将解决问题的重点从一个方面转向另一个方面，往往会有意想不到的效果。

【案例分享】

圆珠笔漏油问题

圆珠笔是20世纪30年代美国比罗兄弟发明的，这种不用吸墨水，又能书写的小玩意投放市场后，很受欢迎。遗憾的是，圆珠笔在写到2万字左右时，笔尖上的圆珠会因磨损变小，色油外浸，致使到处都是色油。于是制造商投入了大量人力、物力在延长圆珠的寿命上想办法、找出路，但是问题始终未能得到解决。研究陷入一筹莫展的困境。后来有位叫中田滕三郎的日本青年另辟蹊径，从控制圆珠笔笔油容量着手，缩短笔芯使用寿命来达到圆珠不坏油先尽的目的。中田滕三郎的笔芯写到15000字左右时，色油正好用完。

中田的案例是个巧妙利用逆向思维(从油多逆向为油少)与侧向思维(不从圆珠而从笔芯解决问题)获得成功的例子。在创新过程中，运用逆向思维能突破传统观念解决问题，有利于提出富有创新的设想或方案。但是只运用逆向思维而忽视正向思维的基础性作用，是不能完全解决问题的。事实上，当运用逆向思维提出新想法之后，还得运用正向思维去解决常规性构思问题。因此，逆向思维与正向思维是相互协同、相辅相成的。因此，运用逆向思维时，首先要明确问题求解的传统思路，然后以此为参照系，尝试着从影响事物发展的诸要素方面进行思维反转，以寻求新的创见。

3. 缺点型逆向思维

缺点型逆向思维是将事物的缺点变为优点，化不利为有利的思维方式。运用这种思维能帮助个人巧妙地化弊为利、化腐朽为神奇。

(二)逆向思维的类型

1. 条件逆向

条件逆向是指分析和事物有关的条件，然后进行逆向思考的思维方式。条件逆向中的条件，主要是一些看似不利的条件。

2. 作用逆向

作用逆向是对事物的作用进行逆向思考，变不利作用为有利作用的思维方式。作用逆向也叫功能逆向。

3. 方式逆向

方式逆向指从事物运作的常规方式入手，尝试用这种方式的反面去思考，从而发现新的可行性或创新设想的思维方式。

【案例分享】

不用机票的航空公司

在激烈的美国航空市场竞争中，西南航空公司运用成本控管策略成为全美效益最高的航空公司。西南航空选择较不拥挤的机场及较短的直航路线来争夺市场资源。由于机型统一（全部采用波音 737），机上不供应餐点、不对号入座，而且都是短途飞行，西南航空成为全球第一家不用机票的航空公司。顾客只要用电话取得确认号码，即可凭号码登机，提领行李，并于出口领取收据。这种打破常规的运营方式帮助西南航空一年省下 2500 万美元。

4. 因果逆向

一个事物的果，同时还是某事物的因，某事物的因，又同时是另一事物的果。"倒因为果、倒果为因"的思维方法在生活中的应用极其广泛。我国宋代就有用"倒因为果"的逆向思维抗击病毒的事例。当时，人们把天花病人皮肤上干结的痂收集起来，磨成粉末，取一点吹入鼻腔中，来免疫天花。

5. 状态反转

从已有事物的另一属性，反转过来，发现或创造一种新的产品或技术的方法称作状态反转。例如，人走楼梯，是人动楼梯不动。如果将状态反转，人不动，楼梯动呢？于是就有了自动扶梯。

6. 结构反转

结构反转指从已有的事物或者产品的结构出发进行逆向思维，通过结构位置的倒置、置换等技巧进行创新的思维方法。在国外，电冰箱的冷冻室在上，冷藏室在下，而冰箱进入我国市场后，设计师却将这一结构上下颠倒，因为中国人常用冷藏室。

▶ 第四节　移植思维

学习目标

1. 了解移植思维的内涵。
2. 熟悉移植思维的途径。

一、移植思维的含义

移植思维就是将某个领域的原理、方法、结构、材料运用到其他领域的思维方法。移植思维是科学研究中最简单的，也是最有效的思维方法之一。

移植思维的应用非常广泛，从好莱坞的蜘蛛侠，到航空雷达，再到蜂式轮胎的设计都体现了移植思维的内容。

二、移植思维的途径

(一)方法移植

17世纪的笛卡尔是科学方法移植的先驱。他以高度的想象力，借助曲线上"点的运动"的想象，把代数方法运用在几何领域，使代数、几何融为一体，创立了解析几何。在科学研究中常用的一些方法如观察法、归纳法、直接法等都可以运用到技术创新中。

【案例分享】

听诊器的发明

听诊器是医生的常用器械，它是1816年由法国医生林奈克发明的。一次，林奈克为胸疼的肥胖女病人看病，他将耳朵贴在病人的胸前，但是病人肥胖的胸部隔音效果太强了，他听不到从内部传来的声音，而且这样做还存在男女性别上的不便。因此林奈克非常懊恼，在小路上漫步时也在思考这个问题。这时，正好有两个小孩蹲在一条长木梁两端做游戏，一个小孩敲打一端木梁，另一个小孩则把耳朵贴在木梁上，静听另一端传来的声音。林奈克思路顿开，他借鉴这种方法发明了世界上第一个听诊器。

听诊器的发明使林奈克能够诊断出许多不同的胸前疾病，他也被后人尊称为胸腔医学之父。1840年，英国医生乔治·菲利普卡门改良了林奈克设计的单耳听筒，将两个耳栓用两条可弯曲的橡皮管连接到可与身体接触的听筒上，将听诊器变成双耳听筒。虽然新型听诊器不断面世，但是医师们普遍爱用的仍然是由林奈克发明、经卡门改良的旧型听诊器。

林奈克发明听诊器是方法移植的一个典型案例。方法移植思维指将某学科的研究方法或工作原理移植到另一个学科中去，从而创造出新的交叉学科或解决问题的新方法。

(二)原理移植

原理移植法是把某一领域的技术方法有意识地移植到另一领域而形成创造的方法。

原理移植不受事物表面形式的限制，而靠借鉴其内在原理得到启发。原理移植法是实验科学和技术科学研究方法在信息研究中的移植。它在技术复原等战术性较强的信息研究中应用较多。运用原理移植法切忌死守一格，要会举一反三。

(三)回采移植

历史表明，用现代技术对许多被弃置不用的陈旧技术加以改造，往往会产生新的创造。古代船舶以帆船为主，至今，东西方竟有 20 多个海洋国家成立了"风帆研究所"。现代风帆由计算机设计，具有最佳采风性能和推进性能，其制作材料从尼龙发展到铝合金，帆的操作控制也是自动化的。有些帆船速度可与快艇媲美，而且帆船具有节能、安全、无噪声、无污染等优点。

(四)功能移植

功能移植指把某一领域的技术方法有意识地移植到另一领域而形成创造的方法。例如，液压技术可较好地解决远距离传动的问题；电子计算机的应用使机械加工程序化、自动化。

三、移植思维的案例

【案例分享】

疏通下水管道与血管成形技术

1977 年，苏黎世大学的格兰奇主持进行了首例血管成形术。许多人都为格兰奇捏了一把汗，因为这样的手术他以前从来没有做过，而且操作特别严格，格兰奇是这样完成手术的：先是让一根极韧的长线进入血管（长线的顶端有个小小的气球），然后在长线顺利地在血管中运行后送入气体，此时小球开始增大，并压迫堵塞在血管中的脂肪沉积物，于是血管就会扩张，从而得到疏通。

人们一定不会想到，这种技术竟然是由疏通下水管道的方法移植而来的。疏通下水管道时，管道工通常要使用一根软而长的竿子。竿子的一端装有洗刷工具。这种大胆的移植创新，实现了血管成形技术。

【案例分享】

书籍变水果

事情发生在加拿大卡尔加里市的一所大学里。有一次，学校自来水设备出现故障，水一下子倾泻而出，使珍贵的书籍浸没在积水中。事情发生后，学校召开了紧急会议，研究如何抢救这些珍贵的图书。如果用普通的干燥方法，无疑会毁了这些书籍，那么有没有其他的干燥方法呢？会议中，有一个曾经从事过罐头生产的图书管理员这样想，在制作罐头时，为了去除水果中多余的水分，常采用低温存放和真空干烘的方法，如果把这些书籍看成是水果，能不能利用相同的方法，把多余的水分排出，让书完好无损呢？带着这种想法，他们把书先放到冰箱里，然后再放入真空中、经过五个昼夜，书籍中的水分奇迹般地消失了，书籍都恢复了原状。

（资料来源：李正蕊，刘干才. 青少年创新教育的突破[M]. 长春：北方妇女儿童出版社，2015.）

【思考练习】

1. 请说出石头的用途，越多越好，限时 5 分钟。
2. 请说出太阳能的用途，越多越好，限时 3 分钟，数量至少 15 种。
3. 请说出用哪些办法可以将衣服弄干净，限时 3 分钟，数量至少 10 种。

第三章 创新思维方法

▶ 第一节 脑风暴

学习目标

1. 了解头脑风暴的概念和起源。
2. 熟悉头脑风暴操作方法。
3. 熟悉克服头脑风暴障碍的方法。

阅读材料

砸核桃的案例

组长：我们的任务是砸核桃，要求多、快、好，大家有什么办法？

甲：平常在家里用牙磕，用手或榔头砸，用钳子夹，用门夹。

组长：只砸几个核桃用这种办法可行，如果要砸的核桃多该怎么办？

乙：应该把核桃按大小分类，各类核桃分别放在压力机上砸。

丙：可以给核桃黏上粉末一类的东西，使它们成为一样大的圆球，在压力机上砸，用不着分类。（发展了上一个观念）

丁：粉末可能会产生吸附力。在压力机上砸压后，或者在粉碎机上粉碎后，由于磁场作用，核桃壳可能脱掉，只剩下核桃仁。（发展了上一个观念，并应用了物理效应）

组长：很好！大家再想想用什么样的力才能把核桃砸开，用什么办法才能得到这些力。

甲：应该加一个集中的挤压力。用某种东西冲击核桃，就能产生这种力，或者相反，用核桃冲击某种东西。

乙：可以用气枪向墙壁上射核桃，比如说可以用发射软木塞的儿童气枪。

丙：当核桃落地时，可以利用地球引力产生撞击力。

丁：核桃壳很硬，应该先用溶剂加工，使它软化、溶解或者使它们变得很脆。冷冻就可以使核桃壳变脆。

组长：动物是怎么解决这个问题的，比如乌鸦？

甲：鸟儿用嘴啄或者飞得高高的，把核桃扔在坚硬的地上。我们应该把核桃装在容器里，从高处向下扔，比如从热气球上、直升飞机上、电梯上向下往水泥地上扔，然后把摔碎的核桃拾起来。（类比）

乙：可以把核桃放在液体容器里，借助水的冲击力把核桃破开。（物理效应）

组长：是否可用逆向思维解决问题呢？

丙：应该从里面把核桃破开，给核桃钻个小孔，往里面打气加压。（反向）

丁：把核桃放在空气室里，向空气室里打气加压，然后使空气室里的压力锐减，这样内部压力就会使核桃破裂，因为内部压力不可能很快降低。（发展了上一个观念）。

甲：应该挖口深井，在井底放一块钢板，在核桃与深井之间开几道沟槽。核桃从树上掉下来，顺着沟槽滚到井里，摔在钢板上就会破裂。

一、头脑风暴的概念和起源

头脑风暴最早是精神病理学上的用语，指精神病患者精神错乱的状态，现在指无限制的自由联想和讨论，其目的在于产生新观念或激发创新。

头脑风暴的特点是让参会者打开思路，使各种设想在相互碰撞中激发创造，可分为直接头脑风暴和质疑头脑风暴，前者是在群体决策的基础上尽可能激发创造性，产生尽可能多的设想；后者则是对前者提出的设想、方案逐一评估，发现其现实可行性的方法，是一种集体开发创造性思维的方法。

二、头脑风暴的操作方法

头脑风暴法的基本内容为：针对要解决的问题，召开由 6～8 人参加的小型会议。与会者按照一定的要求和步骤，在轻松融洽的气氛中展开思考、各抒己见，在思维的碰撞中产生大量创意。

为了达到目标，进行头脑风暴要坚持以下四个基本原则。

1. 不进行评论

与会者可自由地表达观点，不用担心受到批评。要认真对待任何一种设想，不对其进行评论也不管其是否适当和可行。对各种意见、方案的评判必须放在讨论结束之后。

2. 主意越多越好

发言者提出的观点，想出的主意越多越好。当然，发言者也要进行自我控制，不要说不相干的话。

3. 鼓励异想天开

任何想法，不管多么疯狂、多么异想天开，都应得到鼓励的。

4. 探索取长补短和改进的办法

每个人除提出自己的意见外，还应鼓励参加者对他人提出的设想进行补充、完善和综合。

在主持人的领导下，开展头脑风暴一般会遵循以下步骤。

(1)热身阶段

向缺少经验的与会者展示一下轻松的氛围。举出一个简单的论题来进行讨论，比如：如果 CEO 现在退休了会怎样？请大家轮流发言，尽情发挥想象，表达意见。这是一个精神热身的过程，非常必要。

(2)主持人宣布论题，如有需要，可作出进一步的解释。

(3)与会者开始思考，可将想法写在纸上。主持人控制时间，约为五分钟。

(4)所有与会者各自说出自己的想法，并作详细阐述。记录员作记录。

(5)主持人根据现场气氛，提出问题来激发大家的创造力。

(6)时间到，主持人依照会议宗旨将所有设想进行整理并鼓励大家讨论。

(7)把所有设想归类。

(8)回顾整个列表，保证每个人都理解这些设想。

(9)去除重复的设想和显然难以实现的设想。

(10)主持人对所有与会者表示感谢并依次表达赞赏。

以上是头脑风暴的基本过程。其实头脑风暴的形式还有很多种，如快速思考法，允许自由发言，激励自由设想；思维导图法，从基本情况衍生出很多方向的思考，与会者可以为导图添加细节；默写式头脑风暴法，与会者将想法写在卡片上，并互相传递，继续写想法。

三、克服创意障碍

(一)头脑风暴的优点

在目前中国的互联网行业中，头脑风暴也是一种常用的解决问题的方法。互联网行业中的头脑风暴更加开放、更加即兴和去中心化，且融汇了设计思维、视觉化等元素。

头脑风暴往简单了说，不过就是"写小条——贴小条"。往深了说，它是解决问题的一种方式。进行头脑风暴的重点是寻找可能性。如果想找到好的解决方案，就要先拥有大量可供选择的方案。头脑风暴的核心是："每个人无限制思考＋相互激发＋每一时刻无懈怠永不知足的推动新想法＋不是选择一个已有的最好的而是在已有的基础上创造一个更棒的"。

(二)如何提出问题

不是任何问题都适合用头脑风暴的方式去解决，但是任何问题都可以拆分成可以用头脑风暴的方式去解决的问题。进行头脑风暴，就是为了解决问题，因此如何提出问题就显得尤其重要。

传统的解决问题的思路是：

发现问题——分析问题——输出合理的解决方案

头脑风暴的思路是：

大难题——分解成小问题——产出尽可能多的解决方案

头脑风暴时，提出的问题要清晰，应尽量将问题拆解为更简单更明确的问题。可以针对各个问题，开展多轮头脑风暴，不断深入去解决复杂的问题。当拿到一个比较宽泛的问题时，在真正进入问题解决阶段之前，可以先用思维导图或坐标轴等工具将问题铺开，思考可以在哪些维度对这个问题进行拆分，每个维度又可以作怎样的细分。（这个环节也可以做成对问题拆解的头脑风暴。）

举个例子，假如我们针对"如何让小明有一个幸福的婚姻生活？"这个问题进行头脑风暴，有人说："娶个好妻子，少加班……"。诸如此类的答案未免过于空泛，也没办法立即执行。因此我们需要把大问题拆分成小问题，再针对小问题开展头脑风暴，如"如何帮助小明减少加班次数""如何帮助小明分担家务""如何增加小明和孩子相处的时间"等。

问题细化后，再开展头脑风暴解决问题。

如何判定问题是否被分解到足够小呢？可用以下方法进行反证。

- 1分钟你能写出 10 个不同的方法吗？
- 一张便利贴能写下你的一个解决方案吗？
- 你能不写字只靠画画表达你的想法吗？
- 想出的解决方案可以立即去执行吗？

(三)头脑风暴是"术"还是"道"

头脑风暴应该是"术"还是"道"？或者说，应该把它当作一种工具或方法，还是将其内化成一种理念和本能？

当你遇到问题需要同事帮助时，你们不是进行空泛的讨论，而是快速输出 20 个可能的解决方案；当团队对一个问题争论不休时，坐下来用写小纸条的方式，可表达彼此的想法，提出解决方案。这时，无论你的点子好或者不好，都有机会得到别人的赏识或者给他人带来启发。

当同事提出一个想法时，你不应立即否定，而应学会肯定，学会避免减法思考，用加法创意，懂得利用别人的方法，并进一步发展。

当你一个人面对问题时，也不要轻易怀疑和打压大脑中萌生的想法，应该让这些想法自由生长，并迅速将它们记录下来，同时想办法刺激更多的想法产生。

要有创意自信，相信正确答案不止一个，要有动力去实现与测试多种解决方案，相信各种想法都有价值!

这些都是头脑风暴所带来的理念和本能,这些要比形式和流程本身更有价值。如果摒弃了这些,头脑风暴就不过是一个"写小条—贴小条"的会议方式而已。带着这样的理念和本能,面对问题时,个人即使不知道答案是什么,不确定是否能找到答案,也会去探索多个想法,并且相信自己一定会找到解决问题的方法。

四、使用原则和注意事项

(一)应用头脑风暴的四原则

(1)让参与者畅所欲言,对所提出的方案暂时不作评价和判断

(2)鼓励标新立异,与众不同的观点

(3)以获得方案的数量而非质量为目的,鼓励多种想法,多多益善

(4)鼓励参与者提出补充意见和改进意见

(二)头脑风暴法的具体步骤与技巧

1. 准备阶段(在开会前要做好准备工作)

(1)主持人应事先对所议问题进行研究,弄清问题的实质,找到问题的关键,设定要达到的目标。

(2)确定参加会议的人员,一般以8~12人为宜。会议人数太少不利于交流信息,激发思维;人数太多则不容易掌控,并且每个人发言的机会相对较少。

(3)将会议的时间、地点、所要解决的问题、可供参考的资料和设想、需要达到的目标等事宜一并提前通知与会人员,让大家做好充分的准备,提前了解议题的背景和外界动态。

(4)布置会议现场,将座位排成圆形更有利。

2. 热身阶段

这个阶段的目的是创造一种自由、宽松、祥和的氛围,以便活跃气氛,使大家得到放松,进入一种无拘无束的状态。主持人宣布开会后,先说明会议的规则,然后随便谈点有趣的话题,让大家处于轻松、活跃的氛围之中。

3. 明确问题

主持人简明扼要地介绍有待解决的问题。介绍应简洁、明确,不可过分周全,否则过多的信息会限制人的思维,干扰思维创新。

4. 畅谈阶段

畅谈是头脑风暴法的创意阶段。为了使大家能够畅所欲言,需要制订一些规则。主持人首先要向大家宣布规则,如果时间允许,可以让每个人先就所需解决的问题独立思考10分钟左右。随后,主持人引导大家自由发言、自由想象、自由发挥,让大家相互启发,相互补充,真正做到知无不言,言无不尽。可以按顺序一个接一个轮流发表意见,如轮到发言的人还未产生新构想,可以跳到下一位。

与会人员每提出一个方案,速记员就马上将其写在白板上,让所有人都能看见,

以便激发新的想法。经过一段讨论后，大家对问题都有了较深程度的理解。这时，主持人或书记员应对发言记录进行归纳、整理，找出富有创意的见解，以及具有启发性的表述，供下一步开展头脑风暴时作参考。

5. 筛选阶段

开展头脑风暴，往往能获得大量与议题有关的设想。至此任务只完成了一半，更重要的是要对已获得的设想进行整理、分析，选出有价值的创造性设想来进行开发或实践，这一步叫作设想处理。设想处理的方式有两种，一种是专家评审，可聘请有关专家及学员代表若干人（5人左右为宜）承担这项工作。另一种是二次会议评审，即所有与会人员一同进行设想的评价工作。通过评审，大家的想法可被整理成若干方案。经过多次反复比较，可确定1～3个最佳方案。

【思考练习】

1. 请利用头脑风暴法，列出手机的新颖且不为人知的应用场景和功能。
2. 一瓶矿泉水有哪些用途？

【活动体验】

头脑风暴体验训练活动

训练名称	回形针
训练目的	练习创造性地解决问题
训练所需器材	回形针，可移动的桌椅
训练要求	将全体人员分成每组4～6人的若干小组。他们的任务是在60秒内尽可能多地想出回形针的用途（也可以采用其他物品或题目）。每组指定一人负责记录想法的数量，而不是想法本身。 一分钟之后，请各组汇报他们所想到的主意的数量，然后举出其中疯狂的或激进的主意。有时，一些傻念头往往是有意义的。
所提问题记录	
训练结果	完成训练所用的时间：_____ 训练结果：_____
体现原理	
训练总结与反思	

▶ 第二节 六顶帽思考法

学习目标

1. 了解六顶帽思考的概念和起源。

2. 熟悉六顶帽子，六种颜色的原理。

3. 掌握六顶帽思考的应用。

阅读材料

1996 年，欧洲最大的牛肉公司 ABM 公司由于疯牛病引起的恐慌一夜之间损失了 80% 的收入。借助六顶思考帽，12 个人用 60 分钟想出了 30 个降低成本的方法和 35 个营销创意，将它们用黄色帽子和黑色帽子归类，去除无用的创意后还剩下 25 个创意。靠着这 25 个创意，ABM 公司度过了 6 个周没有收入的日子。

全球最大的保险公司保德信长期运用"六顶思考帽"，其总部的地毯就是用彩色的"六顶思考帽"图案编织而成。保德信保险公司运用德博诺的思维方法，把传统的人寿保险投保人死亡后支付保险金改为投保人被确诊为绝症时即可拿到保险金。这种方法目前已经被许多国家的保险公司效仿，被认为是人寿保险业 120 年来最重要的发明。

六顶思考帽还曾经扭转了奥运会的命运。1984 年洛杉矶奥运会的主办者就通过运用"六顶思考帽"的创新思维，使奥运会从烫手山芋变得炙手可热，并且获得了 1.5 亿美元的盈利。2002 年 5 月，爱德华·德·博诺曾应邀来华，为北京奥运组委会官员做"六顶思考帽"培训。当时中国媒体曾为"六顶思考帽"的神奇惊呼，并尊爱德华·德·博诺为"创新思维之父"。

挪威著名的石油集团曾经遇到一个石油装配问题，每天都要耗费 10 万美元。引进六顶思考帽以后，这个问题在 12 分钟内就得到了解决，每天 10 万美元的耗费降为零。

J. P. 摩根国际投资银行用"六顶思考帽"的思维方法，减少了 80% 的会议时间，并且改变了整个欧洲的企业文化。

西门子公司使用德博诺的思维方式后，产品开发时间减少了 30%。

波音公司将"六顶思考帽"引入罢工谈判，成功避免了两次工人罢工。第三次罢工谈判中，工会对公司管理层讲，除非用"六顶思考帽"，否则不愿谈判。

南非凯瑞白金矿每月有 210 次斗殴，这些从未上过学的矿工在上了一天博诺思维培训课后，冲突骤减为每月 4 次。

英国某电视台报道，通过接受培训，他们在两天内创造出的新点子比过去 6 个月里想出的还要多。

英国政府为失业的年轻人进行了 6 个小时的德博诺思维培训，结果就业率增加了 5 倍；

ABB（芬兰最大的跨国集团）公司讨论一个国际项目往往要花费 30 天，但运用了六顶思考帽以后，讨论时间缩短为两天。

一、六顶帽思考的概念

六顶帽思考是"创新思维学之父"爱德华·德·博诺博士开发的一种思维训练模

式，是一个全面思考问题的模型。它提供了平行思维的工具，避免将时间浪费在互相争执上，强调的是"能够成为什么"，而非"本身是什么"。运用德博诺的六项思考帽，能使混乱的思维变得清晰，使团体中无意义的争论变成集思广益的创造，使每个人变得富有创造性。

二、六顶帽的思维模式

六项思考帽是六种不同颜色的帽子，它们代表六种不同思维的模式。任何人都有能力使用以下六种思维模式。

(一)白色思考帽

白帽通常在思考会议开始之前使用，能为即将进行的思考提供背景。白帽还可以在会议快要结束时用作评估，衡量大家的提议是否与当前的信息相符。假设有一台按要求提供事实数据的电脑。电脑是客观中立的，不会提供解读或意见。戴上白色思考帽的思考者应该模仿电脑的行为。信息需求者应该提出焦点问题，从而获得信息或填补空白。实际上，信息是一种两层结构体系。第一层包括已经核实或已被证实的事实，即一级事实。第二层包括据信为真但尚未充分核实的事实，即二级事实。

概率范围从"始终如此"到"绝非如此"不等，其间是些有用的层次，诸如"大体上""有时"和"偶尔"。这类信息都可以成为白帽思考的输出项，条件是必须使用适当的设定框架来表明其概率。白帽思考是一种纪律，能提供思考的方向。思考者力图更加中立客观地呈现信息。你可能会被要求戴上白色思考帽，也可以请别人戴上白色思考帽。你还可以选择戴上或摘下白色思考帽。白色(无色)本身就象征着中立，和冥想的过程一样，戴上白色思考帽的个体只需感知信息，而不去评判其对错。

白色思考帽的作用在于搜寻和展示信息。使用白色思考帽可以帮助我们了解现在有哪些信息，还需要哪些信息及如何获得新信息。在评价新情况之前或进行预先计划时，经常会用到白色思考帽。

无论团队还是个人，一旦使用六项帽思考方式，就会在规定的时间段，努力甚至刻意朝着这一思考方向推进，这种努力受到期许的鼓励。这种期许非常重要，人们往往擅长完成他人所期许的事情，擅长做自己认为有所进展的事。创造性思考用语之所以在大多数人看来很难，是因为它与自然的认知、判断和批评习惯相悖。大脑是一种认知机器，天生就会设置模式，并对任何无法套入模式的东西加以谴责。大多数思考者喜欢安全感。创造性则需要探索和冒险。创造性需要我们进行想法实验。

(二)绿色思考帽

绿帽思考并不一定要求人们想出新点子和新方案，但一定是要人们花时间在此付出努力。在绿帽思考中，我们提出的想法都是各种可能性。大多数人没有意识到，可能性在思考中扮演着极为重要的角色。没有可能性，我们就不可能取得进步。有人认为进步来自信息分析和逻辑的推理，这种观念大错特错。如果没有可能性的框架，我们就不可能以全新的视角看待信息。

绿帽思考的可能性既包括临时迸发的创意，也包括深思熟虑的创意。当借助绿帽思考产生了很多有趣的创意而不能在会议上一一讨论时，可以使用红帽挑选出那些看上去适合套入某一具体框架的创意，比如，框架可能是低成本创意或易于测试的创意。

为了达到创造性目的，绿帽思考常常需要跳出现有的思维模式。如前所述，绿帽思考强调行动，而跳出需要一个起点，这个起点便是激发。激发之所以会成为起点，是因为就逻辑而言，在说任何话之前都应该有一个理由，而就激发而言，只有在说话之后，才需要理由。正是如此，激发是随机的，随机意味着这个词与当前形势没有任何特殊的相关性，它提供了一个全然不同的出发点。一旦从那个新的出发点向前追溯，沿着某一条路线回到我们思考的主题的概率就会增加。相反，如果直接考察主题，大概人们永远不会选择那条思考线路。寻找备选路线体现了一种创造性态度，每个人都要专注于当前话题，列出已知的问题处理方式。但这还不够。我们需要尽力发掘创意，想出更好的备选方案，实现不断超越。

人们常常认为创造力是天赋和性格决定的，因此创造性思考通常处于弱势地位，因为它不是思考的必要组成部分。绿帽的形式感将创造性思维提升到与其他思维相同的地位，使其被公认为是思考的一部分。绿帽本身无法让人们更有创造力，但是绿帽能给一定的思考时间，让人们专注于创造性思维。如果你花更多时间去寻找备选方案，就可能会发现更多的方案。创意人士往往花了更多时间去努力创新，因为他们具有更大的动力去发掘创意。绿帽机制为此提供了一种人造动力。

(三)黄色思考帽

黄色代表价值与肯定。戴上黄色思考帽的人们从正面考虑问题，表达乐观的、满怀希望的、建设性的观点。黄帽是积极探索之帽。积极是一种选择。我们可以选择以积极的心态看待事物，选择关注事态的积极方面，主动寻找优点。积极思考必然混合了好奇、趣味和希望将想法付诸现实的愿望。之所以将黄帽定义为积极探索之帽，是因为任何计划和行动都着眼于未来，都要在未来才能实现或生效。现在着手做某事，不是因为它已经有价值，而是因为它值得付出努力。

大多数人在提出创意时都是积极的，或在发现某一创意的优点之后，对其持有积极态度。黄色思考帽是思考者主动选择的思考机制，戴上黄帽的思考者不是在看到某一创意的优点之后才承认其积极方面，而是在这些优点出现前就主动去发现和思考。

黄帽思考的一个重要纪律是对积极范围的限制。如果我们把黄帽思考限制在言之凿凿和人尽皆知的东西上，则很少有什么进步可言。积极的范围可从极端的过度乐观延伸到另一个极端。我们必须小心对待这个范围。如果乐观能够推动在某一个精心选择的方向上采取的具体行动，那么这种乐观就是合理的。

黄帽思考的目的是让思考的概念地图变得多姿多彩。因此，乐观的提议应予以注意，并在地图上将其标注出来。在标注出来之前，虽没有必要对这些提议进行详细评估，但我们还是习惯对每一条此类提议进行粗略的概率估计。一般可进行如下简单的概率分类：

(1)已证实；

(2)基于经验和现有知识，非常有可能；

(3)通过不同事情的组合，很有可能；

(4)有一半的可能；

(5)只是有可能；

(6)希望渺茫或风险较大。

乐观评估可能基于经验、现有信息、逻辑推理、暗示、趋势、猜想和希望得出。黄帽思考应该竭尽全力为乐观思路提供尽可能多的论据支持，这些支持是为了强化提议。黄帽思考是积极的、探索的，更是富有建设性的。它不仅关注实施方案的生成，也关注对方案的积极评估和方案的制定或发展过程。建设性思考之所以适合由黄帽来进行，是因为所有的建设性思考在态度上都是积极的。方案的提出是为了改善现状、解决问题、作出改进，或利用机会。提出方案就是为了促成某种积极的变化。

黄帽思考可能是前瞻性的，其力求寻找机会，也允许愿景和梦想的存在。它用积极的态度和期许推动事情的进展，并力图发现可能的收益和价值。

愿景和梦想在黄帽思考中也扮演着重要的角色。这种愿景包括项目的可行性和收益两方面，即可以做，且值得做。

(四)黑色思考帽

戴上黑色思考帽，人们可以运用否定、怀疑、质疑的态度，合乎逻辑地进行批判，尽情发表负面的意见，找出逻辑上的错误。黑色思考帽阻止人们去做那些非法、威胁、无利可图或者有妨碍之类的事。

当人们受到某种强烈的感情刺激时，逻辑能使我们不被感情挟持，保持理性的克制。

(五)红色思考帽

红色是情感的色彩。戴上红色思考帽，人们可以表现自己的情绪，还可以表达直觉、感受、预感等。

红帽思考关乎情绪与情感，以及思考的非理性方面。如果在思考过程中不允许掺杂情绪和情感，这些情绪或情感就会潜入到思考的底层，以一种隐秘的方式对思考产生影响，而这种影响对思考的质量和效率有负面影响。红色思考帽承认情绪、情感、预感和直觉的真实存在，并通过正式的渠道将它们表达出来，从而保证思考的结果更加全面和真实。

情绪可以从三个方面影响思考。

(1)背景情绪影响思考。

(2)情绪是由最初的感觉触发的。

（3）红色思考帽为这些情绪表达提供了正式渠道，因此能够探知这些情绪到底是什么。

直觉常能够表达一种突如其来的洞见，可能会引发创造性的重大突破。直觉、预感和感觉是近亲。预感是基于直觉的假设，感觉可以是一种审美情感，也可以是一种确定的判断。

（六）蓝色思考帽

蓝色思考帽负责控制和调节思维过程，负责控制各种思考帽的使用顺序，规划和管理整个思考过程，并作出结论。蓝帽是思考的组织者，负责过程控制。在思考会议一开始就使用蓝帽，可以对当前形势加以界定，也能列出使用其他思考帽的议程和顺序。蓝帽列出了思考策略。在会议中，蓝帽负责维持纪律，确保人们还戴着当前相关的思考帽。蓝帽还负责宣布更换思考帽。头戴蓝帽的人通常是会议的协调人、主持人或领导人，这是一个常任角色。会议结束时，蓝帽会询问会议结果，其形式可能是总结、结论、决定、解决方案等。

一般来说，任何会议的主持人都具有天然的蓝帽思考功能。也可以把特定的蓝帽角色指派给某一个人而不是主持人。他（或她）负责维持秩序，确保会议按既定议程进行。

蓝帽是控制之帽，负责提出问题、定义问题，确定需要执行的思考任务；负责小结、综述和总结；负责监督思考，确保人们遵守游戏规则；负责终止争论，坚持思考的制图模式。

表 3-1　六顶思考帽简述

思考帽颜色	象征	扮演角色
白色	中立而客观，代表信息、事实和数据	陈述问题和事实
绿色	充满生机，代表创意和新想法	寻求新方法，提出如何解决问题的建议
黄色	阳光、乐观，代表事物的积极一面	列举优点
黑色	谨慎、批评及对风险的评估	列举缺点
红色	热烈的情绪，预感、直觉和印象	对备选方案进行直觉判断
蓝色	天空的颜色，有纵观全局的气概	总结陈述，得出方案

三、六顶帽思考的应用

白色帽子用可获得的信息来考察情况。绿色帽子则用主意、概念、建议和可能性来考察情况。绿色帽子用来提出任何一种类型的提议和建议。这些建议并不一定是新的创意。它们可以是行动的建议、解决问题的方案、可能的决定。戴上绿色帽子，可以进行各种积极活跃的思考。当没有人知道该怎么办的时候，就该戴上绿色帽子进行思考了。

如果已经给出了一个解释，或者已经讨论了行动的方案，那么这时可以要求大家戴上绿色帽子寻找进一步的解释和其他的选择。还可能有哪些解释？还能做哪些事情？在采取行动之前，绿色帽子旨在为我们拓宽选择范围。至于对那些选择进行评估，那就是黄色帽子和黑色帽子的任务了。

有时候，我们需要完全崭新的创意。如果老办法已经行不通了，或者没有可行的办法来解决问题时，就需要进行真正的创造性思考了，这种思考正是绿色帽子扮演的基本角色。如果你要求某个人戴绿色思考帽对某件事发表观点，那么你就是在要求他超越既定范围，提出崭新的创意。你不能要求别人一定要产出创意，但至少可以要求别人为此作出尝试。应该有意识地运用本书后面介绍的水平思考技巧，以便产生新的创意。

戴上绿色帽子，我们可以提出各种试验性的主意，虽然我们不知道这些主意是否行之有效。我们还可以有意识地提出激发，激发不一定是有用的主意，激发只是用来帮助我们脱离常规的思考轨道，以不同的角度重新看待事物。

绿色思考帽的特征就是行动和活力。一个画家站在一幅空白的画布前，他最重要的事情就是开始行动。这个行动可能是勾画一个草图，也可能是往画布上洒一些颜料。出现空白的时候就是需要主意的时候，空白的状况需要绿色思考帽，因循守旧或停滞的状况也需要绿色思考帽。

用"六项思考帽"来考虑我们工作中存在的问题，也会得到意外的收获。白色思考帽可用来思考、搜集各环节的信息，收集各部门存在的问题，找到基础数据。

接着戴上绿色思考帽，用创新的思维来考虑这些问题。这不是一个人的思考，各层次管理人员都用创新的思维去思考，大家提出解决问题的办法、建议和可采取的措施。也许这些方法不对，甚至无法实施。但是，运用创新的思考方式可以帮助我们跳出一般的思考模式。

然后，分别戴上黄色思考帽和黑色思考帽，对所有想法进行正反两方面的分析，找出最佳契合点。

最后，再戴上红色思考帽，从经验、直觉上，对经过过滤的问题进行分析、筛选，并作出决定。在思考的过程中，还应随时运用蓝色思考帽，对思考的顺序进行调整和控制。因为，观点可能是正确的，也可能有误。所以，在整个思考过程中，应随时调换思考帽，进行不同角度的分析和讨论。

【思考练习】

1. 六顶帽思考法的优势是什么？
2. 典型的六顶思考帽法在实际应用中的正确顺序是什么？

【活动体验】

六顶帽思考法的应用训练

训练名称	消下火
训练目的	用六顶帽思考法处理人际关系
训练所需材	塑料瓶、红蓝小球若干
训练要求	案情：主持人或老师扮演主人公，设置消极场景，各组队员扮演其他角色安慰主人公 规则：在规定时间（10分钟）内，各组人员根据老师或主持人提供的角色和当前遭遇的矛盾对主人公进行规劝。主持人及教师根据回答向塑料瓶中放置塑料球，红色代表负面情绪。蓝色代表正面情绪。看看哪一组推断对主人公的劝诫最有效
所提问题记录	
训练结果	完成训练所用的时间：_____ 训练结果：_____
体现原理	
训练总结与反思	

▶ 第三节　奥斯本检核法

学习目标

1. 了解奥斯本检核法。
2. 掌握奥斯本检核法的使用环境。
3. 培养学生创新思维。

阅读材料

奥斯本成名故事

奥斯本文化程度不高，没有上过大学，1938年，21岁的他失了业。他时刻梦想着成为一名受人尊敬的新闻记者。为了实现自己的梦想，他鼓足勇气去一家小报社应聘。主编问："你有多少年的写作经验？"奥斯本回答："只有三个月。不过请你先看看我写的文章吧！"主编接过他的文章看了后，摇着头说："年轻人，你这篇文章写得不怎么样，你既无写作经验，又缺乏写作技巧，文笔也不够顺畅；但是你这篇文章也有好的地方，在内容上有独到的见解。这就很可贵！凭这一点，我愿意给你 3 个月时间试一试。"

奥斯本由此领悟到创新性的可贵，明白了自己的优势所在，他决心做一个有创新能力的人。他反复研究主编给他的大叠报纸，又买回其他报纸做比较。第一天上班后，奥斯本迫不及待地冲进主编的办公室，大声说："主编先生，我有一个想法。"主编瞪大眼睛看着这个毛头小伙子。他不顾主编的表情，只顾着说下去："广告是报纸的生命钱，我们无法与各大报纸竞争大广告，而小工厂、小商店也做不起大广告，他们又急于宣传自己的产品或商品，我们何不创造条头广告，以低廉的收费满足这一层次工商者的需要呢？"主编说："好啊！真是一个了不起的想法！"奥斯本坚持每天提一条创新性的建议，两年后，这家小报成为一个实力雄厚的报业公司，奥斯本也当上了报业集团的副董事长，拥有巨额股份。

奥斯本创新的三条经验

1. 远离思维惰性

思维惰性就是由于习惯和适应，在考虑事情的时候，不愿积极主动地思考。具有思维惰性说明你已经开始进入思维的舒适区。在舒适区生活得越久，成长就越慢。奥斯本检核表法提供了 9 个维度来刺激大脑，可让你慢慢逃离自己的思维舒适区，强迫自己去思考和改变，进而远离思维惰性。

2. 突破思维定式

思维定式就是按照积累的思维活动经验和已有的思维规律，在反复使用中所形成的比较稳定的、定型化的惯性思维。在环境不变的条件下，思维定式使人能够应用已掌握的方法迅速解决问题。而当情境发生变化时，思维定式会妨碍人们采用新的方法。消极的思维定式是束缚创造性思维的枷锁。奥斯本检核表法一共有 9 个维度 75 个问题，能帮助人们突破思维定式，激发人们的想象力。

3. 建立思维自信

创新思维自信指相信自己有能力改变周围的世界。拥有思维创造力自信的人会有很强的自我效能感，相信自己有创造力，敢于挑战挫折、面对失败。IDEO 创始人大卫凯利谈到，他的使命就是希望帮助人们提升创造力自信，从而改变世界。在创新的过程中，很多人不愿意也不知道如何提出高质量的问题，害怕出错了被人嘲笑。奥斯本检核表法提供了问题清单，能有效帮助人们突破不愿意提问、不会提问的心理障碍，帮助人们建立提问、思考、想象和创新思维的自信。

一、奥斯本检核表法的概念和起源

(一)奥斯本检核法的概念

奥斯本的检核表是针对某种特定要求而制定的检核表，主要用于新产品的研制和开发。奥斯本检核表法是指以该技法的发明者奥斯本命名的，可引导主体在创造过程中对照 9 个方面的问题进行思考，以便启迪思路、开拓思维和想象空间，促进人们产生新设想、新方案。奥斯本检核表中的 9 个大问题包括有无其他用途、能否借用、能否改变、能否扩大、能否缩小、能否代用、能否重新调整、能否颠倒和能否组合。

奥斯本检核表法是一种促进创意产生的方法。在众多的创造技法中，这种方法是效果比较理想的技法。由于其突出的效果，奥斯本检核表法被誉为创造之母。人们运用这种方法，产生了很多杰出的创意，以及大量的发明创造。

(二)奥斯本检核法的来源

亚历克斯·奥斯本是美国创新技法和创新过程之父。1941 年，他在其出版的《思考的方法》一书中提出世界第一个创新发明技法——智力激励法。1941 年，他又出版世界上的第一部创新学专著《创造性想象》，提出奥斯本检核表法。此书销量已达 4 亿册。

二、奥斯本检核表

(一)奥斯本检核法的组成

奥斯本的检核表法属于横向思维的思考方法，以直观、直接的方式激发思维活动，操作十分方便，效果也相当好。下述 9 组问题对于任何领域创造性地解决问题都是适用的。这些问题不是奥斯本凭空想象的，而是他在研究和总结大量近、现代科学发现、发明和创造事例的基础上归纳出来的。

1. 现有的东西(如发明、材料、方法等)有无其他用途？保持原状不变能否扩大用途？稍加改变，有无别的用途？

2. 能否从别处得到启发？能否借用别处的经验或发明？外界有无相似的想法，能否借鉴？过去有无类似的东西，有什么东西可供模仿？谁的东西可供模仿？现有的发明能否引入其他的创造性设想之中？

3. 有的东西是否可以做某些改变？改变一下会怎么样？可否改变一下形状、颜色、音响、味道？可否改变一下意义、型号、模具、运动形式？改变之后，效果又将如何？

4. 放大、扩大。现有的东西能否扩大使用范围？能不能增加一些东西？能否添加部件、拉长时间、增加长度、提高强度、延长使用寿命、提高价值、加快转速……？

5. 缩小、省略。缩小一些怎么样？现在的东西能否缩小体积、减轻重量、降低高度、压缩、变薄？能否省略，能否进一步细分？……

6. 能否代用。可否由别的东西代替，由别人代替？可否用别的材料、零件代替？可否用别的方法、工艺、别的能源代替？可否选取其他地点？

7. 从调换的角度思考问题。可否更换先后顺序？可否调换元件、部件？是否可用其他型号？可否改成另一种安排方式？原因与结果能否互换位置？能否变换一下日程？……更换一下，会怎么样？

8.从相反方向思考问题也能激发想象、启发思路。倒过来会怎么样？上下是否可以倒过来？左右、前后是否可以互换位置？里外可否互换？正反是否可以互换？可否用否定代替肯定？

9.从综合的角度分析问题。组合起来怎么样？能否装配成一个系统？能否将目的进行组合？能否将各种想法进行综合？能否对各种部件进行组合？

(二)奥斯本检核法的步骤和使用条件

1.实施步骤

(1)根据创新对象明确需要解决的问题。

(2)在参照表中列出需要解决的问题。运用丰富的想象力，对问题逐个进行讨论，写出新设想。

(3)对新设想进行筛选，将最有价值和创新性的设想筛选出来。

2.使用条件

(1)要联系实际一条一条地进行核检，不要有遗漏。

(2)多核检几遍，效果会更好。

(3)核检每项内容时，要尽可能发挥想象和联想，产生更多创造性设想。进行检索思考时，可以将每大类问题作为一种单独的创新方法来运用。

(4)可根据需要，1人核检也可以，3~8人共同核检也可以。集体核检能互相激励，产生头脑风暴，更有希望获得创新。

三、奥斯本检核法的应用

(一)运用奥斯本检核法改良眼镜的设计

(1)能否它用？

头脑风暴：可将眼镜直接当作照相机来使用。为眼镜配备其他如蓝牙、闪盘等辅助设备，可将眼镜直接用作快速记忆扫描仪。

实用方法：设计一款可以读取数据，并能够存储数据的眼镜。

(2)能否借用？

头脑风暴：目前很多女士喜欢戴太阳眼镜。能否使太阳镜任意变形呢？

实用方法：设计一款可以随意折叠、颜色鲜艳且适合女士戴的太阳镜。

(3)能否变化？

头脑风暴：使眼镜镜片能够变换颜色。

实用方法：采用叠加式设计，用抽拉的方式变换镜片颜色。

(4)能否扩大？

头脑风暴：很多盲人会戴墨镜，能否使眼镜真正成为盲人的"眼睛"呢？

实用方法：运用红外线、超声波技术，设计一款可以提前预警障碍物的导盲眼镜。

(5)能否缩小?

头脑风暴:能否改变镜片、镜架、镜腿的连接方式呢?

实用方法:可以采用插接、一体弯曲等技术,改变镜腿与镜片的连接方式。

(6)能否代用?

头脑风暴:传统眼镜的原材料成本高。

实用方法:可以用电话线绳、竹藤、纸、塑料等材料来制作眼镜。

(7)能否调整?

头脑风暴:长时间配戴眼镜会使眼睛变形,能否改变眼镜的佩戴方式或是采用更好的人机设计。

实用方法:我们可以将眼镜做成手持式,这比较适用于老花镜。

(8)能否颠倒?

头脑风暴:让眼镜像汽车后视镜一样,让人能够在不回头的情况下看到身后的情景。

实用方法:可以在眼镜的一侧设计一个微型后视镜。

(9)能否颠倒?

头脑风暴:现在很多年轻人都会佩戴眼镜,如近视镜、太阳镜,而这部分人群又非常喜欢 mp3、mp4 等产品,那么为什么不为眼镜配备播放歌曲的功能呢?

实用方法:可以在眼镜中内置防水的 mp3 设备,在眼镜的两侧设计两个耳麦。

(二)奥斯本检核法对灯泡的改良设计

(1)能否他用——其他用途:信号灯、装饰灯

(2)能否借用——增加功能:加大反光罩,增加灯泡亮度

(3)能否改变——改一改:改灯罩、改小电珠和用彩色电珠等

(4)能否扩大——延长使用寿命:使用节电、降压开关

(5)能否缩小——缩小体积:1 号电池→2 号电池→5 号电池→7 号电池→8 号电池→钮扣电池

(6)能否替代——代用:用发光二极管代替小电珠

(7)能否调整——换型号:两节电池直排、横排,改变式样

(8)能否颠倒——反过来想:不用干电池的手电筒,用磁电机发电

(9)能否组合——与其他组合:带手电收音机、带手电的钟等

(三)奥斯本检核法对相机的改良设计

(1)能否他用——其他用途:相机可以有多种用处,如镜子、扫码器、扫描夜视仪等。

(2)能否借用——增加功能:联系以上发明,我们可以配一个眼镜,用仿人眼视角进行拍摄。

(3)能否改变——改一改:根据相机在不同领域中的应用,可以设计双向弹出镜头;运用光学原理,可发明一种摄像机加望远镜的高端智能相机。

（4）能否扩大——延长使用用途：可以利用太阳能发电，无线充电、手机反向充电。

（5）能否缩小——缩小体积：采用微单结构设计，制作小体积相机。

（6）能否替代——代用：采用遥控拍摄，定时拍摄等方法。

（7）能否调整——换型号：为相机增加音乐播放功能。

（8）能否颠倒——反过来想：将镜头反转，可将相机做成天文望远镜。

（9）能否组合——与其他组合：增加无人机、手机控制功能，同时与人眼建立智能连接。

【案例分享】

连续性案例

1987 年，美国的两个邮递员科尔曼和施洛特无意中看到一个小孩拿着一种发亮光的荧光棒，这家伙能派上什么用场呢？在胡思乱想中，两个人随手把棒棒糖放在荧光棒顶端。结果，光线穿过半透明的糖果，显现出一种奇幻的效果。这一小小的发现，让两人惊喜异常。他们为此申请了发光棒棒糖专利，还把这专利卖给了开普糖果公司。奇迹由此开始。两个邮递员继续想，棒棒糖舔起来很费劲，能不能加上一个能自动旋转的小马达，由电池对它进行驱动，这样既省劲又好玩。这种想法很快付诸实施。旋转棒棒糖很快投入市场，获得了极大的成功。在最初的六年里，这种售价 2.99 美元的小商品一共卖出了 6000 万个，科尔曼和施洛特得到了丰厚的回报。

更大的奇迹还在后面。开普糖果公司的负责人奥舍在一家超市内看到了电动牙刷。虽然电动牙刷有许多品牌，但价格都高达 50 多美元，因此销售量很小。奥舍灵机一闪：为什么不利用旋转棒棒糖的技术，用 5 美元的成本来制造一只电动牙刷呢？奥舍与科尔曼、施洛特着手进行技术移植。很快，美国市场上最畅销的旋转牙刷诞生了，它甚至要比传统牙刷还好卖。在 2003 年，3 个人组建的小公司卖出了 1000 万把牙刷！这下，宝洁公司坐不住了。相比之下，他们的电动牙刷成本太高，几乎没有市场竞争力。于是，经过讨价还价，2005 年 1 月，宝洁收购了这家小公司，由宝洁首付预付款 1.65 亿美元，3 个创始人在未来的三年内留在宝洁公司。过了一年多，宝洁公司便提前结束了和奥舍、科尔曼、施洛特 3 人的合同，因为宝洁公司发现电动牙刷太好卖了，远远超出他们的预料。借助一家国际超市公司，它已在全球 35 个国家进行销售。按照这种趋势，宝洁在三年合同期满后要付给奥舍等三人的钱会远远超出预期。经过协商，合同提前中止，奥舍、科尔曼、施洛特一次性拿到了 3.1 亿美元，加上原来 1.65 亿美元的预付款，共 4.75 亿美元。这是一个令人头晕目眩的天文数字，如果用卡车去银行拉这么多现金，恐怕要费上相当一番工夫！

【思考练习】

1. 想一想日常生活中，还有哪些常见物品的发明创造可用奥斯本核表法来体现。

【活动体验】

奥斯本核检法体验训练活动

训练名称	头脑风暴
训练目的	体验与训练奥斯本核检法思维
训练所需器材	白板、白板笔、便利贴、彩笔一盒
训练要求	和你的小伙伴们一起，领略奥斯本核检法的奥秘，尝试一下以小组为团体，自己提出一个话题，然后使用本方法，最后看看可以想出多少种方案吧！
所提问题记录	
训练结果	完成训练所用的时间：_____　　训练结果：_____
体现原理	
训练总结与反思	

第四节　和田十二法

学习目标

1. 了解和田十二法概念。
2. 掌握和田十二法思路。
3. 熟练和田十二法应用。

阅读材料

联邦快递与和田十二法

联邦快递成立于 1973 年，其全球总部设在美国田纳西州的孟菲斯，另在中国香港、加拿大安大略、多伦多和比利时布鲁塞尔设有区域总部。

联邦快递在全球拥有 148000 名员工，拥有大约 1200 个服务中心，超过 7800 个授权寄件中心，435000 个投递地点，45000 辆货运车，662 架货机，服务机场覆盖全球 365 座大小机场，服务范围遍及全世界 210 多个国家和地区，日平均处理的货件量多达 330 万份。联邦快递以其不可比拟的航空路线权和强大的信息技术基础设施，在小件包裹速递、普通递送、非整车运输、集成化调运系统等领域占据了大量的市场份额，成为全球快递运输业的泰斗，并跃入世界 500 强企业。

联邦快递公司的创立者，总裁弗雷德·史密斯的父亲是位企业家，创立了一家经营得很好的巴士公司。20 世纪 60 年代，弗雷德在耶鲁大学读书。有一天老师布置了一篇有关创新想法的论文，为了完成这次作业，弗雷德查阅了大量的文献，包括奥斯本核查法及和田十二法等，最后他撰写了一篇论文，提出建立一个纯粹的货运航班，用来完成全国范围内包裹邮递的设想。这是一个开创性的创业设想。弗雷德在论文中提出，在小件包裹运输上应采纳轴心概念，并利用寂静的夜晚通过飞机运送包裹和邮件。可是老师并不认可这个创新理念，这篇论文只得了个 C。毕业后，弗雷德在越战中当过飞行员。回国后他在可行性研究基础上，把从父亲那里继承的 1000 万美元和自己筹措的 7200 万美元作为资本金，建立了联邦快递公司。

实践证明，弗雷德的轴心概念的确能为小件包裹运输提供独一无二、有效的、辐射状配送系统。弗雷德的出奇之处不仅在于对小件包裹运输的营销模式创新，更在于他能够利用航空空闲时段。田纳西州的孟菲斯之所以被选择作为公司的运输轴心所在地有以下两点原因。首先，孟菲斯为联邦快递公司提供了一个快速畅通的机场，它坐落在美国中部地区；其次，孟菲斯气候条件优越，机场很少因无关原因关闭。正是由于摆脱了气候对飞行的限制，联邦快递的竞争力才得以充分展现。每到夜晚，就有 330 万件包裹从世界各地的 210 多个国家和地区起运，飞往田纳西州的孟菲斯。

成功的选址也许对其安全记录有着重大贡献，在过去的 30 多年里，联邦快递从来没有发生过空中事故。联邦快递的飞机每天晚上将世界各地的包裹运往孟菲斯，然后再运往联邦快递没有直接国际航班的各大城市。虽然这个"中央轴心"的位置只能容纳少量飞机，但它能够服务的航空网点要比传统的 A 城到 B 城的航空系统多得多。另外，这种轴心安排使得联邦快递每天晚上飞机航次与包裹一致，并且可以应航线容量的要求而随时改道飞行，这就节省了一笔巨大的费用。此外，联邦快递相信，中央轴心系统也有助于减少运输上的错误或延误，因为从起点开始，包裹在整个运输过程都有一个总体控制的配送系统。弗雷德专门用于包裹邮递的货运航班，为全国及后来全世界客户提供了方便、快捷、准时、可靠的服务。创新的营销模式为其提供了低成本、高效、安全和全天候的物流系统，因而联邦快递迅速发展，从创业到成长为世界 500 强企业只用了短短 20 多年时间。

一、和田十二法的概念和起源

创新技法就是把各种创新原理和创新思维演变成具有可操作性的具体规程。自从美国的奥斯本首创智力激励法以来，全世界已有 1000 多种创新技法，其中比较实用的有 300 多种，而新的创新技法还在不断涌现。和田十二法是在上海市闸北区和田路小学学生的创新活动基础上，由我国学者许立言、张福奎借用奥斯本检核表法的基本原理与该校的师生一起实践、总结而成的一种创新技法。该法又称"聪明十二法"。人们在解决一个问题时，若能从加一加、减一减、扩一扩、变一变、改一改、缩一缩、联一联、学一学、代一代、搬一搬、反一反、定一定这 12 个方面出发，进行认真思考，就能受到启发，提出创新设想。这是一种打开思路、获得创新性设想的思路提示法。该法通俗易懂，简便易行，深受广大科技工作者的欢迎。我国自普及这种方法以来，已取得了丰硕的成果。

二、和田十二法的基本思路

和田十二法就是以 12 个动词(加、减、扩、缩、变、改、联、学、代、搬、反、定)提供的方向去设问，进而开发创造性思维的方法。

(1)加一加：加高、加厚、加多、组合等。现有事物能否增加什么(比如加大、加高、加厚等)？能否把这一事物与别的事物叠加在一起？例如：橡皮和铅笔加在一起可组合成带橡皮头的铅笔，收音机和录音机叠加就形成了收录机。

(2)减一减：减轻、减少、省略等。现有事物能否减去些什么(如尺寸、厚度、重量等)？能否省略或取消什么？根据这一思路，简化体汉字就是繁体汉字减一减的产物。

(3)扩一扩：放大、扩大、提高功效等。现有事物能否放大或扩展？幻灯、电影、投影电视等就是扩一扩的成果。

(4)变一变：改变形状、颜色、气味、音响、次序等。能不能改变现有事物的固有属性(如形状、颜色、声音、味道或次序)？彩色电影、电视正是黑白电影、电视变一变的产物。食品、文具等领域的不少系列产品也是根据变一变的思路开发出来的。

(5)改一改：改缺点、改不便、不足之处。现有事物是否存在不足之处需要改进？这里的改进是对原有事物的不足之处而言的，因此可以通过列举缺点进行考虑。和田路小学的一个学生曾根据这一思路发明了多用插头，并在国际青少年发明竞赛中获奖。

(6)缩一缩：压缩、缩小、微型化。现有事物能不能缩小或压缩？袖珍词典、压缩饼干等就是缩一缩的成果。

(7)联一联：原因和结果有何联系？现有事物和其他事物之间是否存在联系？能否利用这些联系进行发明创造？干湿球温度表就是根据空气温度和湿度之间的联系开发出来的新产品。

(8)学一学：模仿形状、结构、方法，学习先进。能否通过学习、模仿现有的事物产生新的发明创造？传说鲁班从茅草的锯齿形叶片把手掌拉破一事中得到启发，进而模仿草叶边缘的形态发明了新的工具——锯，这就是学一学的典型事例。

(9)代一代：用别的材料代替，用别的方法代替。现有事物或其一部分能否用其他事物来替代？替代的结果不能改变事物的原有功能。这一思路在材料工业领域有广泛的应用价值，许多合金、工业塑料、新型陶瓷材料等都是这一思路的成果。

（10）搬一搬：移作他用。现有事物能否搬到别的条件下去应用？能否把现有事物的原理、技术、方法等运用到别的事物中？将用嘴吹气会发声的哨子用在水壶口上，就产生了能自动报告水烧开了的新产品；用在鸽子身上就成了鸽哨，不仅能指示鸽子的行踪而且能发出悠扬的乐声。

（11）反一反：能否颠倒一下。现有事物的原理、方法、结构、用途等能否颠倒过来？这是逆向思维的思路。吸尘器的发明就是成功的一例。起初发明人是想发明一种用气流吹走灰尘的清洁工具，但试用时发现尘土飞扬，效果很差。最后，发明人反其道而行之，发明了吸尘器。

（12）定一定：定个界限、标准，能提高工作效率。能否对现有事物的数量或程度变化，制订一些规定？这是一种定量化的思路。定量化是人们对客观事物的认识逐渐精确化的标志，也为创造发明提供了有效的途径。典型成果有尺、秤、天平、温度计、噪声显示器等。

如果按这十二个"一"的顺序进行核对和思考，主体就能从中得到启发，产生创造性设想。

三、应用案例

（1）加一加——与自行车组合使用的电动助力小推车

人们在骑自行车上坡道或骑到疲劳的时候，常常希望有一种力量能推自己一把。利用加一加的方法，为自行车"加"把力，即从自行车行驶需要克服摩擦力的原理出发，为自行车添加一种电动推助力。它安装在后车轮轴处，骑行人可以通过自行车把手控制开关。这种电动助力小推车结构轻巧，即使在蓄电池无电时，也不会对骑行人构成拖累。

（2）减一减 ——无叶风扇

传统的电风扇通常带有三片或五片扇叶，用一段时间后，扇叶上会聚集较多灰尘且不易清洗，高速旋转的扇叶也容易伤人。本例利用减一减的方法，将扇叶数量减为零，消除了安全隐患。这种无叶风扇，不仅解决了高速旋转的扇叶伤人的问题，而且彻底解决了传统风扇不易清洗的问题。

（3）扩一扩——大容量高脚杯

传统酒杯的容积较小，使用时需不断续杯。对低酒精的饮品，因酒杯容积小而不能豪饮的问题就更加凸显。本例利用扩一扩的方法，从酒杯的容积属性出发，将杯子的容积扩大。这种大容量的酒杯，采用一体化设计，兼顾了高脚杯扩口饮酒的便利性和酒瓶的大容量。酒瓶与酒杯连接在一起，容量多达750毫升。使用这种酒杯喝啤酒，既可以满足畅饮的需要，又不必续杯。

（4）缩一缩——便携式小型洗衣机

家用洗衣机从诞生之初到现今，其体积不断变化且呈缩小的趋势，如单身人士、儿童，甚至婴儿用的洗衣机，体积都较传统洗衣机小。本例采用缩一缩的方法，构想出一款只有肥皂大小的洗衣机。这款极小型洗衣机，采用超声波洗衣技术，只保留洗衣机最原始的功能，其体积小到可以随身携带，为外出旅行洗衣带来极大的便利。

(5)变一变——一款门芯可以绕门边旋转的复合门

让一件物品有多种功能，是很多设计者的追求。本例采用变一变的方法，实现了门的组合变形。经过变形后的门具有两种功能状态。这是一种可以打乒乓球的复合门，门的边框是固定的，不能转动，门芯通过铰链与两侧的门边连接，门边设有限位装置，可以保证门芯在竖直和水平状态下都很稳固。

(6)改一改——与竖直墙面成 33°角的插座

家用墙体固定式插座多是与墙平面相适应的平面插座，其插孔离地距离为 20～30 cm。插拔不方便。本例采用改一改的方法，将插座插孔的平面改为与墙体表面成一定夹角，从而方便插拔。这款固定在垂直墙壁上，与墙面成 33°角的插座，不仅提供了便利，也提高了舒适度。

(7)联一联——一款带生命进度条的情侣衫

在电脑游戏中，玩家在游戏中的性命强弱多是通过生命进度条来体现的。本例采用联一联的方法，将恋人之间的距离与游戏中的生命进度条相联系，设计出一款情侣衫。这款情侣衫上的生命进度条能通过信号代码匹配，并能感知两者之间的距离。情侣或夫妻穿上此款情侣衫后，进度条的亮度随两者的距离而发生变化。距离近时生命进度条光栅格全亮，距离远时生命进度条光栅格有一部分不亮，距离继续变远后，光栅格逐渐熄灭。只有距离足够近，它们才会满格显示。

(8)学一学

火车卧铺票总比硬坐票要贵许多，除了卧铺占用的空间更大之外，另一个原因或许是坐着总没有躺着舒适。本例利用学一学创新原理，仿照飞鸟的飞行姿势制造了一款俯卧式自行车。此车模仿了飞鸟的飞行方式，让骑自行车的人也俯身移动。此款自行车上有支撑髋部与手肘部的垫子，骑行者的腿部可完全伸直，因此蹬踏力会更强劲，而且风阻也因此变小，车速就快了不少。

(9)代一代——一种金属冷饮块

金属不但是热的良导体，还具有快速吸收和释放热能的特性。本例采用代一代的方法，用冷冻后的不锈钢材料制成的金属块代替冰块，能实现对饮品的冰镇作用。还能有效避免冰块融化冲淡饮品和生水的卫生不能保证等问题。

(10)搬一搬——带超声波清洗的厨房用水

超声波一般在医学上的应用比较广泛，比如用于脏腑器官的探伤及部分疾病的治疗等。本例采用搬一搬的方法，将超声波技术搬到厨房，用于清洗果蔬食材。利用超声波去污清洗的原理，设计了一款一体式清洗洁具水槽。超声波清洗技术不仅能将果蔬和碗碟清洗干净，而且还能节水。

(11)反一反——一款比电锯更耐用的锯条

通常是锯条没有电锯耐用，使用多了就需要更换。本例采用反一反的方法，制做了一款十分耐用的锯条，并在产品包装中为其配备多个电锯，与传统的产品形成鲜明对比。这似乎是要告诉用户，不用担心锯条折断或严重磨损，这款锯条的使用寿命比两个电锯还长。

(12)定一定——安全切板

切割圆形或小型食材时，需要一手将其按住，另一只手拿刀切。这种切割方式效率较低，且容易伤到手指。本例采用定一定的方法，在木板上开条形槽与同心圆坑洞来固定食材。这款安全切板是一块有着十字形凹槽和坑洞的切板。当需要切个头较小的食材时，只需将食材固定在坑洞处，就能有效防止切到手指。

【思考练习】

1. 用和田十二法对自己的学习方法提出改进措施。

2. 用和田十二法对鞋子进行创意思考。

【活动体验】

和田十二法思维训练活动

训练名称	和田十二法的应用
训练目的	掌握并熟练应用和田十二法
训练所需器材	笔记本、手机、电池、杯子
训练要求	每个人在四个物品中选择一个，利用和田十二法对手中的物品进行创新，并将结果作记录上交。
所提问题记录	
训练结果	完成训练所用的时间：_____　　训练结果：_____
体现原理	
训练总结与反思	

▶ 第五节　TRIZ

学习目标

1. 了解 TRIZ 的基本概念。

2. 掌握 TIRZ 解决问题的基本模式。

3. 熟悉 TRIZ 在现实中的应用。

阅读材料

太空笔

太空笔是由保罗·费舍尔先生发明、美国太空笔公司制造的。它是唯一可以在太空中安全使用的书写工具。

在美国太空总署第一次派宇航员上太空时，他们很快发现圆珠笔无法在零重力的情况下工作。而铅笔在使用过程中产生的微量铅笔屑会在无重力环境中四处飘散，可能引起短路或飘进宇航员的鼻子眼睛中。为了解决这个问题，美国太空总署花了10年时间和120万美元研发了一种可以在零重力条件下，在几乎一切物体表面上书写的万能圆珠笔。

1. 太空笔的构造特点

笔芯：气压式，全密封。

油墨：超粘触变性档案油墨（专利油墨）

笔尖：高精密超硬碳化钨笔珠

2. 书写特点

(1)置于任意角度均可书写，倒置也不影响书写；

(2)可以在失重的真空条件下书写；

(3)可以在极寒冷的环境中书写(零下40℃甚至更低)；

(4)可以在高温的环境中书写(143℃甚至更高)；

(5)可以在湿的表面或在水下书写；

(6)几乎可以在任何物体表面上书写而不会对笔造成损坏，如沾了油的纸胶片、玻璃、金属、木块、石头等；

(7)不漏油，不挥发，笔芯可回收；

(8)书写的笔迹不会褪色，在30度以下，书写的内容可存留100年。

3. 书写原理

采用密封式气压笔芯，笔芯上部充有氮气，气体压力可将油墨推向笔尖。

4. 创新原理

因为太空是零重力环境，圆珠笔、钢笔等依靠重力书写的笔都不适用。因此需利用气体压力代替重力，使得太空笔能在零重力环境中使用。

性能转换法：笔尖使用的高精密超硬碳化钨笔珠，加强了笔尖的精密度和硬度；油墨使用超粘触变性档案油墨。

一、TRIZ 的基本概念

TRIZ 可译为发明问题的解决理论。国内也将其翻译为"萃智"或者"萃思"，取其萃取智慧或萃取思考之意。TRIZ 理论成功地揭示了创造发明的内在规律和原理，着力于澄清和强调系统中存在的矛盾，其目标是完全解决矛盾，获得最终的理想解。它不是采取折中或者妥协的做法，而是基于技术的发展演化规律研究整个设计与开发过程。实践证明，运用 TRIZ 理论，可大大加快人们创造发明的进程，能得到高质量的创新产品。

  TRIZ 理论是阿奇舒勒在 1946 年创立的，阿奇舒勒也被尊称为 TRIZ 之父。1946 年，阿奇舒勒开始了发明问题解决理论的研究工作。当时阿奇舒勒在苏联里海海军的专利局工作，在处理世界各国著名的发明专利过程中，他总是在思考这样一个问题："当人们进行发明创造、解决技术难题时，是否有可遵循的科学方法和法则，能帮助人们迅速地实现新的发明创造或解决技术难题呢？"。答案是肯定的！阿奇舒勒发现任何领域的产品改进、技术变革、创新和生物系统一样，都存在产生、生长、成熟、衰老、灭亡的过程，这是有规律可循的。人们如果掌握了这些规律，就能能动地进行产品设计并预测产品的未来趋势。以后数十年中，阿奇舒勒穷其毕生的精力致力于 TRIZ 理论的研究和完善。在他的领导下，苏联的研究机构、大学、企业组成了 TRIZ 的研究团体，分析了世界近 250 万份高水平的发明专利，总结出各种技术发展进化遵循的规律模式，以及解决各种技术矛盾和物理矛盾的创新原理和法则，建立了 TRIZ 理论体系。

【案例分享】

魔法飞毯

  埃及神话故事中会飞的魔毯曾经引起我们无数的遐想。接下来，我们就分析一下这个会飞的魔毯。

  现实生活中虽然有毯子，但毯子都不会飞。那么在什么条件下毯子可以飞翔？我们可以对毯子施加向上的力，或者让毯子的重量小于空气的重量，或者让地球的重力不存在。如果我们分析一下毯子及其周围的环境，就会发现一些可以利用的资源，如空气中的中微子流、空气流、地球磁场、地球重力场、阳光等，毯子本身也具有纤维材料，一定的形状和质量等。利用这些资源，我们可以找到一些让毯子飞起来的办法，如毯子的纤维与中微子相互作用可使毯子飞翔，在毯子上安装提供反向作用力的发动机，将毯子置于没有重力的宇宙空间，利用磁悬浮原理，或者让毯子变得比空气轻。这些办法有的比较容易实现，但有的看似不可能，比如毯子即使很轻，但也比空气重，那我们该怎么办呢？毯子重是因为其材料比空气重，解决的办法就是采用比空气轻的材料制作毯子。

  上述分析体现了 TRIZ 中金鱼法的创造性问题分析原理，即首先从幻想式构想中分离出现实部分，对于不现实部分，通过引入其他资源，使不现实变为现实，然后继续对不现实部分进行分析，直到其全部变为现实。这种反复迭代的办法，常常能为一些看似不可能实现的事带来一种现实的解决方案。

可以看出，TRIZ 理论中的这些创造性思维方法不仅能够有效地打破思维定式，扩展创新思维能力，而且能提供了科学的问题分析方法，保证我们按照合理的途径找到解决问题的创新性办法。

二、TRIZ 解决问题的基本步骤

TRIZ 解决问题的步骤如下。

第一步：确定并制定问题。第二步：用问题部分构造物场模型。第三步：定义理想状态。第四步：列出技术系统的可用资源。第五步：从效果数据库中寻找类似的解决方案。第六步：根据创新或分离的原则解决技术或物理冲突。第七步：在对象字段模型中，应用知识数据库（76 个标准和效果库）工具生成多个解决方案。第八步：选择只使用系统可用资源的方法。第九步：分析修正后的系统以防止产生新缺陷。

TRIZ 理论解决问题的一般过程包括五个步骤：分析问题、找准冲突、原理解决、对比评价、具体实施。

（1）分析问题

分析问题包括功能分析、理想解分析、可用资源分析、冲突区域分析。

功能分析的目的是从完成功能的角度分析系统、子系统、部件。理想解分析是采用与技术及实现无关的语言对需要创新的原因进行描述，创新的重要进展往往在该阶段通过对问题深入的理解取得。可用资源分析是要确定可用物品、能源、信息、功能等。这些可用资源与系统中的某些元件组合将改善系统的性能。冲突区域分析则是要理解出现冲突的原因。

（2）找准冲突

找准冲突在产品创新过程中是最难解决的一类问题。冲突是指系统一个方面得到改进时削弱了另一方面的期望或表现出两种相反的状态。TRIZ 理论的目的就是解决冲突，只有找准冲突才能有效地解决冲突。

（3）原理解决

原理解决是要获得冲突解的方法，有物理与技术两种冲突解决原理。运用TRIZ 理论挑选能解决特定冲突的原理，首先要按标准参数确定冲突，然后针对冲突，从 TRIZ 理论的 40 条原理中找出解决冲突的办法。

（4）对比评价

对比评价阶段将求出的解与理想解进行比较，确信所作的改进不仅能够满足技术需求，而且能够推进技术创新。

（5）具体实施

具体实施就是在前面所有的理论分析工作都已完成且确认无误后，将其转化为具体实施方案应用到实际问题解决当中。

三、TRIZ 理论体系及解决工具

现代 TRIZ 理论的核心思想主要体现在三个方面。首先，无论是一个简单的产品还是一个复杂的技术系统，其核心技术的发展都要遵循客观的规律，即具有客观的进化规律和模式。其次，各种技术难题、冲突和矛盾的不断解决是推动这种进化的动力。最后，技术系统发展的理想状态是用尽量少的资源实现尽量多的功能。

（一）主要相关体系

1. 八大技术系统进化法则能让我们知道技术系统是如何进化的，也为技术创新指明了方向。这八大法则是：技术系统的 S 曲线进化法则；提高理想度法则；子系统的不均衡进化法则；动态性和可控性进化法则；增加集成度再进行简化的法则；子系统协调性进化法则；向微观级和增加场应用的法则；减少人工介入的进化法则。

2. IFR 最终理想解能帮助我们明确理想解所在的方向和位置。

3. 40 个发明原理指引发明，使创造性思维得到扩张。

4. 39 个通用参数和阿奇舒勒矛盾矩阵，能帮助我们通过对矛盾的分析，在矛盾表中查找可能的解法。解法是由 40 个发明原理组成的。

5. 物理矛盾和分离原理可促使我们发现物理矛盾的 11 条分离方法和 4 大分离原理。

6. 物—场模型分析，一种重要的问题描述和分析工具，用以建立与已存在的系统或新技术系统问题相联系的功能模型。可通过物—场分析法描述的问题一般被称为标准问题，可以采用 76 个标准解法对其进行求解。

7. 76 个标准解法是针对标准问题提出的解法。标准解法是 TRIZ 高级理论的精华之一。

8. ARIZ 发明问题解决算法主要用来解决非标准问题。ARIZ 的思路是将非标准问题转化为标准问题，然后用 76 个标准解法来予以解决。

9. 科学原理知识库包括物理、化学、几何等领域的科学原理，可以有效地帮助我们解决问题，并为技术创新提供丰富的方案来源。

10. 功能属性分析从功能角度分析系统执行或完成其功能的情况，并关注其属性。功能属性分析是定义问题的过程中会使用到的必要工具之一，是寻找创新切入点与简化现有系统最实用的工具。完整的功能属性分析是进行系统创新最重要的一步。

（二）解决工具

事实上 TRIZ 针对输入输出的关系（效应）、冲突和技术进化都有比较完善的理论。这些工具为创新理论的软件化提供了基础，从而为 TRIZ 的实际应用提供了条件。

1. 产品进化理论

TRIZ 中的产品进化理论将产品进化过程分为 4 个阶段：婴儿期、成长期、成熟期、退出期。处于前两个阶段时，企业应加大投入，尽快使其进入成熟期，以便企业获得最大效益；处于成熟期的产品，企业应对其替代技术进行研究，以应对未来的市场竞争；处于退出期的产品，应尽快淘汰。产品进化理论可以为企业产品规划提供具体的、科学的支持。

产品进化理论还研究产品进化模式、进化定律与进化路线。

2. 冲突解决原理

冲突解决原理是为获得冲突解而应遵循的一般规律。TRIZ 主要研究技术冲突和物理冲突。技术冲突是指传统设计中所说的折衷，即由于系统本身某一部分的影响，不能达到所需要的状态。物理冲突指技术系统中一个参数无法满足系统内相排斥的需求。TRIZ 引导设计者挑选能解决特定冲突的原理，其前提是要按标准工程参数确定冲突。有 39 个工程参数和 40 条原理可供使用，如表 3-2 与表 3-3 所示。

表 3-2　39 个工程参数

序号	名称	序号	名称	序号	名称
1	运动物体的重量	15	运动物体作用时间	29	制造精度
2	静止物体的重量	16	静止物体作用时间	30	物体外部有害因素作用的敏感性
3	运动物体的长度	17	温度	31	物体产生的有害因素
4	静止物体的长度	18	光照度	32	可制造性
5	运动物体的面积	19	运动物体的能量	33	可操作性
6	静止物体的面积	20	静止物体的能量	34	可维修性
7	运动物体的体积	21	功率	35	适应性及多用性
8	静止物体的体积	22	能量损失	36	装置的复杂性
9	速度	23	物质损失	37	监控与测试的困难程度
10	力	24	信息损失	38	自动化程度
11	应力或压力	25	时间损失	39	生产率
12	形状	26	物质或事物的数量		
13	结构的稳定性	27	可靠性		
14	强度	28	测试精度		

表 3 - 3　40 条发明原理

序号	名称	序号	名称	序号	名称	序号	名称
1	分割	11	预补偿	21	紧急行动	31	多孔材料
2	分离	12	等势性	22	变有害为有益	32	改变颜色
3	局部质量	13	反向	23	反馈	33	同质性
4	不对称	14	曲面化	24	中介物	34	抛弃与修复
5	合并	15	动态化	25	自服务	35	参数变化
6	多用性	16	未达到或超过的作用	26	复制	36	状态变化
7	套装	17	维数变化	27	低成本，不耐用的物体替代昂贵耐用的物体	37	热膨胀
8	质量补偿	18	振动	28	机械系统的替代	38	加速强氧化
9	预加反作用	19	周期性作用	29	气动与液压结构	39	惰性环境
10	预操作	20	有效作用的连续性	30	柔性壳体或薄膜	40	复合材料

3. 物质—场分析标准解

物质—场描述方法与模型的原理为，所有的功能都可分解为两种物质及一种场，即一种功能由两种物质及一种场的三元件组成，其模型如图 3-1 所示。产品是功能的一种实现，因此，可用物质—场分析产品的功能。例如，人手产生的机械能（F）驱动牙刷（S2）刷牙（S1）；电能（F）驱动车床（S2）车削工作（S1）；机械能（F）驱动主轴（S2）带动三爪卡盘上的工作（S1）旋转。

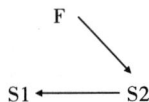

$$F$$
$$S1 \leftarrow S2$$

图 3-1　物质—场模型

图中，S1 及 S2 为物质，F 为场。物质 S1 可以是被控粒子、材料、物体或过程，物质 S2 是控制 S1 的工具或物体，场 F 是用于 S1 与 S2 之间相互作用的能量，如机械能、液压能、电滋能等。图 2 可解释为，能量 F 作用于工具 S2，使 S2 变为 S1。

依据该模型，阿奇舒勒提出了 76 种标准解，并将其分为以下 5 类。

（1）不改变或仅少量改变已有系统：13 种标准解；

（2）改变已有系统：23 种标准解；

（3）系统传递：6 种标准解；

（4）检查与测量：17 种标准解；

（5）简化与改善策略：17 种标准解。

对已有系统的特定问题，将标准解变为特定解即为新概念。

4. 效应

效应指应用本领域及其他领域的有关定律解决设计中的问题，如采用数学、化学、生物、电子等领域中的原理解决机械设计中的问题。

5. ARIZ

TRIZ认为，一个问题解决的困难程度取决于对该问题的描述或程式化方法，描述得越清楚，就越容易找到问题的解。TRIZ中，发明问题求解的过程是对问题不断进行描述，使之不断程式化的过程。经过这一过程，初始问题最根本的冲突就会暴露出来，能否求解已很清楚。如果已有的知识能用于该问题，则有解；如果已有的知识不能解决该问题，则无解，需等待自然科学或技术的进一步发展。该过程是靠ARIZ算法实现的。

ARIZ称为发明问题解决算法，是TRIZ的一种主要工具，是发明问题解决的完整算法。该算法采用一套逻辑过程，逐步将初始问题程式化，如图3-2所示该算法特别强调冲突与理想解的程式化，一方面技术系统向着理想解的方向进化，另一方面，如果一个问题存在技术冲突，那么该问题就变成了一个创新问题。

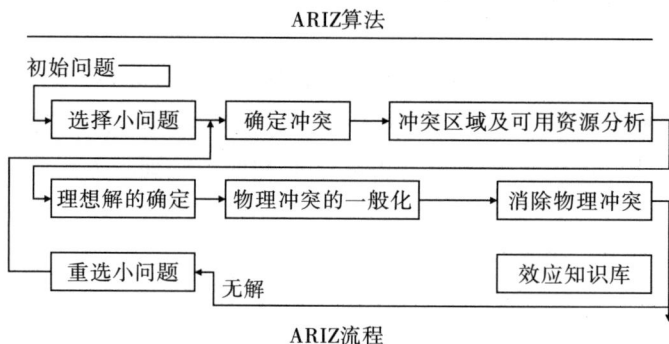

图 3-2　ARIZ 算法

ARIZ中，冲突的消除有强大的效应知识库的支持。效应知识库包含物理的、化学的、几何的效应等。经过分析与效应的应用后，若问题仍无解，则认为初始问题定义有误，这时需对问题进行更一般化的定义。

应用ARIZ取得成功的关键在于，在没有理解问题的本质前，要不断地对问题进行细化，直到确定了物理冲突。该过程及物理冲突的求解已有软件支持。

常规问题产品设计与发明问题产品设计是要解决问题。如果产品的初始状态与理想状态之间存在距离，则称之为问题。设计过程是解决问题的过程，是使产品由初始状态通过单步或多步变换实现或接近理想状态的过程。如果实现变换的所有步骤都已知，则称为常规问题，如果至少有一步未知，则称为发明问题。解决常规问题的设计是常规设计，解决发明问题的设计是创新设计。

【思考练习】

1. 如何在汽车发生碰撞的情况下，最大限度地保护驾驶员和乘客的安全？安全气囊充气压力不足，对乘客不能起到有效的保护作用，安全气囊的充气压力过大，又会对乘客造成伤害。请利用某一法则提出解决方案。

2. 多用性原理是指使物体或物体的一部分实现多种功能，以代替其他部分。如内部装有牙膏的牙刷柄，请另外举一相关实例，并用该原理进行解释。

【活动体验】

训练名称	TRIZ 实战
训练目的	体验与训练 TRIZ 理论体系
训练所需器材	便利贴、白板、记号笔
训练要求	如果汽车的车身长，那么在碰撞中就有一个较大的变形空间，可以吸收能量，缓解碰撞对人的冲击力。但如果汽车体积较大，就会比较笨拙，在一定程度上会造成交通拥堵。迷你汽车车身较短，但不具备变形缓冲能量。 请运用分离原理提出解决方案。
所提问题记录	
训练结果	完成训练所用的时间：＿＿＿＿＿ 训练结果：＿＿＿＿＿
体现原理	
训练总结与反思	

第四章　创业机会

▶ 第一节　认识创业机会

学习目标

1. 了解创意与创业的关系。
2. 熟悉创业机会的类型与特征。
3. 了解互联网＋大赛带来的创业机会。

阅读材料

"饿了么"创业团队的故事

"饿了么"作为一个新型的订餐服务平台，在 2009 年获得上海市觉群大学生创业基金 10 万元人民币的资助，2011 年又得到了来自美国硅谷的百万美元风险投资。自此团队带头人、上海交通大学研究生张先生也将企业带入了发展的快车道。

最初，张先生和几位同学是因为半夜 12 点玩游戏饿了，却无处叫餐而发现这一未被满足的需求。于是，大家一阵热烈的讨论之后，有人说：我们来做个外卖吧！创业激情自此就点燃了。

他们打算承揽订餐和送餐的业务。几个月下来，竟然有 17 家饭店的外卖被他们包了下来。于是，他们印广告，接电话、订餐、送餐，忙得不亦乐乎。

业务不断增多，张先生和他的团队花了整整半年的时间开发平台，又用了两年的时间测试系统，最后"饿了么"终于上线了。

通过一点一滴地积累客户，"饿了么"团队完成了从量变到质变的过程，在 2011 年得到了来自美国硅谷的风险投资，开始向全国市场进军。团队的目标是做餐饮业的淘宝。

一、创意和创业机会

(一)创意

创意是具有一定创造性的想法或概念,其是否具有商业价值存在不确定性。经济学意义上的创意是指通过创新思维,进一步挖掘和激活资源组合方式进而提升资源价值的方法。创意是创新的特定形态,是创新创业的基础。一项能够产生价值的创意需要具备新颖性、真实性和价值性。

1. 创意要具有新颖性

新颖性可以是新的技术或新的解决方案,也可以是差异化的解决办法或更好的措施。新颖性还意味着一定程度的领先性,可以加大模仿的难度。

为了应对早晚交通拥堵的现状,济南市旅游路规划出一条潮汐车道。这就是新颖的想法和问题解决方案,具有一定的领先性。

2. 创意要具有真实性

真实性是指该创意能够开发出可以把握机会的产品或服务,而且市场上存在对产品或服务的真实需求,或可以找到让潜在消费者接受产品或服务的方法。

历史上富有新颖性的创意还有很多,如 1962 年发明的过海鞋子(后面有小螺旋桨,发明家已经证明这个鞋子可以漂浮),1953 年的弧线机关枪及 1962 年的夜光轮胎(女士可以在夜晚借助发光的轮胎整理长袜和衣服),但是由于这些创意不存在真实的市场需求,因而无法变成创业机会。

3. 创意要具有价值性

价值特征是创意的根本,好的创意能给消费者带来真正的价值,能经受市场的检验。社交网络的创意给客户带来了超越空间的交往体验;解决交通拥堵的创意减少了路途中消耗的时间,这些创意都在一定程度上为使用者创造了新价值。盐水灯仅靠 2 匙盐+1 杯水就能照明 8 小时。在手机没电的紧急情况下,这种灯可为移动设备充电。它不但很好地解决了偏远山区的照明问题,而且居住在邻近海岸地区的人们也能利用海水来供给照明。因此,盐水灯既有很好的社会价值,又有可观的商业价值。

虽然不是所有的创意都具有商业价值,也并不是所有具有商业价值的创意都能被实现,但是正是大量灵感乍现的创意诱发了众多的创业机会。因此,我们应该通过系统学习,有意识地培养和训练自己的创造意识和创新意识,从而在日常生活中产生更多美好的创意。

(二)创业机会

创业机会是具有商业价值的创意。一个好的创业或者商业想法未必是一个好的创业机会。通常,创业机会的定义有以下几种。

1. 创业机会是指可以为购买者或使用者创造或增加价值的产品或服务,它具有吸引力、持久性和适时性。

2. 创业机会是可以引入新产品、新服务、新原材料和新组织方式,并能以高于成本价出售的情况。

3. 创业机会是一种新的目的—手段关系，它能为经济活动引入新产品、新服务、新原材料、新市场或新组织方式。

4. 创业机会是指具有较强吸引力的、较为持久的有利于创业的商业机会，创业者据此可以为客户提供有价值的产品或服务，并同时使创业者自身获益。

综上所述，创业机会指在市场经济条件下，社会的经济活动过程中形成和产生的一种有利于企业经营成功的因素，是一种带有偶然性并能被经营者认识和利用的契机。

二、创业机会的特征

美国百森商学院蒂蒙斯教授在《创业学：21世纪的创业精神》中提出创业机会具有以下 4 个特征。

(一)价值性

创业机会要满足真实的市场需求，就要为消费者创造新价值或增加原价值，从而对顾客产生吸引力，具备良好的市场前景。

(二)商业可行性

有价值的创业机会不仅能让创业者和投资者收回成本，也能为消费者创造更高价值。

(三)时效性

创业机会具有时效性，只存续于机会之窗存在的期间。新产品市场建立起来，机会窗口就被打开了。机会窗口一般会持续一段时间，不致转瞬即逝，但也不会长久存在。随着市场的成长，企业进入市场并设法建立有利可图的定位，当达到某个时点，市场成熟，竞争者已经有了同样的想法并把产品推向市场，那么机会之窗就关闭了。因此，特定的创业机会仅存在于特定的时段内，创业者务必要把握好这个黄金时间段，这也体现了创业机会的时效性。

(四)可行性

只有创业机会适合创业者所处的市场环境，创业者才有可能开发和利用这种机会，这就是创业机会的可行性。

三、创业机会的来源

对于创业机会的来源，不同学者持不同看法。

1. 彼得·德鲁克认为创业机会的来源如下。

· 意料之外的事件：意外的成功、意外的外在事件。

· 不一致的状况：实际现状和预料中的状况不一致。

· 基本程序需要的创新和发明。

- 基于产业和市场结构的变化，以出其不意的方式降临到每个人身上。
- 人口统计特征（人口变动状况）。
- 认知、情绪和意义上的改变。
- 新认识：包括科学和非科学。

2. Olm 和 Wddy 认为创业机会的来源如下。

- 先前的工作经验。
- 从有创意的他人处获得的机会。
- 得到某一权力、授权或者特许权，购得一个未完整发展的产品。
- 与熟知的某一社会领域、专业或者科技领域的专家接触所引发的。
- 研究资料所得：最新研究报告、搜寻最新的公告专利、与特殊领域专家面谈等。
- 搜寻研究先前市场失败的案例，在不同情境下可能成功。
- 复制别人的成功经验，应用于不同市场。
- 把嗜好、兴趣、业余爱好转化成为事业机会。
- 在个人的经验基础上，发展出事业化的需求。
- 根据个人所需，进行研究发展。

3. 约瑟夫·熊彼特认为创业机会的来源如下。

- 创造新产品或者服务。
- 对现有产品或服务的品质或者等级加以改善。
- 引入生产的新工艺。
- 打开新市场：创造或获取供应的新来源；产业内组织的新形态。

4. 杰弗里·蒂蒙斯认为创业机会的来源如下。

- 法规的改变。
- 技术的快速变革。
- 价值链或者供销渠道的重组。
- 技术的创新。
- 现有管理或者投资者的不良管理或者没落。
- 具有创业精神的领导者。
- 市场领导受限于客户需求，忽视了未来的客户需求。

综上，本书认为，创业机会来源主要源于问题解决、发明创造、差异化和变化。

（一）问题解决

创业的根本目的是满足客户的需求，而客户需求在未被满足前就是问题。这些问题可能是当今国际社会面临的很多超越国家和地区界限的问题，如生态失衡、环境污染、战争及贫困等，也可能是关系到我们日常生活的衣食住行问题，如饮用水安全、网购需求、生活维修服务等。寻找创业机会的重要途径就是善于发现和体会自己及他人在需求方面的问题或生活的难处。

(二)发明创造

发明创造提供新产品、新服务，能更好地满足客户需求，同时也带来创业机会。在人类社会发展史上，每次重大发明都引起产业结构的重大变革。蒸汽机推动了第一次工业革命，第二次工业革命也诞生了发电机、内燃机等一批革命性创新产品；而以计算机、互联网为代表的第三次信息化工业革命，催生了更多新产业。及时跟上时代的步伐，成为销售或推广新产品、新技术、新服务的人，也能创造无限商机。

(三)差异化

在激烈的商业竞争中，积极寻找和其他企业的差异，填补竞争对手在消费者定位中的空白或生产差异化的产品，也将带来新的创业机会。在计算机浪潮刚刚兴起的时代，杀毒软件是电脑装机必配的。著名的杀毒软件有卡巴斯基、诺顿、金山等。这些软件收费高额。360安全卫士却以免费模式异军突起，成为新的杀毒软件巨头。

(四)变化

创业机会大都产生于不断变化的市场环境，环境变化了，市场需求、市场结构必然发生变化，就会给各行各业带来商机。变化是创业机会的重要来源，没有变化就没有创业机会。人们通过变化，往往能发现新的创业机会。近年，经济活动的多样化为创业拓展了新途径。一方面，第三产业的发展为中小企业提供了非常多的成长点。现代社会人们对信息情报、咨询、文化教育、金融、服务、修理、运输、娱乐等行业也提出了更多更高的需求，这也促进了第三产业的发展。由于第三产业一般不需要大规模的设备投资，它的发展为中小企业的经营和发展提供了广阔的空间。另一方面，社会需求的易变性、高级化、多样化和个性化，使产品向优质化、多品种、小批量、更新快等方向发展，这也有力地刺激了中小企业的发展。

阅读材料

"互联网＋"创新创业大赛中的项目来源

1. 第一大来源：来自学生自发创意

(1)充分体现90后大学生的特色项目，如华中科技大学的粉丝网项目。

(2)与学生的生活学习环境直接相关的项目，如上海交通大学的59store项目、北京大学的ofo共享单车项目、北京邮电大学学生圈新媒体项目、山东师范大学的大川乒乓项目。

2. 第二大来源：科技成果转化

(1)教学、科研与大学生创新创业三合一，在促进大学生创新创业的同时，进行科研成果产业化，创造更大价值。

(2)第二届"互联网＋"大赛金奖项目中，此类项目占三分之一以上。例如：西北工业大学的微小卫星项目、福州大学的北斗技术民用项目、华中科技大学的慧淬铁轨延寿项目等。

3. 第三大来源：产教融合协同创新

产教融合协同创新的大学生创新创业项目，会成为越来越多的地方性本科院校与职业院校在创新创业工作中重点关注的项目类型。

学校和当地的产业紧密结合，快速地获得产业需求信息，并实现资源对接。通过大学生创新创业项目帮助当地企业转型升级，帮助当地产业与企业实现"互联网＋"。例如：山东商业职业技术学院的无水保活项目、沈阳农业大学的大果榛子项目、内蒙古农业大学犄牛项目、贺州学院的瑶蓝之旅行等。

4. 第四大来源：特色专业＋优势学科

如何将一流学科与创新创业结合，是学校未来规划的重点方向，也是一流大学建设的要求。

紧密结合本校专业与学科特色，通过创新创业，促进学校特色打造，促进特色专业与学科建设。例如：西北农林大学的侍酒师项目、四川大学的云病理共享平台、北京航空航天大学的航空航天与智能装备制造项目、河北师范大学的子衿教育项目、云南大学的律品项目等。

5. 第五大来源："互联网＋"新技术

不断涌现的新技术将大大激发大学生创新创业的热情，大大促进基于"互联网＋"的技术创新与应用创新。互联网是人类在技术领域的巨大进步，将重新建构世界的连接方式，重新配置社会资源。

"互联网＋"大赛中，出现了很多与 VR(虚拟现实)、AI(人工智能)、物联网、大数据、云计算深入结合的创新创业项目。例如：Insta360 全景相机、浙江大学的区块链项目、北京大学的"OFO"共享单车项目、华中科技大学的"诸葛 IO"项目等。

6. 第六大来源：师生同创＋大手拉小手

大学生与校友大手拉小手，不仅可以获得创新创业项目来源，而且可以获得校外导师来源。

另外，大学老师也有很多好的想法，有着丰富的社会资源，也会成为大学生创新创业项目的重要来源。例如：武汉工程大学的秋叶 PPT 项目，最初来自老师创业的想法与实践。通过师生同创，该项目成为优秀的大学生创业项目。

7. 第七大来源：电子商务创新创业

利用电子商务平台创新创业，创业门槛相对较低，可以发挥大学生熟悉互联网的优势，帮助线下传统企业的电商运营，实现线下商品资源的电子商务。第三届大赛中将设置就业型创业组，引导学生通过创业带动就业。

(1)众多电子商务平台，资源丰富，可以为大学生提供创新创业机会，包括淘宝、京东商城、微店等。

(2)基于电子商务平台的创新创业，适合小微创业，可成就更多小而美的企业，并能够较好实现创业带动就业。例如：南开大学的农梦成真项目、西藏职业技术学院的圣地天堂项目。

8. 第八大来源：家族产业与产权

基于家族产业与产权传承的大学生创新创业项目，也会成为未来大学生创新创业项目的来源之一。

中国越来越多的家族产业与其拥有的知识产权面临传承问题，因此，创二代们需要更好发展家族事业。在民营经济发达的江浙地区，越来越多的家庭企业的创二代实现了家庭产业与互联网的对接，实现了升级跨越发展。在第二届"互联网＋"大赛中，桂林电子科技大学的减速机项目就是很好的代表。

9. 第九大来源：政府公共采购与社会公益服务

随着中国政府的简政放权，越来越多的政府职能将通过面向社会采购服务的方式进行，其中存在巨大的创新创业空间。

随着国民经济增长，追求更高生活品质成为人民的广泛需求。此类市场受众群体范围广，市场空间大。创新与创意可极大提升政府公共服务质量与效率，实现双赢。第二届"互联网＋"大赛中，陕西理工大学的含氟水净化项目、浙江大学的空气洗手项目、山东师范大学的雨点公益项目等，都是这方面突出的代表。

10. 第十大来源：一带一路与全球经济一体化

中国大学生的创新创业，在立足中国的同时，也要面向世界。中国倡导的"一带一路"会带来巨大的商机。世界经济的深度融合会带来更多的全球整合资源创新创业的机会。

新疆大学的"语言＋"项目，采用大数据技术与手机智能交互，能实现信息检索，完成语音转换，搭建了语言的"一带一路"。

四、创业机会的类型

根据市场—产品—机会矩阵（简称 MPO 矩阵），创业和创业机会可分为四类，如下表所示。

表 4-1   市场—产品—机会矩阵

市场	明确的产品（现有产品）	不明确的产品（创新产品）
明确的（现有市场）	复制型	增值型
不明确（新的市场）	模仿型	风险型

(一)复制型创业机会

复制型创业机会是在市场和产品都很明确的情况下，复制已有的创业模式的创业机会。这样的创业机会比较容易识别，属于一种显性的创业机会。复制型创业机会的特点是进入门槛低，竞争激烈。所以，必须找到供需之间确实存在问题的行业，才能够盈利，并获得持久的发展。主要的复制型创业机会包括：网店、连锁店、加盟店等。

（二）模仿型创业机会

模仿型创业机会指对一种已经成功的创业模式进行改良，将其从一个市场移植到新的市场，或者从一个地方移植到另一个地方的创业机会，也称移植型机会。例如，QQ最初模仿了国外的ICQ，后来结合中国人的习惯和市场特点进行了改进和完善。

（三）增值型创业机会

增值型创业机会指用一种全新的或者经过大幅度改进的产品来满足已知用户需求的创业机会。相比原有的旧产品，创新的产品能提供更高价值或具有更高性价比。以教学领域为例，很多初创企业提供了全新的教学用品来满足教学的要求。例如：白板替代了黑板，PPT配合投影仪替代了白板。增值型创业主要依靠开发新产品进行创业，这样的创业往往能解决现有问题。出租车行业作为传统行业已经有较长的历史，但似乎只有复制型创业的例子。这个行业已经基本饱和，但在高峰期仍然有很多人叫不到出租车。手机叫车软件解决了这个问题，并提供了方便快捷的打车服务和支付方式，给传统的出租车行业带来冲击。增值型创业既需要坚实的专业技术知识和创新能力，也需要敏锐的观察力和发现问题的能力。

（四）风险型创业机会

风险型创业机会指某种技术或社会发展趋势带来的创业机遇。风险型创业机会属于典型的机遇型创业的一种。准确地说，风险型创业机会是借助新趋势开拓的新的创业机会，这样的趋势包括技术变革、政治和制度变革、社会变革、人口结构变化和产业结构变革等。风险型创业机会的市场、产品都是不确定和高度创新的，所以风险高，失败的几率较高。风险型创业必须借助一个大的趋势，不然很难达到一定的规模。所以关注某个领域的重大进步，深入学习和参与某个行业的技术发展，关注新闻和时事报道，有利于发现潜在的创业机会。风险型创业机会属于隐形创业机会，不是发现机会，而是创造机会。中国新城镇的发展、老龄化、纳米技术、航天技术、新能源技术等都可能带来新的创业机会。

表 4 - 2　四种创业机会的比较

特征	复制型创业机会	模仿型创业机会	增值型创业机会	风险型创业机会
机会特征	高度显性	中度显性	低度隐性	高度隐性
识别难度	低	比较低	比较高	很高
创业风险	低	比较低	比较高	很高
自主创新程度	很低	比较低	比较高	比较高

阅读材料

GoPrint——多功能智能打印机先行者

所获奖项：第七届"互联网＋"大赛全国季军

所属高校：浙江大学

项目概述：

移动智能打印机是一款继移动笔记本电脑、移动智能手机之后的又一项发明。

作为办公和学习的必备工具，打印机却一直未实现移动化。我们期望改变这一现状。经过团队工程师的不断努力，我们终于将打印机缩小到了钱包的大小，它包含传统打印机的功能却不止于此，可打印 A4 甚至更大的打印幅面。打印，从此随时随地。

市场背景：

移动办公的人越来越多，纸质材料却难以被取代，如何在外出时获得打印材料成了很多人的痛点。市场调研显示，人们对便携式打印机的需求正在持续增长。相关市场正处于发展阶段，创业机会较多。

现在市面上的便携式打印机难以实现传统打印机的功能。我们希望能用革新的产品 GoPrint，实现传统打印机的功能并提供更多可能，这将掀起一场打印机的革命。

技术优势：

产品具有独创技术。GoPrint 的打印喷头摆脱了框架导轨的束缚，可在平面上自动行走。团队工程师应用了现今先进的微电子学工业成果和计算机图形学设计了一套特别的定位方式，在打印机体积缩小成钱包大小时使其仍具有较高的打印质量。同时面向不同市场，团队提供了多套方案。

市场优势：

GoPrint 将成为学生、商务人士和普通人群生活中的好伙伴。GoPrint 的核心技术还可用于超大幅面印刷，现今，行业内相关设备动辄数十万，GoPrint 降低了行业门槛。

GoPrint 还具有很强的可扩展性。搭载在 GoPrint 上的打印喷头可拆卸，换成 CCD 传感器，打印机就变身扫描仪，扫描仪和打印机组合就变身复印机。基于 Go-Print 打印用的 APP，还可建立一整套生态，用独占内容和社群建设提高用户黏性，助力产品营销。

营销策略：

将结合 6P 和 6C 营销理论，充分利用互联网优势，先通过众筹获得生产资金和第一批用户，接着线上线下铺货。除传统营销方式外，还可采用和相关产品组合搭售的方法。

项目有很强的盈利能力，市场前景良好。我们也进行了风险评估，做好了应对准备，为项目长足发展奠定了坚实基础。

项目进展：已注册公司运营

【思考练习】

1. 分析该项目的创业机会来源和类型。
2. 想一想，我们身边还有哪些类似的创业项目。

【活动体验】

商业思维训练活动

训练名称	创业机会在身边
训练目的	训练寻找创业机会的能力
训练所需器材	便利贴、白板、卡牌、彩笔
训练要求	案情：在我们身边有各式各样的东西，每样东西都有它的价值。让我们寻找身边的创业机会吧！ 规则：在规定时间（30分钟）内，在现场寻找一样东西，并说出怎样利用它完成一次创业。
所提问题记录	
训练结果	完成训练所用的时间：_____　　训练结果：_____
体现原理	
训练总结与反思	

▶ 第二节　创业机会的识别与评价

学习目标·

1. 熟悉寻找创业机会的方法。
2. 认识影响创业机会的因素。

阅读材料·

创立腾讯

1998 年，马化腾与他的同学张志东"合资"注册了深圳腾讯计算机系统有限公司，之后又吸纳了三位股东：曾李青、许晨晔、陈一丹。

马化腾把自己的公司起名为腾讯，意味深长，一方面，自己的名字中有个腾字；另一方面，腾也有腾飞发达的意思。至于讯，更多是因为老东家润讯对马化腾的影响很大。

马化腾带着他的团队，决定要做当时已经有公司在做的QICQ。身为创始人之一的马化腾并没有想太多，但是由于已经有公司在做ICQ领域，所以，试验初期的QICQ就要面临官司缠身的困境。这也使腾讯不得不终止使用QICQ这个名字。终止使用后，腾讯又想出了新的名称，即QQ。

2000年，QQ迅速传播，带着中国风的ICQ瞬间人气大涨。用户的上涨也引发了幸福的烦恼。人数增加就需要更大更先进的服务器，当时使用的服务器已经远远不能满足用户的需求。但是对于创业初期的腾讯公司来说，几千元的服务器托管费都很难拿出手，为此他们还险些将刚研发出的ICQ售卖。

软件不能转让，用户与日俱增，面对这样的困境，马化腾只好带着自己撰写的计划书四处筹集资金。终于，柳暗花明，马化腾的计划书得到了ICG和盈科数码的认可，获得了两家企业的投资。就这样，腾讯才慢慢走上正轨。

2004年6月16日，对于腾讯来说，对于马化腾来说，是一个值得铭记的日子。这一天，腾讯公司在香港交易所主板上市了！

一、创业机会识别的方法

识别创业机会应做到以下两点。一是要能够发现价值，即能获取高价值的商业信息，而这种信息往往是他人难以接触到的。拥有有助于获取信息的工作或生活圈、具备优越的社会资本条件、时刻保持创业警觉及强烈的创业愿望，有利于创业者获得他人难以接触到的高价值信息。二是要能够分析价值，即能分析出商业信息的价值所在并作出准确的判断与决策。影响信息分析能力的因素包括创业者个人或者创业团队的智力结构与先前经验、创新思维能力、创业者的心态、创业者的洞察力等。以上两者缺一不可。如果创业者发现价值信息却不会分析、处理和运用，所获信息也将变得一文不值；如果具备优越的信息分析与处理能力，却没有价值信息来源，那也只能是巧妇难为无米之炊。

常用的创业机会识别方法有四种，即市场调研、系统分析、问题导向与创新变革。

(一)市场调研

这里的市场调研主要强调一手资料获取与二手资料获取两个方面。一是通过与顾客、供应商、代理商等面对面沟通，获取鲜活的一手资料与信息，了解现在发生了什么及未来将要发生什么；二是通过各类媒体、出版物、数据库，获取想要的资料与信息，了解一些通过面对面沟通无法获得的信息。

取得这些一手资料与二手资料后，创业者要对这些资料进行分类并编码，便于随时查询、使用。调研、分析、记录想法、再调研分析，这是一个日积月累、厚积薄发的过程。瑞士最大的音像书籍公司的创始人说，他就有一本这样的笔记本。当记录到第 200 个想法时，他会坐下来，回顾所有想法。后来，他开办了自己的公司。

(二)系统分析

市场经济发展日渐成熟，过去处处是顾客与商机(市场不饱和)的时代已经一去不复返了，现实中更多的企业往往是在夹缝中求生存，变化中寻商机。因此，现今绝大多数的创业机会，都需要通过系统的分析才能够被发现。

从宏观环境来讲，PEST 分析法是基本工具。P(politics)指政治环境，E(economic)指经济环境，S(society)指社会环境，T(technology)指技术环境。这种分析法从政治、经济、社会和技术四个方面进行分析，从总体上把握宏观环境，并评估这些因素对创业机会的影响。

从微观环境来讲，创业者可以采用美国哈佛大学迈克尔·波特教授的五力模型分析某行业的竞争状态与市场前景，并进一步分析自己对创业机会的判断是否正确，从而决定能否参加该行业的市场竞争。

迈克尔·波特认为，一个行业中的竞争存在五种基本的竞争力量，即潜在的进入者、替代品的威胁、购买者议价的能力、供应商议价的能力及现有竞争对手之间的抗衡。供应商和购买者议价可视为纵向竞争，其他竞争力量可视为横向竞争。因此，该方法有时也被称为五力模型或五因素模型。从机会形成的角度看，五种竞争力量共同决定行业的竞争强度和获利能力。

(三)问题导向

问题导向指创业机会的识别源于一个组织或者个人面临的某个问题或者明确的需求。这恐怕是创业机会识别最快速、最精准、最有效的方法了。因为创业的根本目的是为客户创造新的价值，解决客户面临的问题，满足客户的需求。这个过程中，常用的方法就是不断与客户沟通，不断听取客户的建议，基于客户的需求，创造性提供新的产品或者服务。当然，在此基础上，再进行市场调研、系统分析，就会显得更为科学、严谨。不过，在问题导向发现机会的过程中，要注意把控问题的难易度，不可不切实际地探寻问题解决方案，只会徒劳无获。

(四)创新变革

通过创新变革获得创业机会的方式在高新技术、互联网行业中最为常见。创新变革通常是针对目前明确的或者未来潜在的市场需求，探索相应的新技术、新方法、新知识或新模式，或者利用已有的技术发明、商业创意来实现新的商业价值。一旦获得成功，创业者凭借其变革性、创新性，将居于压倒性优势地位。索尼公司开发随身听就是一个很好的例子。索尼公司觉察到人们希望随身携带一个听音乐的设备，于是公司利用微缩技术从事项目研究，最终开发出划时代的产品——随身听。

二、创业机会识别的影响因素

创业是一项非常具有挑战性的社会活动，创业者要具有开阔的思维方式、良好的人格魅力和出众的领导能力，并且能合理地利用所能调度的资源，识别潜在的创业机会。显然，这些要求对大学生创业者而言是巨大的考验。

目前，我国劳动力总量供大于求、社会就业压力巨大，大学生创业不仅有利于拓宽就业渠道，还可以促进不同群体合理就业、降低社会失业率，是有效缓解就业压力的良好途径。因此学校和社会应为大学生提供良好的创业氛围和激励政策，以此鼓励、支持和引导大学生创业。

我国大学生创业主要属于机会导向型，所以如何精确识别创业机会对大学生创业具有先行性的意义。

(一)个人层面影响创业机会识别的因素

1. 创业精神

创业精神指创业者在创业过程中体验到的主观情绪和对优化配置资源创造价值的意向的强烈程度，是创业态度最直接的体现。

据研究，创业机会的识别与创业精神之间存在着一种动态的激励关系。当环境中存在的及被识别出的创业机会越多，创业者的创业精神就越强。实证研究发现，积极的创业情绪对于创业者而言是极其重要的创业资源，对创业者的创业机会识别能力、创业行为等多方面起着正向作用。所以创业精神与创业机会识别是一种良性循环、相互促进的关系。创业机会的发现有利于增强大学生创业者的创业精神，而创业精神的增强有助于激励大学生创业者对创业机会的挖掘。

2. 先验知识

先验知识，也称既有知识，指创业者拥有的关于市场、行业、技术、客户需求等方面的知识或信息。

先验知识是影响创业者在同一创业环境下如何决策的重要变量。大部分创业者最终识别出的创业机会与先前积累的专业知识及工作经验有显著的相关性。创业者过去的工作、创业的经历及其在各种教育培训中积累的先验知识能有效帮助他们进行创业尝试。丰富的知识能让他们在相关领域识别出他人难以发现的创业机会。因此，大学生在特定领域的经验和知识存量越多，其成功识别的创业机会越可能与该领域相关，并且这些经验和知识会让他们更容易发现该领域的内在联系，优化资源整合，实现价值创造。

3. 创业警觉

创业警觉指创业者处在创业环境中能够从生产技术、政府政策、产品市场、竞争形势变化等方面精准识别创业机会的洞悉能力。这无疑是个人层面上影响创业机会识别最重要的因素。大量学者对创业警觉进行了广泛的研究。保持对信息的敏感是创业者识别创业机会的首要前提。不能成功识别创业机会的失败案例往往都是由于创业者缺乏创业警觉。实证研究表明，创业警觉越高的创业者，其识别创业机会的能力也越强。

然而，这种能够敏锐辨别创业机会的洞察力并不是创业成功者身上自带的天然属性，而是由创业者通过开展创业或商业活动所积累的实践知识、价值信条和机会意识交互作用而形成的，其内在架构是创业者对创业环境的复杂变化产生警觉的认知逻辑和思维范式。研究表明，具备创业警觉性的创业者会形成一套专门用于识别创业机会的概念网络，使其对创业机会的关键特征特别敏感，能引导其将注意力聚焦于各项独到、特殊的事物或信息流，在模糊的情境下激活概念网络并作出精确快速的评估，完成创业机会识别。创业警觉可分为反应警觉、思维警觉和感知警觉三个部分。创业警觉并不是影响创业机会识别的最核心因素，它在社会网络与创业机会识别两者的作用关系中充当中介，充当社会网络作用于创业机会识别能力的桥梁，间接影响大学生创业者的机会识别能力。

(二)环境层面影响创业机会识别的因素

1. 社会网络

社会网络，也称为社会资本。社会网络是某一群体中特定个体的正式与非正式关系的集合，是存在于创业环境中的社会框架，创业者以这个框架为背景展开创业活动，从中获取创业资源、商业信息等各种要素，进而识别创业机会。

实证研究表明，影响大学生创业者社会网络的三大因素为结构、规模、强度，其中结构指创业机会的创新程度，规模指可供识别的创业机会的基数，强度指创业机会的可开发程度。大学生创业是一个不断重组社会网络的过程，大学生自身社会网络的联系越强，则其获得的识别创业机会的正向促进效益就越大。大学生创业者要结合自身所处阶段特征，构建与其相吻合的动态社交网络，这样才能有效提高识别创业机会的能力。

2. 创业环境

需要强调的是，创业环境是一个宽泛的概念。此处所指的创业环境从传统主流的观点出发，只包含创业者所处的社会经济环境与国家经济政策。

首先，社会经济环境主要指整个社会的宏观经济形势。上行的经济背景意味着较好的经济发展前景，人们会更趋于运用手中的各项资源进行投资，大学生在创业融资、调动资源方面也将享受到创业机会资源丰盈的红利，更加容易获得支撑创业运行的资源。另外，卸下资源要素压力的创业者，在识别创业机会的过程中，会更容易产生大胆的想法，从而打破常规，创新要素间的有机联系。

其次，国家经济政策主要指国家意志对社会经济关系在方方面面的约束和指示，这往往是社会经济发展的风向标。一些扶持创业、提供创业优惠的政策本身就是在为创业者指明创业方向，提供创业平台，如环保导向的政策催生出新能源汽车、共享单车等新产业；科技创新导向的政策促进了智能家居、物联网等新产业的发展；扶贫导向的政策推动了普惠金融、直播助农等新型创业模式。同理，国家政府经济政策中的优惠条款所带来的行政便利和生产补贴也将对大学生创业方向产生影响，引导其识别相关领域内的创业机会。

三、创业机会的评估

(一)评估内容

1. 市场定位

一个好的创业机会，必然具有特定的市场定位，专注于满足客户需求，同时能为客户带来新价值。因此，可从市场定位是否明确、顾客需求分析是否清晰、顾客接触通道是否流畅、产品是否持续衍生等角度，来判断创业机会是否能创造市场价值。创业带给客户的价值越高，创业成功的机会就越大。

2. 市场结构与竞争

针对创业机会的市场结构可进行以下分析，如进入障碍，供货商、客户、经销商的谈判力量，替代性竞争产品的威胁，以及市场内部竞争的激烈程度。通过市场结构分析，创业者可以得知新企业未来在市场中的地位，以及可能遭遇的竞争程度。

3. 市场规模

市场规模大小与成长速度也是影响新企业成败的重要因素。一般而言，市场规模大的，其进入障碍相对较低，市场竞争激烈程度也会略为下降。

如果要进入的是一个十分成熟的市场，那么纵然市场规模很大，由于该市场已经不再成长，其利润空间必然很小，那么这个创业项目恐怕就不值得投入。反之，一个正在成长中的市场，通常也会是一个充满商机的市场，所谓水涨船高，只要进入的时机正确，必须会有获利的空间。

4. 市场占有率

通过创业机会预期取得的市场占有率目标，可以显示新创公司未来的市场竞争力。一般而言，要成为市场的领导者，最少要拥有 20% 以上的市场占有率。但如果市场占有率低于 5%，则这个新企业的市场竞争力不高，将来也会影响未来该企业上市的价值。

5. 产品的成本结构

产品的成本结构也可以反应新企业的前景是否乐观。例如，从物料与人工成本所占比重、变动成本与固定成本的比重，以及经济规模和产量，可以判断企业创造附加价值的幅度及未来可能的获利空间。

(二)蒂蒙斯创业机会评价体系

1999 年，蒂蒙斯提出了包含 8 个一级指标、53 项二级指标的评价体系，包含行业和市场、经济价值、收获条件、竞争优势、管理团队、致命缺陷、创业者的个人标准、理想与现实的战略差异 8 个方面，被认为是目前最为全面的创业机会评价指标体系，如表 4-3 所示。

表 4 - 3 蒂蒙斯机会评价表

行业与市场	1. 市场容易识别，可以带来持续收入 2. 顾客可以接受产品或服务，愿意为此付费 3. 产品的附加价值高 4. 产品对市场的影响力大 5. 将要开发的产品生命长久 6. 项目所在的行业是新兴行业，竞争不完善 7. 市场规模大，销售潜力达到 0.1 亿元～10 亿元 8. 市场成长率在 30%～50%，甚至更高 9. 现有厂商的生产能力几乎完全饱和 10. 在 5 年内能占据市场的领导地位，市场占有率达到 20% 以上 11. 拥有低成本的供货商，具有成本优势
经济价值	1. 达到盈亏平衡点所需要的时间在 1.5 年～2 年 2. 盈亏平衡点不会逐渐提高 3. 投资回报率在 25% 以上 4. 项目对资金的要求不是很大，能够获得融资 5. 销售额的年增长率高于 15% 6. 有良好的现金流量，能占到销售额的 20%～30% 以上 7. 能获得持久的毛利，毛利率要达到 40% 以上 8. 能获得持久的税后利润，税后利润率要超过 10% 9. 资产集中程度低 10. 运营资金不多，需求量是逐渐增加的 11. 研究开发工作对资金的要求不高
收获条件	1. 项目带来的附加价值具有较高的战略意义 2. 存在现有的或可预料的退出方式 3. 资本市场环境有利，可以实现资本的流动
竞争优势	1. 固定成本和可变成本低 2. 对成本、价格和销售的控制较高 3. 已经获得或可以获得对专利所有权的保护 4. 竞争对手尚未觉醒，竞争较弱 5. 拥有专利或具有某种独占性 6. 拥有发展良好的网络关系，容易获得合同 7. 拥有杰出的关键人员和管理团队
管理团队	1. 创业者团队是一个优秀管理者的组合 2. 行业和技术经验达到了本行业内的最高水平 3. 管理团队的正直廉洁程度能达到最高水平 4. 管理团队知道自己缺乏哪方面的知识

续表

致命缺陷	不存在任何致命缺陷
创业者的 个人标准	1. 个人目标与创业活动相符合 2. 创业者可以做到在有限的风险下实现成功 3. 创业者能接受薪水减少等损失 4. 创业者渴望进行创业这种生活方式，而不只是为了赚大钱 5. 创业者可以承受适当的风险 6. 创业者在压力下状态依然良好
理想与现实 的战略性差异	1. 理想与现实情况相吻合 2. 管理团队已经是最好的 3. 在客户服务管理方面有很好的服务理念 4. 所创办的事业顺应时代潮流 5. 所采取的技术具有突破性，不存在许多替代品或竞争对手 6. 具备灵活的适应能力，能快速地进行取舍 7. 始终在寻找新的机会 8. 定价与市场领先者几乎持平 9. 能够获得销售渠道，或已经拥有现成的网络 10. 能够允许失败

评价体系说明：

(1)主要适用于具有行业经验的投资人或资深创业者对创业企业的整体评价；

(2)该体系必须运用创业机会评价的定性与定量方法才能得出创业机会的可行性及不同创业机会间的优劣排序；

(3)该体系涉及的项目比较多，在实际运用过程中可作为参考选项，创业者应结合使用对象、创业机会所属行业特征及机会自身属性等进行重新分类、梳理简化，提高该体系的使用效能；

(4)该体系及其项目内容比较专业，创业导师在运用时一方面要多了解创业行业、企业管理和资源团队等方面的经验信息，另一方面要掌握这50多项指标内容的具体含义及评估技术。

蒂蒙斯创业机会评价体系也存在一些局限性。

1. 评价主体要求比较高

蒂蒙斯的创业机会评价指标体系是到目前为止最全面的评价指标体系，其主要是基于风险投资商的风险投资标准建立的，这与创业者的标准存在一定的差异。这些评价标准经常被风险投资家使用，创业家可以通过关注这些问题而受益。运用该评价体系，使用者要具备敏锐的创业嗅觉、清晰的商业认知、丰富的管理经验和系统的行业信息。创业导师自己使用一般问题不大，但如果是初次创业者或大学生创业者使用，则效果不会太好。即使如此，仍然不影响该评价体系作为创业者进行项目选择与评价的参考标准。

2. 蒂蒙斯指标体系维度有交叉重复问题

该指标体系的各维度划分不尽合理，存在交叉重叠现象。例如，在竞争优势、管理团队、创业家的个人标准和理想与现实的战略性差异这四个维度中，都存在"管理团队"的评价项目。维度划分标准不够统一。再比如，行业与市场维度中的第 11 项"拥有低成本的供货商，具有成本优势"，与竞争优势维度中的第 1 项"固定成本和可变成本低"存在包含关系与重叠问题。这会直接影响使用者的评价难度和考量权重，在一定程度上影响机会评价指标的有效性。

3. 指标体系缺乏主次，定性定量混合，影响效度

蒂蒙斯指标体系另外一个比较明显的缺点是：指标多而全，主次不够清晰；其指标内容既有定性评价项目，又有定量评价项目，而且这些项目有交叉。一方面，评价指标太多，使用不够简便。另一方面，在运用其对创业机会进行评价时，实际上使用者难以对每个方面的指标进行准确量化并设置科学的权重，因此其实践效果不够理想。

阅读材料

精影求精——全球首创精神疾病诊疗仪

所获奖项：第七届"互联网＋"大赛金奖之一

所属高校：四川大学

1. 项目概述

精神障碍类疾病为人类疾病负担之首。精神疾病难识别、易误诊，治疗价格昂贵、治疗有效率低。本产品转化于国家仪器重大项目，以精神影像学技术链为主线，配备国际首创神经立体导航经颅磁刺激装置，可实现精准定位治疗。

2. 市场分析及定位

2030 年整体精神疾病市场规模将达千亿元，产品可占有超 20 亿份额，市场前景广阔。

3. 产品介绍

产品瞄准精神疾病亚型诊断和治疗。产品利用精神影像分型技术，采用神经导航经颅磁刺激装置，能够同时实现精准诊断、亚型分类及精准无创治疗。

4. 产品特色

①独创光学分析技术，将传统神经调控大脑模型构建时间由 30 分钟缩短至 3 分钟，速度提升了 10 倍；

②利用行业合作伙伴优势，通过自主研发，产品价格仅为 1800 元/疗程，相比国外同类产品，价格降低了 10 倍；

③治疗效果在 1 分钟内可观测，效果是目前同类产品最快最稳定的；

④治疗精准度达到毫米级，能满足精神疾病现有临床需求；

⑤产品结合独有的精神影像技术链，在理论和技术方面领先于国际水平，是目前市面上唯一能够进行精神疾病亚型分类的产品；

⑥产品的诊断准确率和亚型分类准确率居于国际最高水平，在对各个精神疾病诊断率上都有显著提高。

4. 商业模式

公司依托风投机构资金支持、华西医院技术支撑，由供应商生产设备并借助政府机关政策、媒体推广等，从分级诊疗角度出发，以大型医院和基层医院为目标群体，引入不同设备，向患者提供针对性服务，从而实现盈利。

5. 营销策略

营销渠道分线上渠道及线下渠道。推广采取试点推广、新媒体推广、学术会议推广等方式。

6. 财务分析

本公司遵循《会计法》《企业会计准则》等相关制度。项目基准投资回收期为 3 年，NPV 6435.49，Pt 2.68，有较好的项目前景与盈利能力，预计三年营收可达 4 亿。

7. 团队介绍

团队成员兼有高水平技术人员和专业的运营、市场、财务等方面的人员，学科优势互补，实践经验丰富。指导教师是相关领域的国际顶尖教授，中国放射学领域最具有影响力的专家。

项目进展：创意计划阶段

【思考练习】

1. 请利用蒂蒙斯创业评价体系分析一下四川大学的精影求精创业项目。

2. 你认为创业机会评价中哪个方面最重要？为什么？

▶ 第三节　市场调查与分析

学习目标

1. 认识市场调查的必要性，熟悉市场调查知识，树立市场调查意识。

2. 了解市场调查的内容，掌握市场调查的方法。

3. 掌握市场分析的内容。

4. 掌握市场分析的基本方法。

阅读材料

雀巢速溶咖啡的市场调查

20世纪40年代，当雀巢速溶咖啡刚刚投放市场时，厂家自信它会很快取代传统的豆制咖啡而获得成功。因为它的味道和营养成分与豆制咖啡相同，但饮用方便，不必再花长时间去煮，也不用再刷洗煮咖啡的器具。为了推销速溶咖啡，雀巢在广告上着力宣传这些优点，然而购买者寥寥无几。厂家请专家对家庭主妇进行调研，问卷显示，她们不愿选购速溶咖啡是因为不喜欢它的味道。

那么新问题出现了：速溶咖啡的味道与豆制的咖啡味道有什么不同？

调研专家进行了口味测试。试饮中，主妇们大多辨认不出速溶咖啡和豆制咖啡的味道有什么不同。这说明，主妇们不选购速溶咖啡的原因不是味道问题而是心理因素。

为了找出这个心理因素，调研专家改用了间接方法调查消费者购买的真实动机。他们编制了两种购物单，除一张上写的是速溶咖啡，另一张上写的是新鲜咖啡这一点不同之外，其他各项均相同。然后他们把清单分给两组家庭主妇，请她们描述按购物单买东西的家庭主妇是什么样的。结果表明，两组妇女描述的想象中的两个家庭主妇的形象是截然不同的。看速溶咖啡购货单的那组妇女几乎有一半人说，按这张购货单购物的家庭主妇是个懒惰的、邋遢的、生活没有计划的女人；有12%的人把她说成是个挥霍浪费的女人；还有10%的人说她不是一位好妻子。另一组妇女则把购买新鲜咖啡的妇女，描述成勤俭的、讲究生活的、有经验的和喜欢烹调的主妇。这说明，当时的美国妇女有一种带有偏见的自我意识。她们认为作为家庭主妇，担负繁重的家务劳动乃是一种天职，而逃避这种劳动则是偷懒，应受到谴责。速溶咖啡的广告强调的正是速溶咖啡省时、省力的特点，因而并没有给人以好的印象，反而被认为是帮助了懒人。由此可见，速溶咖啡被人们拒绝，并不是由于它本身的属性，而是由于人们的动机，即都希望做一名勤劳的、称职的家庭主妇，而不愿做懒惰、失职的主妇。这正是速溶咖啡被拒绝的真正原因。

谜底揭开之后，厂家对产品的包装进行了相应的修改，除去了使人产生消极心理的因素。广告不再宣传产品又快又方便的特点，而是宣传它的美味、芳香和醇厚质地等。另外，产品的包装密封性很好，开启时十分费力，这就在一定程度上消除了顾客因用新产品省力而造成的心理压力。最后，速溶咖啡的销路大增，很快成西方世界最受欢迎的咖啡。

对许多消费者而言，雀巢就是速溶咖啡，在速溶咖啡市场上。雀巢无疑是领先品牌。然而，通过雀巢速溶咖啡市场调查的故事，我们了解到，影响消费者选购的因素除了产品口味、质量、品牌等，还有消费者心理、偏好等。因此，只有通过扎实的市场调查，才能真正地了解消费者，从而制定和调整市场策略。

市场调查可以帮助我们认识一件新的东西或一个新行业，所以开拓新市场时，市场调查尤为重要。然而，现实中不做调研，急于求成是许多创业者的通病。市场是不断变化的，无论是新市场，还是老市场都是如此。如果不做调研，所谓的市场开拓只能是盲人骑瞎马，夜半临深池。

市场调查指用科学的方法，有目的、系统地搜集、记录、整理和分析市场情况，了解市场的现状及其发展趋势，为企业的决策者制定政策、进行市场预测、作出经营决策、制定计划提供客观、正确的依据。对于初创企业，市场调查不仅可以为市场预测和营销决策提供客观的资料，也可以为最初的创意和创业机会评估提供依据。在调查过程中，应把握可行性、经济性、时效性、保密性和事实性五个基本原则。

一、市场调查的内容

由于影响市场的因素很多，故市场调查和预测的范围很广。凡是直接或间接影响企业营销状况的因素都可能被列入调查和预测的范围。企业作为某类商品的生产者或者经营者，总要面向买方市场。所以深入了解企业面临的现实市场状况，从中选择适合的目标市场，并确定相应的市场营销策略，进行潜在市场的开拓，是企业开展市场营销活动的前提。对于处于推广新品阶段的企业来说，最直接也最有意义的市场调查就是市场特征的调研。市场调查和预测的内容可以包括以下几方面。

(一)调查宏观市场环境

宏观市场环境调查的主要内容包括政治法律、经济、人口、社会文化和技术环境等方面。这里主要介绍人口因素。需求是人的本能，哪里有人，哪里就有需求，就会形成市场。某区域人口的多少直接决定该区域市场容量的大小，人口的状况影响具体的市场需求结构。人口因素主要包括总人口数量、家庭数、宗教信仰、职业结构、文化程度、风俗习惯等。

(二)调查市场需求

市场需求调查主要包括市场商品需求量(市场需求总量主要关系到6个因素，即产品、客户、地理区域、时限、营销环境、营销组合方案)、需求结构(指对吃、穿、用、住、行商品的需求结构)、需求时间(了解消费者需求的季节、月份及需求时间内的品种和数量结构)。

(三)调查消费者

为了准确把握消费者的需求情况，特别是购买力和购买欲望，通常要对消费者的人口构成、家庭、职业与教育、收入、购买心理、购买行为等方面进行调查。在人口特定的情况下，购买力成为决定市场容量的重要因素之一。市场的大小直接取决于购买力的高低。购买欲望是指消费者购买商品的愿望和动机。如果具备一定的人口数量和市场购买力，但是消费者对产品或服务缺乏强烈的购买欲望或者动机，那么消费也不会发生。

(四)调查企业自身经营的全过程

调查企业自身经营的全过程包括产品调查、销售渠道调查、促销调查、销售服务调查。产品调查主要包括生产者生产能力调查、产品自身调查、产品包装调查和产品生命周期调查。

商品流通渠道的具体形式决定了销售渠道调查的具体内容。一般销售渠道调查包括批发商调查、零售商和生产者自销市场调查。

促销调查的具体内容包括促销形式、促销活动有无创新和特点等。

销售服务调查包括调查企业目前提供服务的网点数量、消费者对产品或服务的反映等。

(五)调查竞争对手

对竞争对手的调查主要包括以下内容:

(1)竞争对手的数量,主要的竞争对手,是否存在潜在的竞争对手;

(2)竞争对手的经营规模、人员组成及营销组织机构情况;

(3)竞争对手经营商品的品种、数量、价格、费用水平和盈利能力;

(4)竞争对手的供货渠道情况和对销售渠道的控制程度;

(5)竞争对手所采用的促销方式;

(6)竞争对手的价格政策;

(7)竞争对手的名称、生产能力、产品的市场占有率、销售量及销售地区。

竞争对手分析主要从以下4个方面开展,包括识别企业的竞争者有哪些,识别竞争者采取的市场策略,判断竞争的目标,评估竞争者的优劣势。通过领导市场、挑战市场领导者、追随市场领导者、专业化经营补缺等方式,创业者可制定自己产品的价格策略等市场策略,赢得自我发展空间。

二、原始数据收集方法

创业项目往往是开发一种新产品或进入一个新市场。为满足项目决策的需要,创业者应该掌握收集原始数据的基本技能。常用的调查方法有观察法、询问法、实验法。随着数据时代的到来,信息成为宝贵的资产。因此,除了以上调查方法外,创业者还要有意识地监视网络议论、收集行业信息、瞄准竞争产品,提升收集的原始数据的有效性和科学性。

(一)观察法

观察法分为直接观察和实际痕迹测量两种。直接观察法指调查者在调查现场有目的、有计划、有系统地对调查对象的行为、言辞、表情进行观察和记录,从而取得第一手资料。它最大的特点是在自然条件下进行,所得材料真实生动,但也会因为观察对象的特殊性而使观察结果过于片面。

实际痕迹测量指通过观察某一事件留下的实际痕迹来进行调查，一般用于对用户的流量、用户体验的效果等的调查。例如，某快餐店推出一套调研题，就本店的产品特色、产品系列和环境特色等请客流群体中愿回答者答卷，根据完成的程度分别给予饮料免费至套餐免费的不同奖励。研究者根据回收的答卷分析了解本店在顾客心目中的形象和品牌知名度等情况。

(二)询问法

询问法指以面对面、书面或电话的方式，向被调查者提出询问，以获得所需要的资料。它是市场调查中最常见的一种方法，可分为面谈调查、电话调查、邮寄调查、留置询问表调查四种，它们有各自的优缺点。面谈调查能让调查者直接听取对方意见，富有灵活性，但成本较高，结果也容易受调查人员技术水平的影响。邮寄调查速度快，成本低，但回收率低。电话调查速度快，成本最低。留置询问表指调查人员当面交给被调查人员问卷，说明方法，由被调查者自行填写，再由调查人员定期收回。

(三)实验法

实验法通常用来调查某种因素对市场销售量的影响，这种方法是在一定条件下进行小规模实验，然后对实验结果进行分析，研究是否值得推广。它的应用范围很广。凡是某一商品需要改变品种、品质、包装、设计、价格、广告、陈列方法等时都可以用这种方法进行调查。

三、市场调查的步骤

市场调查没有固定的范式，但就其共性而言，市场调查一般分为4个阶段，即准备阶段、调查阶段、分析阶段、总结阶段。

(一)准备阶段

准备工作的充分与否直接决定整个调查活动的成败。准备阶段主要包括以下几步。

1. 明确调查目标

对创业者而言，市场调查的主要目标就是了解市场各要素的具体情况，为自己对创业行业、创业项目、创业模式等的选择提供必要的决策参考。整个市场调查活动都要紧紧围绕调查目标进行。

2. 选定调查范围、调查对象

由于人力、财力的限制，为确保针对性和有效性，调查不能大海捞针般地盲目进行，要确定一定的范围和特定的对象，从而取得相对准确的调查结果。

3. 确定调查方法

方法决定结果。市场调查有很多种方法，如文献法、问卷法、访谈法、观察法等，每种方法都有各自的优缺点和适用范围。在调查的准备阶段，调查者需对各种方法了然于胸，根据自己的调查目标和内容选择适当的调查方法，或使用其中一种，或结合使用多种方法。

4. 其他内容

市场调查是一项综合性的实践活动，需要各个环节的紧密配合，在调查准备阶段，还需确定收集和分析资料的方法，做好调查的组织分工，编制调查预算表，安排好调查时间等。

(二)调查阶段

调查阶段是市场调查研究方案的执行阶段，是按照准备阶段所确定的调查计划、调查方式和调查方法进行资料和信息的收集，具体贯彻调查设计中所确定的思路的活动，是整个市场调查过程的核心。

(三)分析阶段

这一阶段的主要工作是审查、整理资料，统计分析和思维加工。

审查、整理资料就是对调查获得的文字和数字资料进行审核、加工，使之条理化、系统化，集中、简明地反映调查对象的总体情况。统计分析指运用统计方法揭示调查的规模、结构、水平和比例等关系。思维加工就是对审核、整理后的文字资料和经统计分析的数据进行分析研究，揭示调查对象的本质及其发展规律，并得出理论性结论。

对调查资料的分析要比搜集资料更重要。对于创业者而言，分析应尽量客观，排除个人偏见，必要时可以和第三方机构等一起作分析，甚至可以转换角度站在对立面来作分析，最后作出相应预测。

(四)总结阶段

总结阶段的任务主要是撰写调查报告。调查报告应做到反映情况真实完整，所作分析客观科学，所得结论明晰准确。即使在未来的预测中存在多种可能，每种可能也要有一定的确定性。一份好的市场调查报告，能给企业的经营决策提供有效的参考依据和导向作用。

一份完整的调查报告应包括以下 5 项内容。

(1)调查目的：简要介绍本次市场调查的主要目标。

(2)调查范围：根据创业的目标区域，在多大范围内开展调查，调查的对象是谁？在什么时间、什么地点进行调查？

(3)调查方法：是全面调查、重点调查还是抽样调查？主要采用文献法、问卷法、访谈法、观察法还是实验法或者几种方法相结合？采用哪种统计方法？

(4)调查内容：这部分是调查报告的主题，包括资料、分析、结论等内容，其中结论是报告的重点。要通过认真研究和科学分析，使报告具有一定的确定性。

(5)提出建议：把经过整理、分析、判断而形成的初步构想写成备选方案，作为下一步经营计划的蓝本。

四、市场分析的作用

市场分析是对市场供需变化的各种因素及其动态、趋势的分析。进行市场分析应搜集有关资料和数据，采用适当的方法，分析研究、探索市场变化规律，了解消费者对产品品种、规格、质量、性能、价格的意见和要求，了解市场对某种产品的需求量和销售趋势，了解产品的市场占有率和竞争单位的市场占有情况，了解社会商品购买力和社会商品可供量的变化，并从中判明商品供需平衡的不同情况（平衡或供大于需，或需大于供），为企业生产经营决策、合理安排生产、进行市场竞争和客观管理决策、正确调节市场，平衡产销，发展经济提供重要依据。科学的市场分析有以下好处。

（一）有利于帮助企业发现市场机会并为企业的发展创造条件

企业若想在一个新的市场开辟业务，除了要了解这一市场的市场需要之外，还要了解该市场商业上的竞争对手，这些工作都要通过各种市场分析来完成。只有通过细致的市场调查和分析，企业才有可能对自己的营销策略作出正确的决策。公司的规模越大，市场分析工作就越显得重要，也就越需要在市场分析上进行大量投资。

（二）有利于加强企业控制销售的手段

促销活动是企业在推销产品过程中的主题活动，然而企业如何进行促销活动和选择什么样的促销手段，则要依靠市场分析。以广告为例，商业广告的途径和种类很多，但究竟哪一种广告的效果好，还需要对其进行细致的分析和研究。比较性广告似乎更容易给消费者留下印象，因为它通过比较两种不同产品的功能与特点来突出主题产品。不过，并不是所有的商品都适用于比较性广告。因此，对于何时、何地、在何种情况下企业应该运用比较性广告来宣传产品的问题，就需要进行分析研究。另外，广告的效果如何，也要通过对产品的销售记录进行分析后才能知道。

（三）有利于帮助企业发现经营中的问题并找出解决的办法

经营中的问题包括企业、企业责任、产品、销售、广告等各方面问题。造成某种问题的因素也并不简单，当许多因素相互交叉作用的时候，市场分析就显得格外重要。某企业一个时期内销售收入大幅度下降，可是却搞不清问题所在时，就需要进行市场分析。根据销售记录，人们发现价格降低以后，销售量并没有明显增加，这说明产品需求的价格弹性小于1，比如针对盐、米、面等生活必需品，采取降价策略是错误的。如果通过对广告效果的调查发现广告媒介的错误导致广告效果不好，那问题就出在广告方面。当然企业销售额大幅度下降的原因也可能出在产品方面，比如产品质量下降或是市场出现其他更优质的产品等。

（四）有利于平衡企业与顾客的联系

市场分析通过信息及对信息的分析和处理把顾客和企业联系起来。正是由于有了这些信息，市场分析人员才能确定市场中存在的问题，检查市场营销活动中不适当的策略与方法,同时找出解决问题的办法。

(五)为政府有关部门了解市场、对市场进行宏观调控提供服务

通过市场分析,政府投资部门可决定重点扶持哪个行业。计划部门则可通过市场分析来预测不同行业的发展状况,制定合理的宏观发展规划。

五、市场分析的内容与方法

初创企业与成熟企业一样,不论是面向一个全方位的大众市场还是进入一个或几个细分市场,都会面临各种竞争。创业企业不仅要了解谁是自己的客户,还要弄清谁是自己的竞争对手。由于需求的复杂性、易变性,技术的快速发展和演进及产业的发展和市场的变化,创业企业面临变化,竞争对手也处在变化之中。因此,初创企业可以从宏观环境分析、行业分析、竞争者分析和目标用户分析四个维度进行市场分析,进而了解市场环境的变化趋势、市场情况、市场需求容量和消费者偏好等有价值的信息。

(一)宏观环境分析——PEST分析

PEST分析是指宏观环境的分析。宏观环境又称一般环境,指一切影响行业和企业的宏观因素。对宏观环境因素作分析时,不同行业和企业因其自身特点和经营需要的不同,分析的具体内容也会有差异,但一般都应对政治(Political)、经济(Economic)、社会(Social)和技术(Technological)这四大影响企业的主要外部环境因素进行分析。PEST分析如图4-1所示。

政治要素(Politics)	社会要素(Society)
世界贸易协定 垄断与竞争立法 环保、消费者保护立法 税收政策 就业政策与法规 贸易规则	人口统计 收入分配 人口流动性 生活方式及价值观变化 对工作和消闲的态度 消费结构和水平
未来的市场及行业变化趋势	
经济要素(Economic)	技术要素(Technology)
商业周期 GDP趋势 通货膨胀 货币供应、利率 失业与就业 可支配收入 原料、能源来源及其成本 贸易周期 公司投资	政府对研究的支出 政府和行业的技术关注 新产品开发 技术转化速度 劳动生产率变化 优质品率 废品率 技术工艺发展水平评估

图4-1 PEST分析

(二)行业分析——波特五力模型

波特五力模型是迈克尔·波特于 20 世纪 80 年代初提出的。他认为,行业中存在着决定竞争规模和程度的五种力量,这五种力量综合起来影响着产业的吸引力及现有企业的竞争战略决策。五种力量分别为同行业内现有竞争者的竞争能力、潜在竞争者的进入能力、替代品的替代能力、供应商的仪价能力与购买者的议价能力。

(三)竞争者分析——SWOT 模型

SWOT 分析,即基于内外部竞争环境和竞争条件下的态势分析,指通过调查,将与研究对象密切相关的各种主要内部优势、劣势和外部的机会和威胁等列举出来,并依照矩阵形式排列,然后用系统分析的思想,把各种因素相互匹配起来加以分析,从中得出一系列相应的结论,而结论通常带有一定的决策性。

S(strengths)是优势、W(weaknesses)是劣势、O(opportunities)是机会、T(threats)是威胁。按照企业竞争战略的完整概念,战略应是一个企业能够做的(即组织的强项和弱项)和可能做的(即环境的机会和威胁)之间的有机组合。运用这种方法,可以对研究对象所处的情景进行全面、系统、准确的研究。根据研究结果,企业可制定相应的发展战略、计划及对策等。

(四)目标用户分析——用户画像分析法

用户画像又称用户角色。作为一种勾画目标用户、联系用户诉求与设计方向的有效工具,用户画像在各领域得到了广泛的应用。在实际操作的过程中,我们往往会用最浅显和贴近生活的话语将用户的属性、行为与期待的数据转化联结起来。作为实际用户的虚拟代表,用户画像所形成的用户角色并不是脱离产品和市场构建出来的。用户角色需要有代表性,能代表产品的主要受众和目标群体。绘制用户画像,首先要对用户各类特征进行标识,然后通过标识给用户贴上各类标签,再通过标签将用户分为不同的群体。针对不同的用户群体,企业可分别进行产品运作和运营运作。标签通常是人为规定的高度精练的特征标识,如年龄、性别、地域、兴趣等,用来集合抽象出一个用户的信息全貌。用户画像分析示例如图 4-2 所示。

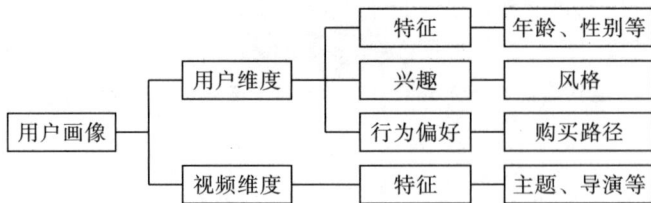

图 4-2 用户画像分析示例图

【案例分享】

可口可乐曾经一直是美国饮料市场的霸主,市场占有率一度高达 80%。后来百事可乐迅速崛起。1975 年,可口可乐的市场份额仅比百事可乐多 7%。感受到极大威胁的可口可乐,为了找出产品衰退的真正原因,决定在 10 个主要城市进行一次深入的消费者调查。调查显示，大多数消费者愿意尝试新可口可乐。可口可乐以此为依据，决定不再使用可口可乐的传统配方，开发新口味。新口味比老口味更柔和、更甜。在新可口可乐正式推向市场前，公司还在 13 个城市进行了口味测试，邀请了近 20 万人品尝无标签的新老可口可乐，六成的人回答新口味更好。于是，可口可乐不惜血本改造了生产线，邀请了 200 多家媒体举办了一场盛大的新品发布会。然而，新品上市一段时间后，越来越多的老可口可乐的忠实消费者开始抵制新可乐，公司每天都会收到很多投诉。迫于压力，可口可乐公司再次启用近 100 年历史的老配方，生产让美国人骄傲的老可口可乐。

【活动体验】

市场调查活动训练

训练名称	咖啡店市场调查
训练目的	了解市场调查的流程安排与问卷设计 学会通过市场调查了解目标市场和消费者具体需求
训练所需器材	A4 纸、中性笔、彩笔
训练要求	案情：假设要在学校附近商业街上开一家咖啡店，请制作一份调查问卷进行市场调查。 规则：在规定时间（20 分钟）内，小组完成调查问卷，并互相交流。
所提问题记录	
训练结果	
体现原理	
训练总结与反思	

目标客户画像训练

训练名称	咖啡店用户画像分析
训练目的	学会用户画像分析
训练所需器材	A4 纸、中性笔、彩笔
训练要求	案情：假设要在学校附近商业街上开一家咖啡店，请根据市场调查的结果，勾画用户画像，形成目标客群。 规则：在规定时间（30 分钟）内，小组完成用户画像的分析，并互相交流。
所提问题记录	
训练结果	
体现原理	
训练总结与反思	

第五章

商业模式与营销策略

▶ 第一节　商业模式的内涵

学习目标

1. 了解商业模式概念。
2. 掌握商业模式构成要素。
3. 培养学生商业分析实践能力。

阅读材料

新番承包计划

新番承包计划是 B 站于 2014 年 10 月推出的一款众筹项目，通过用户自愿地为某部新番进行自定义数额的捐款承包，来实现其永不加视频贴片广告的承诺。番剧承包的额度为 5B 币、10B 币、50B 币、450B 币、自定义额度（最低可为 1B 币）（1B 币 = 1 RMB）。在该计划推出后也有用户理解并支持网站盈利，但是用户承包视频与播放量的转化率并不高，Fate stay night 第一季的播放量近 6000 万，承保人数约为 3 万。

官方周边

2013 年 12 月，bilibili 官方淘宝开启，销售 B 站的镇站之宝小电视及 2233 娘的小挂件，一部分商品出现供不应求现象。周边是二次元产业获利的大头，bilibili 也在致力于将自己的 ip 价值发挥到极致，推出了小电视抱枕、2233 娘 Q 版盒蛋、衣饰及拜年祭手办。同时 B 站与有热门 ip 的手办厂家合作进行销售，逐步打造了一个二次元人气周边产品的综合性网店。

线下活动

Bilibili Macro Link(BML)是由 bilibili 弹幕视频网创造的大型同好线下聚会品牌。从 2013 年开始到现在已举办了 4 届，从最初的上海梅赛德斯奔驰文化中心 Mixing Room 800 人的规模，发展到现在中心主场馆超过万人的超大型 Live。BML 已经成为宅文化中知名度最高的线下活动。

BML 分为是 BML 和 BML SP，前者邀请大量的 B 站热门 up 主演出，主要针对 B 站重度用户，而后者则邀请日本著名的 ACG 相关知名嘉宾，更偏向于 ACG 粉丝。

BML2016 推出为持有 2013 年 BML 门票的用户免费换取门票的活动，在最开始的地方，实现最初的梦想。

视频直播

Bilibili 生放送(直播)频道于 2014 年 8 月正式开始测试，定位于搭建 ACG 相关内容的直播互动平台。直播的内容比较多元，汇聚在 ACG 下面的观众群比较稳定，内容质量相对有保证。

充电计划

充电计划是 bilibili 为维护健康的 up 主生态圈而推出的实验性举措，bilibili 平台上提供在线打赏功能，鼓励用户为自己喜爱的 up 主"充电"。该计划有四大出发点：

1. 不影响任何视频观看和弹幕体验；
2. 完全自愿，没有强制性；
3. 面向自制非商业内容的 up 主，刺激 up 主的原创积极性；
4. 保持 up 主独立性，一定程度上解决 up 主经济来源问题。

哔哩哔哩，英文名称：bilibili，简称 B 站，现为中国年轻一代高度聚集的文化社区和视频平台，该网站于 2009 年 6 月 26 日创建，被粉丝们亲切地称为 B 站。B 站早期是一个 ACG(动画、漫画、游戏)内容创作与分享的视频网站，经过十年多的发展，围绕用户、创作者和内容，构建了一个源源不断产生优质内容的生态系统。哔哩哔哩 2021 财年财务业绩总净收入为 194 亿元人民币，较 2020 年增长 62%。

在腾讯、爱奇艺、优酷等众多视频网站以会员、广告收费为主的经营环境下，B 站依然依靠其独特的商业模式创造了良好的营收。希望通过本章的学习，大家能了解不同商业模式，理清创业营销策略。

一、商业模式的内涵

商业模式是一个宽泛的概念，指为实现客户价值最大化，把能使企业运行的内外各要素整合起来，形成一个完整的高效率的具有独特核心竞争力的运行系统，并通过最优实现形式满足客户需求、实现客户价值，同时使系统达成持续赢利目标的整体解决方案。

商业创意来自机会的丰富和逻辑化，并有可能最终演变为商业模式。在日益信息化和全球化的今天，商业模式的重要作用已经得到社会各界的高度重视。

如果有一个好的商业模式，成功就有了一半的保证。饮料公司通过卖饮料来赚钱；快递公司通过送快递来赚钱；网络公司通过点击率来赚钱；通信公司通过收话费来赚钱；超市通过平台和仓储来赚钱等，商业模式随处可见。

现在提到的商业模式多是以互联网和移动互联网为媒介，整合传统的商业类型，连接各种商业渠道，是具有高创新、高价值、高盈利、高风险的全新商业运作和组织架构模式。

通俗地讲，商业模式就是描述企业如何通过运作实现其生存与发展的"故事"。简单地讲，商业模式就是企业的动态盈利战略组合。由以上对商业模式的定义可知，商业模式是为了满足客户需求或实现客户价值，而采取的整体解决方案和一切方式方案的整合。具体来说，发现企业如何获得资本，用资本做什么、为谁做、用什么做，怎么做，用什么方式提供给需求者，并最终获得利润的整体解决方案就是商业模式。

因此，我们不妨将商业模式定义为，为了实现客户价值最大化，把能使企业运行的内外各要素整合起来，形成一个完整的、高效率的、具有独特核心竞争力的运行系统，并通过提供产品和服务，使系统达成持续赢利目标的整体解决方案。

二、商业模式构成要素

近几年来，从主流讲话到网络媒体、从创业精英到投资基金，"商业模式"一词已经成为探讨新经济的必用词汇。越来越多的企业意识到，商业模式是资本市场甄别企业的关键要素，也是企业获得商业成功的根本原因。

目前比较公认和常用的概念是：商业模式旨在说明企业如何对企业战略、运营结构和经济逻辑等方面一系列具有内部关联性的变量进行定位和整合，以便在特定的市场上建立可持续的竞争优势。基于此概念，商业模式包括了三个层面的逻辑，即经济层逻辑、运营层逻辑、战略层逻辑。

经济层逻辑把商业模式描述为企业的经济模式或盈利模式，其本质内涵是企业获取利润的逻辑；运营层逻辑把商业模式描述为企业的运营结构，重点说明企业通过何种内部流程和基本构造来创造价值；战略层逻辑把商业模式描述为对不同企业战略方向的总体考察，包括市场主张、组织行为、增长机会、竞争优势、可持续性等。

综合以上各个概念，我们把商业模式的构成要素概括为：战略定位、业务系统、关键资源能力、盈利模式、现金流结构、企业价值及其相互关系，如图 5-1 所示。

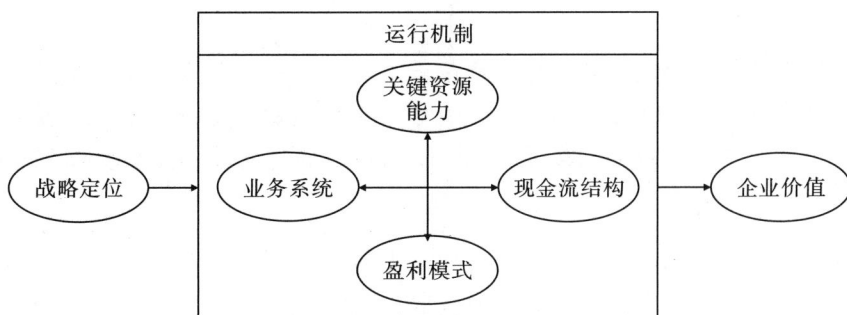

图 5-1　运行机制

(一)战略定位

战略定位是企业战略选择的结果，也是商业模式体系中其他几个部分的起点。战略定位需要考虑三个方面，即长期发展、利润增长、独特价值。商业模式中的定位是整个商业模式的支撑点，同样的定位可以有不一样的商业模式，同样的商业模式也可以实现不一样的定位。

(二)业务系统

业务系统是指企业达到战略定位所需要的业务环节、各合作方扮演的角色及利益相关者合作与交易的方式和内容。企业围绕战略定位所建立起来的业务系统将形成一个价值网络，明确了客户、供应商/其他合作方在通过商业模式获得价值的过程中扮演的角色。

(三)关键资源能力

关键资源能力是业务系统运转所需要的重要资源和能力。任何商业模式构建的重点工作之一就是了解业务系统所需要的重要资源和能力有哪些，它们是如何分布的，以及如何获取和建立。不是所有的资源和能力都同等珍贵，也不是每一种资源和能力都是企业所需要的。只有和战略定位、业务系统、盈利模式、现金流结构相契合、并能互相强化的资源和能力，才是企业真正需要的。

(四)盈利模式

盈利模式是企业获得收入、分配成本、赚取利润的方式。盈利模式是在给定业务系统价值链所有权和价值链结构的前提下，相关方之间利益的分配方式。良好的盈利模式不仅能够为企业带来利益，还能为企业编织一张稳定、共赢的价值网。传统盈利模式的成本结构往往和收入结构一一对应，而现代盈利模式中的成本结构和收入结构则不一定完全对应。同样是制造、销售手机，那些通过专卖店、零售终端销售手机的企业，其销售成本结构主要是销售部门的管理费用、销售人员的人工成本等，而通过与运营商提供的服务捆绑，直接向用户销售手机的制造商的销售成本结构则完全不一样。

(五)现金流结构

现金流结构是指企业经营过程中产生的现金收入扣除现金投资后的状况。不同的现金流结构反映了企业在战略定位、业务系统、关键资源能力及盈利模式方面的差异，决定了企业投资价值的高低、投资价值递增的速度及受资本市场青睐的程度。

(六)企业价值

企业价值指企业的投资价值，是企业预期未来可以产生的现金流的贴现值。企业的投资价值由其成长空间、成长能力、成长效率和成长速度等因素共同决定。

商业模式的六个要素是互相作用、互相影响的。相同的战略定位可以通过不一样的业务系统实现，同样的业务系统也可以有不同的关键资源能力、盈利模式和现金流结构。

三、传统商业模式的类别

传统商业模式主要关注企业在市场中与用户、供应商和其他合作方的关系，尤其是彼此间的物流、信息流和资金流。简单地讲，商业模式就是指企业或公司是以什么样的方式来盈利和赚钱的。构成赚钱的这些服务和产品的整个体系称为商业模式。传统流通模式下，商品在从生产者转移到消费者的过程中，要依次经过批发和零售等环节。传统商业模式下，各种交易都是透明的、具体的交易，因此此类交易市场也称为有形市场。现在的沿街商铺，步行商业街等都是传统商业经营模式。我们可以将传统商业模式概括为以下十大类别。

(一)基于广告的盈利模式

基于广告的盈利模式指给特定网站、服务、应用程序或其他产品制作广告，然后将广告放在战略性的、高流量的渠道上。

1. 移动互联网视角下手机广告的营销策略

在当今社会生活中，广告营销起着重要的作用。企业的认知和产品的推广在很大程度上是依靠广告进行传播，从而实现企业经济效益目标。广告营销的成败则主要取决于营销策略。

2. 培养和扩大用户群体

手机媒体应用想要尽快实现其营销目的，不断地扩大用户是至关重要的因素之一。目前手机媒体应用的传播方式主要具有两种特性：大众性与人际性。因此，运营商可以考虑采取一些有效的营销方式进行宣传，比如让用户进行免费体验等。这种方式可以充分利用传播的大众性与人际性，使宣传既有一定的深度，又有一定的广度，同时能够开发出大量的潜在用户。另外，营销商可将各种资源充分利用起来，在让更多的人了解手机媒体应用的同时，逐渐形成一种社会文化、社会风尚，进而充分利用消费者之间的传播途径，促使手机媒体应用的市场需求进一步扩大。

3. 做好产品检验与更新工作

当前，将手机媒体应用推广到市场的最佳出发点是对广告内容进行定位，利用提供的营销模式与发展平台，向用户展示产品特征与应用过程，从而提高消费者对产品的信赖度与喜爱度，提高消费者购买欲望。

4. 做好产品分化与建设

在网络运营的时期，群众时间开始以碎片状呈现，怎样利用现状更好地满足不同用户的差异化需求，已经成为手机互联网精细化发展的方向。网站平台是手机互联网最初的应用方式，在媒体应用途径日益多样化的今天，消费者面对多种阅读途径、应用软件和生活主题，很难在有限的时间内快速找出自己需要的应用媒体。对此，运营商与开发商必须结合消费者应用情况与需求，细化产品类别，优化服务过程，使产品尽量与消费者生活习惯靠近，从而提高消费者在不同背景与环境下对手机互联网广告的满意程度与应用效率，最后实现对各种群体的碎片时间的高效应用与开发。

(二)合作盈利模式

合作盈利模式是另一种常见的基于网页的盈利模式。利用该模式，公司可通过相关产品的推广链接，从产品销售中收取佣金。

(三)交易型盈利模式

交易型盈利模式中，公司提供服务或者产品，然后客户购买。这是最直接的挣钱方式之一。无数公司，无论是面向技术的还是其他类型的，都想尽力做成交易型的盈利模式。

(四)订购盈利模式

订购盈利模式是指向客户提供需要长期付费的产品或服务，通常是按月或者按年结算。

(五)网页销售模式

网页销售模式属于交易型盈利模式的一个分支。客户直接为某个产品或服务付费，只不过需要先通过网页搜索或者推式营销来到公司网站，然后通过互联网来进行交易。

(六)直销模式

直销模式有两种：电话销售(通过电话下订单或者销售代表给潜在顾客致电)和外部销售(面对面进行交易)。

(七)渠道销售(或间接销售)模式

渠道销售模式由代理或经销商销售产品。合作盈利模式跟这种销售模式是很好的搭配，尤其适合虚拟产品的销售。

(八)零售销售

零售销售需要设立传统的百货商店或者零售店来为客户提供实体产品。零售销售模式需要占用已有商店的货架空间(而这需要钱)，最适合需要物流抵达客户的产品。

(九)产品免费但服务收费

相对于其他模式来说,这种模式比较独特。在这种模式中,产品是免费的,但是客户需要为安装、定制、培训或其他附加服务付费。

(十)免费增值模式

在免费增值模式中,基础服务免费,但是用户必须为额外的高级特性、功能、扩展等付费。采用这种模式的最大公司之一是 LinkedIn。

【案例分享】

B 站 走 向 主 流

B 站用一支《后浪》,在央视推出五四献礼演讲片。之后,一首感怀毕业季的《入海》,以当季毕业生的视角,唱出了"浪花们"的心声。最后在《喜相逢》故事片中,新老相知,回归 B 站。后浪入海喜相逢,B 站值 11 周年之际,走近老中青三代,在更主流的对话语境里,搭建起各圈层文化的沟通桥梁,从小众走向大众,不断渗透进更广大的圈层。

一、破圈理由

1. 多圈层群体破圈交流

从圈地自萌的二次元社区,到新老融合的主流学习平台,B 站用更多元的内容吸引全社会泛年轻群体。无论男女老幼,无论新老用户,B 站分别以"前浪"视角、年轻人的语态和心态、趣味丰富的故事方式,引发不同圈层人的情感共鸣,对话多圈层群体。

2. 小众平台走向主流

如果说前两部旨在建立沟通语境,将"B 站主流化"的话题推进大众视野,那么第三部则展示了 B 站真正的野心布局——告诉人们 B 站是一个学习网站,它能接纳更多元的内容,有更广的全年龄群体,有更包容的格局。这拓宽了人们对 B 站的理解,使人们对其拓宽未来市场也有了更高期待。

二、出圈点评

B 站此次的系列式视频营销,从时代的高格局出发,跨越中老青几代人的沟通隔阂,和泛年轻群体共情、共勉,承担起了指引年轻人的平台责任。三部曲中的每一部都承载了自己不同的传播使命,除了让人们看到在内容上的创意碰撞外,也让人们看到了一个更全面、专业、向上的 B 站。

【思考练习】

1. B 站的商业模式设计的主要途径是什么?

2. B 站的商业模式中有哪些构成要素?

第二节　商业模式画布

学习目标

1. 了解商业模式画布。
2. 掌握商业模式画布应用。
3. 培养学生商业分析实践能力。

阅读材料

爱彼迎：共享住宿的最佳创新

爱彼迎是旅游短租的鼻祖，是一家为旅游人士和家有空房出租的房主服务的网站，可以为用户提供各种住宿信息。最初的爱彼迎，只是两个年轻人因为租房而产生的奇妙想法而创立的。

作为共享经济的鼻祖，爱彼迎（ABNB）是共享住宿领域的领导者，拥有 5400 万活跃订户和 400 万房东。爱彼迎的优势在于其拥有强大的品牌效应，并通过免费渠道产生流量，获客成本低于同行。

爱彼迎完全颠覆了传统在线旅游公司的商业模式，可以说是共享经济在住宿领域的一次创新。从市值来看，爱彼迎的市值已经超过 Expedia、希尔顿酒店和万豪酒店之和。爱彼迎的优势在于，它拥有强大的品牌效应，并通过免费渠道产生流量，这是其他面向消费者的互联网平台难以与之匹敌的。数据显示，爱彼迎超过 90％ 的流量是通过直接和未付费渠道获得的，而最大的竞争对手 Booking 仅为 50％。Similar Web 数据显示，在第三季度，爱彼迎直接和未支付的流量占总流量的 91％，而 booking 占 65％。

爱彼迎受到欢迎的主要原因有以下几点。

一、据招股书显示，近几个月来，家庭和短途旅行的人数明显增加，应用程序内搜索开车所能到达的地区次数也在增长。为满足这一需求，爱彼迎（ABNB）更新了网站和应用程序，以积极宣传当地住宿，使客人可以找到适合的住所。

二、品牌效应突出引导流量自发增长。爱彼迎平台的价值在于，每增加一个房客，其都可能变成房东，这样形成了良性循环。这种品牌效应是其他潜在的竞争对手所不具备的。简而言之，作为一个在线平台，它也能够以最小的成本迅速扩大规模和品牌影响力。

三、轻资产模式提供了更大的灵活性。爱彼迎并不拥有其平台上的重资产业务，轻资产模式在管理成本方面提供了更大的灵活性，资产负债表弹性高。为了渡过疫情，爱彼迎在 2020 年第三季度的成本同比大幅下降了 34.6％，使其在该季度实现了盈利。

四、现金储备丰富，债务成本降低。据 The Information 估计，2019 年年中至 2020 年，爱彼迎花掉了 12 亿美元现金和凭借 IPO 融资得到的 31 亿美元及手头现金库存 45 亿美元。爱彼迎应该拥有足够的流动性维持未来 5 年的运营支出。

鉴于公司的独特定位，爱彼迎预计其增长速度将是现有在线旅行平台的 4～5 倍（2022－2025 年预订量的复合年增长率为 20％），EBITDA 复合增长率维持在 30％。

一、商业模式画布

商业模式画布是一种能够帮助团队催生创意、降低猜测、确保找对目标用户、合理解决问题的工具。做任何产品的最终目的是活下去，要活下去则必须有商业模式，而现在这个时代的商业模式不再是随便拍脑袋就能想得到了。这时商业模式画布能够有效帮助企业作分析。商业模式画布的构成要素包括以下几个。

(一)价值主张(价值定位)

价值主张是用来描述为特定细分客户创造价值的系列产品和服务。价值主张是客户选择一家公司而非另一家公司的原因，它解决了客户的困扰或者满足了客户的需求。每个价值主张都包含可选系列产品和服务，这些产品或服务能满足特定客户细分群体的需求。所以在这个意义上，价值主张是公司提供给客户的受益集合或收益系列。有些价值主张可能是创新的，会表现为一个全新的或者具有破坏性的产品或服务。而另一些可能与现存市场产品或服务类似，只是增加了功能和特性。

(二)客户细分

客户细分用来描述一家企业想要接触或服务的不同人群或组织。

客户构成了商业模式的核心。没有客户，就没有企业可以长久存活。为了更好地满足客户，企业可能把客户分为不同的细分领域，每个细分领域的客户具有共同的需求、共同的行为和其他共同的属性。客户细分可以定义为一个或多个细分领域。企业必须作出合理的决策，了解该服务哪些细分群体，该忽略哪些细分群体。一旦作出决策，企业就可以凭借对特定客户群体需求的深刻理解，设计相对应的商业模式。

(三)渠道通路

渠道通路用来描绘企业如何沟通并接触其细分客户，从而传递其价值主张。

沟通、分销和销售渠道构成了公司面对客户的接口界面。渠道通路是客户接触点，它在客户体验中扮演着重要角色。

渠道通路包含以下功能：提升产品或服务在客户中的认知；帮助客户评估其价值主张；协助客户购买特定产品和服务；向客户传递价值主张；提供售后客户支持。

(四)客户关系

客户关系用来描绘公司与特定客户细分群体建立的关系类型。

企业应该弄清楚希望和每个客户细分群体建立的关系类型。商业模式所要求的客户关系深刻地影响着全面的客户体验。

（五）核心资源

核心资源用来描绘让商业模式有效运转所必需的因素。

每个商业模式都需要核心资源，这些资源使得企业组织能够创造和提供价值主张、接触市场、与客户细分群体建立关系并赚取收入。不同的商业模式所需要的核心资源也有所不同。芯片制造商需要资本集约型的生产设施，而芯片设计商则需要更加关注人力资源。核心资源可以是实体资产、金融资产、知识资产或人力资源。核心资源既可以是自有的，也可以是公司租借的或从重要伙伴那里获得的。

（六）关键业务（关键活动）

关键业务用来描绘为了确保其商业模式可行，企业必须做的最重要的事情。

任何商业模式都需要多种关键业务。这些业务是企业为了成功运营而必须开展的。正如核心资源一样，关键业务也是创造和提供价值主张、接触市场、维系客户关系并获取收入的基础。关键业务也会因商业模式的不同而有所区别。例如对于微软等软件制造商而言，其关键业务包括软件开发。对于戴尔等电脑制造商来说，其关键业务包括供应链管理。对于麦肯锡等咨询企业而言，其关键业务包含问题求解。

（七）重要伙伴

重要伙伴构造模块用来描述让商业模式有效运作所需的供应商与合作伙伴的联盟。企业会基于多种原因打造合作关系，合作关系正日益成为许多商业模式的基石。很多公司创建联盟来优化其商业模式、降低风险或获取资源。

合作关系可以分为以下四种类型。

1. 在非竞争者之间的战略联盟关系
2. 在竞争者之间的战略合作关系
3. 为开发新业务而构建的合资关系
4. 为确保可靠供应的购买方、供应商关系

（八）收入来源

收入来源构造模块用来描绘公司从每个客户群体中获取的现金收入（需要从创收中扣除成本）。

如果客户是商业模式的心脏，那么收入来源就是动脉。企业必须问自己，什么样的价值能够让各客户细分群体愿意购买。只有回答了这个问题，企业才能在各客户细分群体上发掘一个或多个收入来源。每个收入来源的定价机制可能不同，定价机制包括固定标价、谈判议价、拍卖定价、市场定价、数量定价或收益管理定价等。

一个商业模式可以包含两种不同类型的收入来源：一是通过客户一次性支付获得的交易收入；二是经常性收入，指客户为获得价值主张与售后服务而持续支付的费用。

（九）成本结构

成本结构用来描绘一个商业模式所产生的所有成本。创建价值和提供价值、维系客户关系及产生收入都会引发成本。这些成本在确定关键资源、关键业务与重要

合作后可以相对容易地被计算出来。相比其他商业模式，有些商业模式，更多的是由成本驱动的。

成本驱动的商业模式：该模式侧重于在每个地方尽可能地降低成本。这种做法的目的是创造和维持最经济的成本结构，采用低价的价值主张，实现最大程度的自动化和广泛外包。

价值驱动的商业模式：有些公司不太关注特定商业模式设计对成本的影响，而是专注于创造价值；增值型的价值主张和高度个性化服务通常是以价值驱动型商业模式为特征的。

商业模式的关键价值在于为企业设计出一套可复制的方法来实现企业的快速、有效扩张，并且这套方法很难被其他企业复制。世界级管理学大师彼得·德鲁克说："当今企业之间的竞争，不是产品和服务之间的竞争，而是商业模式之间的竞争。"

二、互联网下的商业模式

互联网商业模式就是以互联网为媒介，整合传统商业类型，连接各种商业渠道，具有高创新、高价值、高盈利、高风险的全新商业运作和组织构架模式，包括传统的移动互联网商业模式和新型互联网商业模式。互联网商业模式没有固定的模式，只要能给顾客提供长期价值，就是一个好的模式。

(一) 互联网下商业模式类别

1. 多边平台式商业模式

多边平台将两个或者更多有明显区别但又相互依赖的客户群体集合在一起。只有相关客户群体同时存在的时候，这样的平台才具有价值。多边平台通过促进各方客户群体之间的互动来创造价值，多边平台也需要提升其价值，直到它达到可以吸引更多用户的程度，这种现象被称为网络效应。

多边平台运营的最主要成本是运营费用。因此，为了降低成本，运营商经常会通过为一个群体提供低价甚至免费的服务来吸引他们，并依靠这个群体来吸引与之相对的另一个群体。多边平台的运营商所面临的问题是选择哪个群体，以及以什么价格来吸引他们。

例如由单边到多边的苹果。苹果公司在 2003 年推出了 iTunes 音乐商店，这是苹果在开拓平台效应上的第一次尝试。iTunes 这种把音乐版权商和听众直接连接在一起的多边平台模式，使得苹果公司一跃成为当今全球最大在线音乐零售商。2008年苹果公司又推出了应用商店（App Store），进一步巩固了自己的多边平台战略。

2. 长尾式商业模式

长尾式商业模式的核心是多样少量。在该模式下，企业为利基市场提供大量产品，但每种产品相对而言卖得都少。利基产品的销售总额可以与凭借少量畅销产品而产生绝大多数销售额的传统模式相媲美。长尾模式需要低库存成本和强大的平台，使利基产品对于买家来说较容易获得。

简单来说，只要覆盖的渠道足够广，在生产产品的边界成本可以忽略不计的情况下，长尾模式是可以兼容一切企业发展战略的。对于传统企业来说，渠道建设和生产成本（人员工资、生产原料、固定费用等）是两部分极大的费用，所以长尾模式在传统企业中是无法孕育而出的。互联网的出现则完全满足了长尾模式运行的需要。

首先，互联网企业通过免费或低价的方式获取客户后，通过用户之间的自传播，可以实现较好的人群覆盖。其次，互联网的边际成本仅仅是服务器的存储费用，因此，长尾模式更容易在互联网巨头中产生，而不是在一些中小企业之中（因为中小型企业没有市场规模的优势）。

成功运用该模式的互联网公司包括亚马逊图书（原来线下实体书店最多只有几万本图书，而亚马逊上有几百万的图书）、视频网站（与新闻媒体一样，视频越多，用户越多，竞争对手的用户就会流失）、余额宝（小户的钱收集起来依然能撼动四大行的地位）、百度贴吧/豆瓣（论坛的小组都是固定的，但是贴吧/豆瓣的小组由用户自己建立，基本是我们想得到的在上面都有小组）等等。

传统企业要运用该模式，就必须要与互联网平台相结合，比较成功的案例有乐高玩具（依靠互联网让品类繁多的乐高模型卖到了全世界）等。

3. 免费式商业模式

在免费式商业模式中，至少有一个庞大的客户细分群体可以享受持续的免费服务。免费服务可以来自多种模式。该商业模式中的其他客户为非付费客户提供财务支持。免费模式在商业模式中是非常常见的，腾讯 QQ、微信、360、国美、苏宁、淘宝等都是利用免费模式快速起家。免费模式吸引并锁定了海量客流，依靠其他增值服务来实现盈利。

例如：用 QQ 聊天不用付费。用 QQ 的人越来越多，就会形成一个彼此分不开的黏性社区。之后，QQ 用户就不仅在这里聊天，还在这里玩游戏、看新闻、下载电影、购物。马化腾说："做免费 QQ 就是建立个人生活的平台，用的人越多，平台黏性就越强。一旦平台有了，想卖啥卖啥。"

4. 开放式商业模式

开放式商业模式可以用于那些通过与外部伙伴系统性合作，来创造和捕捉价值的企业。这种模式可以由外到内，将外部的创意引入公司内部，也可以由内到外，将企业内部闲置的创意和资产提供给外部伙伴。

5. 非绑定式商业模式

非绑定式商业模式存在三种不同的基本业务类型：客户关系型业务、产品创新型业务和基础设施型业务。每种类型都包含不同的经济驱动因素、竞争驱动因素和文化驱动因素。这三种类型可能同时存在于一家公司，但是理论上，这三种业务是独立的，这样可以避免冲突或不利的权衡妥协。

总部位于苏黎世的私人银行机构 Maerki Baumann 就是采取非绑定式商业模式的典范。他们将面向交易的平台业务分拆为驻内银行实体，这些实体为其他银行和证券商提供银行服务。现在，Maerki Baumann 本身则专注于建立良好的客户关系，并提供咨询服务。

商业模式比较见表5-1所示。

表5-1 商业模式比较

类目	长尾式商业模式	多边平台式商业模式	免费式商业模式	开放式商业模式	非绑定式商业模式
传统方式（之前）	价值主张仅针对大多数有利可图的客户	一种价值主张只针对一个客户细分群体	高价值、高成本的价值主张仅提供给付费客户	研发资源和关键业务都被集中在企业内部：只能在内部产生成果也只能在内部应用	一种包含了基础设施管理、产品创新和客户关系的整合型商业模式
挑战	针对低价值的客户细分群体提供特定价值主张成本太高	企业无法获得潜在新客户，这些客户感兴趣的是接触企业现有客户群	高价格挡住了用户	研发成本过高抑或生产率很低	成本太高。多种相互冲突的企业文化被整合到一个实体中，带来不利的权衡取舍
解决方案（以后）	针对之前的大量低价值的利基客户细分群体提供新的或附加的价值主张，所产生的累积收入同样可以有利可图	增加接触企业现有客户细分群体的价值主张（例如游戏机厂商为软件开发商提供接触其客户的方法）	针对不同的客户细分提供几个含有不同收入来源的价值主张，其中一个是免费的（或极低成本的）	通过利用外部合作伙伴来提高内部研发资源和业务效率。内部的研发成果被转化为价值主张，提供给感兴趣的客户细分群体	将业务拆分成三种独立但又相互联系的模式来处理：基础设施管理、产品创新、客户关系
原理	IT 和运营管理的发展，允许以低成本针对数量庞大的新客户发布量身定制的价值主张	在两个或多个客户群体之间搭建的中介运营平台，这些客户细分可以给最初的模型增加收入来源	付费客户群体为免费客户细分群体提供补贴，以便最大限度地吸引客户	从外部资源获取的研发成果成本会更小，并且可以缩短上市时间。未被利用的创新在出售给外部后可能带来更多潜在的收入	IT 和管理工具的发展允许以更低成本分拆并在不同的商业模式中协作，进而消除了不利的权衡取舍
案例	出版业、乐高	微软的家用游戏机、苹果 iPod、iTunes、iPhone	广告和报纸	葛兰素史克	私人银行移动运营商

三、商业模式设计

每个企业都有各自的特点，其商业模式也不尽相同。成功的商业模式能够产生具有自我强化能力的良性循环，能不断增强企业的竞争优势和战略定位。每一个企业或者创业者都想为自己设计一个独特的、全新的商业模式来超越其他企业。

(一)商业模式设计思路

商业模式指企业如何创造价值、传递价值和获取价值的基本原理，它由业务系统和盈利模式两个核心部分构成。商业模式设计就是企业基本盈利假设和实现方式，以及由此产生的不同价值链和不同资源配置的模式，其目的是最大化企业价值。

一个优秀的商业模式既不是一蹴而就的，也不是一成不变的。这是因为，企业自身是发展变化的，商业模式需要不断地修正和完善；产业环境和竞争态势也处于变化之中，商业模式需要进行新的设计和调整。商业模式设计既是创业机会开发环节中一个不断试错、修正和反复的过程；又是分解企业价值链条和价值要素的过程，涉及要素的新组合关系或新要素的增加。商业模式设计必须要基于企业现有的资源及市场竞争的现实。商业模式设计有以下几个步骤。

1. 寻找目标用户

精准的用户定位十分重要。没有产品或者服务能够解决所有用户的问题。另外，设计者应考虑产品或者服务解决了用户的哪些问题。从解决问题的层面上来看，刚需大于改善性需求。

2. 显性与隐性的盈利点设计(盈利模式)

一般，将刚需的设计成显性赢利点，将改善性需求的设计成隐性赢利点。

例如，用户购买线上课程就是用户的刚需，是显性需利点；与课程相关的教材和器具就是改善性需求，是隐性盈利点。

显性盈利点体现产品价值，撬动用户购买行为的杠杆，隐性盈利点用来承接用户，提供更深层次服务的产品或服务。

3. 业务流程设计(业务流程)

业务流程设计包括三个关键节点，一是营销引流的业务流程，主要解决产品或服务价值的渠道传播，是引入用户的过程；二是价值转化的业务流程，使用户认同产品或服务价值，形成订单；三是用户服务的业务流程，让用户有良好的用户体验。

4. 设置一定的壁垒(商业壁垒)

商业模式壁垒是项目核心竞争力的体现。一般壁垒会从产品本身和资源整合两个方面进行设置。有的产品本身就具备技术壁垒，比如获得了XXX专利技术，荣获国家XXX奖项等。另外，可通过外部资源整合设置壁垒，如获取某些授权书，建立绿色通道，取得深度合作等。

(二)商业模式设计的基本方法

每个创业者都想为自己的企业设计一个独特的、全新的商业模式来超越产业内现有的企业。虽然商业模式创新是一件非常困难的事情，但很多企业都在模仿改进现有商业模式的基础上收获了巨大成功，例如腾讯、百度等。

1. 全盘复制法

全盘复制法比较简单，即对经营状况良好的企业的商业模式进行简单复制，再根据企业自身状况稍加修正，主要适合同行业的企业，特别是细分市场、目标客户、主要产品相近或相同的企业。

全盘复制优秀企业的商业模式需要注意以下三点：一是复制不是生搬硬套；二是要注重对商业模式细节的观察和分析，不仅要在形式进行复制，更要注重在流程和细节上的学习；三是为避免形成竞争，可在不同时间和区域对商业模式进行复制。

2. 借鉴提升法

借鉴提升法指学习研究优秀的商业模式，提炼出优秀商业模式中的核心内容或创新概念，并与自身企业现阶段商业模式的相关内容进行对比，查找自身问题和不足。如果这些创新点比自身企业现阶段商业模式中的相关内容更符合企业的发展需要，企业就应结合实际需要，引用这些创新概念并使其发挥价值。

借鉴提升法也叫引用创新点法，其适用范围最为广泛，不同行业、不同竞争定位的企业都适用。

3. 逆向思维法

通过对行业领导者商业模式或行业内主流商业模式的研究学习，模仿者有意识地实施反向学习，反向设计商业模式，直接切割市场领导者或行业内主流商业模式未能覆盖的市场份额，并为这些客户打造相匹配的商业模式。

采用逆向思维法学习商业模式时要注意以下三个点：一是找到商业领导者或行业主流商业模式的核心，并据此制定逆向商业模式；二是企业选择逆向制定商业模式时，不能简单追求反向，需确保能够为消费者提供更高的价值，并能够塑造新的商业模式；三是要评估行业领导者可能采取的反制措施，并制定相应的对策。

4. 关键因素法

以关键因素为依据来确定商业模式设计的方法，可以分为五个步骤：一是确定商业模式设计的目标；二是识别所有的关键因素，分析影响商业模式的各种因素及其子因素；三是确定商业模式设计中不同阶段的关键因素；四是明确各关键因素的性能指标和评估标准；最后是要制定商业模式的实施计划。

5. 价值创新法

价值创新法指企业基于已经建立的优势或平台，依托消费者对企业的忠诚度或用户黏度，通过吸收和完善其他商业模式进行整合创新，使自己进一步在本领域拥有产业链优势、混合业务优势和相关竞争壁垒。价值创新模式主要适用于行业领导者或细分市场领导者，其余企业尚不具备整合所需的各项能力和要素。

采取价值创新的方式设计商业模式时，需要特别关注企业现有平台是否具备一定优势，能否承担整合平台的重任，否则价值创新将失去基础。

【案例分享】

三只松鼠

简介：三只松鼠成立于2012年2月，是以休闲食品为核心的品牌电商，主要从事自有品牌休闲食品的研发、检测、分装及销售。产品组合覆盖了坚果、干果、果干、花茶及零食等多个主要休闲食品品类。

1. 客户细分

三只松鼠聚焦的目标顾客是女性、年轻一族、白领、讲究健康品质生活的人。从百度指数对比分析来看，三只松鼠和恰恰香瓜子的搜索人群年龄分布差异明显。三只松鼠的主要客户群体是80后和90后。他们正在经历着新零售、新消费的升级，同时80后、90后也俨然成为消费市场上的主力军。他们接受新生事物的能力强，参与感强。三只松鼠也正好赶上了这波零食消费升级的浪潮，以互联网第一坚果品牌之姿，夺得战略先机。

2. 价值主张

三只松鼠秉承以顾客为导向的销售理念，崇尚用户体验至上。品牌信仰是要实现为全人类寻找最优质、最新鲜、最健康的森林食品。三只松鼠提供的不仅是休闲食品，更是一种极致的服务体验。在满足用户口舌之欲后，还要满足用户的情感需求，形成坚果＝三只松鼠的烙印，占领用户心智。三只松鼠的名字好记，拟人化强。网上客服与用户互动的过程也非常具有卖萌营销的特点。随包裹附赠的开箱神器鼠小器，包括湿纸巾，密封夹、萌版卡套等都在细节上超出了用户期待。三只松鼠不断依托品牌形象，开始涉及电影、动漫及相关衍生品。此类业务将成为公司新的增长点。

3. 渠道通路

三只松鼠销售收入主要通过天猫商城、京东等第三方平台实现。其中，2016年度，通过天猫商城实现的销售收入占营业收入的63.69％。自2013年到2016年，三只松鼠双十一的成交额均保持"零食/坚果/特产"类目第一名。2016年底，三只松鼠进军线下体验店。目前，三只松鼠已于芜湖、苏州、蚌埠、南通开通四家投食店。这些投食店位于休闲区域，客户可以在里面上网、唱歌、喝奶茶。投食店中还摆放有三只松鼠的周边衍生品。剩下一小部分区域才是三只松鼠的产品区。

4. 客户关系

三只松鼠把品牌的动漫形象做到了极致，潜移默化地在消费者心中形成了独特的萌文化。渗透到每一个销售环节的IP营销。公司对三只拟人化松鼠在动漫和电影上的开发，使三只松鼠拥有近4000万的粉丝群体。截至2016年4月，对2300万购买用户的调查发现，二次购买率超过51％，每年有1000万用户与三只松鼠进行交流，并与松鼠建立了一定的情感联系。线下体验店通过设计各种活动吸引顾客参与，产生了极强的口碑效应。

5. 收入来源

三只松鼠主营业务构成中，坚果产品的营业收入占比较大。报告显示，公司2020年实现营业总收入97.94亿元，同比下降3.72%，净利润为3.01亿元，同比增长26.21%，每股收益为0.75元，同比增长19.05%。从产品结构来看，坚果类收入为48.48亿元，占营业收入的49.50%；烘焙类收入为16.18亿元，占营业收入的16.52%；肉制品收入为12.97亿元，占营业收入的13.25%；果干类收入为7.73亿元，占营业收入的7.9%；综合类收入为11.48亿元，占营业收入的11.72%；其他类收入为1.09亿元，占营业收入的1.11%。可以看出，坚果类仍是三只松鼠的主要收入来源，其他类产品收入与之相比有很大的差距，也说明其他品类业务拓展尚未形成有力支撑。

公司通过互联网将原材料种植方、加工场所与终端用户连接，开创了以坚果为代表的互联网休闲食品零售新模式，受到了各级政府在财政补贴等方面的支持，获得了一定的政府补助。2016年度，公司获得的政府补助项目总额为2742.63万元。未来，品牌IP衍生产品的开发将会为公司带来新的收入增长点。

6. 核心资源

松鼠老爹章燎原在詹氏食品公司干了9年，从营销员做到总经理，把詹氏的一个品牌做到1个多亿。丰富的人生经历为章燎原的创业带来非同寻常的用人和管理哲学。天猫上的用户评价，以及提供的数据和社交互联网提供的数据，可以驱动三只松鼠更好地管理供应链，并进行有效的创意设计和营销。2012年至2015年，IDG资本、今日资本、峰瑞资本等风投机构给三只松鼠提供了将近5亿元的资金支持。三只松鼠发明了一套用户体验模式，为其积累了大量的口碑资源。

7. 关键业务

三只松鼠作为一家具有互联网基因的休闲零食电商企业，需要做好供应链管理、物流配送、品牌营销、线下门店管理等业务。2015年，三只松鼠成立了松鼠廉署。供货商必须接受培训，经考试合格后才能进入供货环节。2016年，三只松鼠又运行了一套云中央品控系统，可以实时抓取用户反馈，并将问题追溯到从供货商到客服的所有环节。目前，三只松鼠已在全国10个城市设有仓储和配送中心，可实现日处理订单量约125万单。独特的品牌运营模式增加了消费者的黏性和品牌忠诚度。

8. 合作伙伴

三只松鼠给自己的定位是产业链平台。供应商、加工厂商、销售平台、物流快递都是三只松鼠的合作伙伴。三只松鼠还有一个产品研发平台，277个供应商，每家贡献两到三个研发人员在这个平台，全国15所院校的教授也参与其中。销售方面的合作伙伴主要指天猫、京东等线上平台。IDG、今日资本、峰瑞资本及一些银行机构是三只松鼠重要的资金合作伙伴。三只松鼠还与乐视动漫、工夫动漫开展合作，研发IP衍生品。

9. 成本结构

平台流量推广费、平台佣金、包装费、物流运输费用是三只松鼠的主要成本支出项。2016年这四项支出累计为6.97亿元，占销售成本的60%以上。近三年公司天猫店的推广费用共计1.31亿元。同时，公司在《欢乐颂》《微微一笑很倾城》等热播剧中，花费了2000万元进行品牌植入。公司计划两年内投资2.45亿元，用于线下实体门店的租赁、装修等。为实施电商2.0战略，三只松鼠分别成立了松鼠萌工场和松鼠娱乐两家公司，前者主要从事三只松鼠品牌相关的动漫、绘本及周边等配套产品的开发工作；后者主营业务为主题游乐园服务及运营管理、电影、电视剧、动漫的发行制作等。这些业务都需要投入大量的资金。

10. 三只松鼠的商业画布

三只松鼠的商业画布如图5-2所示。

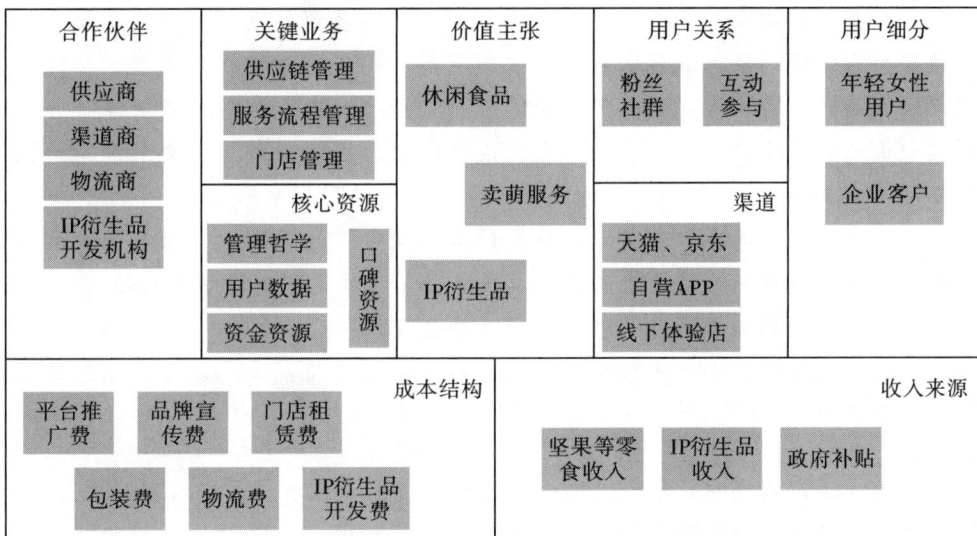

合作伙伴	关键业务	价值主张	用户关系	用户细分
供应商 渠道商 物流商 IP衍生品开发机构	供应链管理 服务流程管理 门店管理 核心资源 管理哲学 口碑资源 用户数据 资金资源	休闲食品 卖萌服务 IP衍生品	粉丝社群 互动参与 渠道 天猫、京东 自营APP 线下体验店	年轻女性用户 企业客户
成本结构			收入来源	
平台推广费 品牌宣传费 门店租赁费 包装费 物流费 IP衍生品开发费			坚果等零食收入 IP衍生品收入 政府补贴	

图5-2 三只松鼠的商业画布

【思考练习】

1. 生活中常见的商业模式有哪些？怎样理解互联网时代下的商业格局？

2. 请思考共享单车的商业模式是怎样的。

▶ 第三节 市场选择与营销策略

学习目标

1. 掌握市场细分的依据和目标市场的选择策略。

2. 掌握4P营销策略，熟悉互联网营销的方式。

阅读材料·

小米手机的高配低价

小米公司，从创业初期开始，采用的就是成本领先战略。当同配置的智能手机标价都在 3000 元左右时，小米手机却通过死磕供应链，最终把产品价格定在 1999 元，这让很多之前买不起智能手机的青年用户大为心动，也让小米成功打开了市场，快速从创业公司成长为一方诸侯。

通过单纯的线上销售，生产外包等手段，小米科技形成了典型的依赖互联网进行交换、消费等经济活动的互联网经济模式。除了运营商的定制机外，小米只通过电子商务平台销售，最大限度地省去了中间环节。小米通过互联网直销，使运营成本相比传统品牌大大降低，从而降低了终端销售价格。成本企划要求将降低产品成本的重心由传统的生产阶段追溯至开发、设计阶段，在保证产品主要功能与价值的前提下削减成本。

在供应商整合方面，小米通过与物料供应方及电信运营商建立长期的战略合作关系来提高自身议价能力，实现采购成本的降低。另外，利用网络平台销售的模式，小米实现了按需定制和零库存，降低了物料储存成本。

在智能手机领域，小米手机的配置是同行业里性价比最高的，这种高配低价吸引了大批的消费者。

小米进入手机市场时，苹果已经成为手机市场的领跑者。人们对智能手机稳定、快速的体验已经有了清晰的认识，甚至形成了偏好。但是由于苹果手机价格高，许多人望而却步。围绕低价位智能手机的战略定位，小米手机从设计、生产、供货、销售等每个重要环节入手，环环相扣，最终通过多种手段实现了高配低价。

创业者在最初创业时资源有限，很难覆盖整个庞大的市场，还可能面对各种竞争。随着个性化消费时代的到来，因不同消费者的消费需求不同，需求动机和购买行为越加多元。所以，创业者和初创企业需区分消费者，寻找最适合企业的消费者市场。这就要通过市场细分进行目标市场选择，并通过市场定位再次明确客户对市场的认同度。

企业确定了目标市场之后，下一步就要运用正确的营销策略占领市场，并且选择一个适合的目标市场进行市场拓展。营销的本质是提高销售成功的概率。好的营销不需要推销环节。企业的各项营销活动都是与对手企业在市场上展开的一场博弈。要想赢得这场博弈，就要遵循统一的市场规则，要对自身和对手的状态、所处的市场环境进行充分的了解和把握。这是市场拓展工作的重要课题。我们重点从营销战略和营销策略两个维度分析企业在营销层面应如何配合目标市场战略，打开局面。

一、市场选择

(一)市场细分

1. 市场细分的概念

市场细分最早是由美国市场学家温德尔·史密斯于1956年提出的，按照用户特征把总体市场划分成若干具有共同特征的子市场。根据市场细分的思想，分属同一市场细分市场的消费者，他们的需要和欲望极为相似，而分属不同细分市场的消费者对同一类产品的需要和欲望存在明显的差别。例如个人住房需求市场有三类消费者：一是出于居住目的购买住房；二是出于出租获利目的购买住房；三是出于待房价上涨时出售获利目的购买住房。因此，个人住房市场可细分为：自住市场、投资市场和投机市场。各个细分市场又可以根据消费者对房屋所处的地理位置、面积大小等因素进一步进行细分。因此，市场细分不是对产品进行分类，而是对同类产品需求各异的消费者进行分类，是识别具有不同需求或需要的购买者或用户群的活动。

2. 市场细分的作用

(1)有利于选择目标市场和制定市场营销策略

市场细分有利于了解消费者的需求。针对较小的目标市场，企业可制定特殊的营销策略。同时，在细分的市场上，容易了解和反馈信息，一旦消费者的需求发生变化，企业可迅速改变营销策略，制定相应的对策，以适应市场需求的变化，提高企业的应变能力和竞争力。

(2)有利于发掘市场机会，开拓新市场

通过市场细分，企业可以对每一个细分市场的购买潜力、满足程度、竞争情况等进行分析对比，从而探索出有利于本企业的市场机会，使企业及时根据自身的生产技术条件制定新产品的开拓计划，进行必要的产品技术储备，掌握产品更新换代的主动权，开拓新市场，以更好适应市场的需要。

(3)有利于集中人力、物力投入目标市场

任何一个企业的资源、人力、物力、资金都是有限的。通过细分市场，企业可选择适合自己的目标市场，集中人、财、物等资源，去争取局部市场优势，占领目标市场。

(4)有利于企业提高经济效益

上述市场细分的作用都能帮助使企业提高经济效益。除此之外，企业通过市场细分后，可以生产出适销对路的产品，既能满足市场需要，又可增加企业的收入。产品适销对路可以加速商品流转。企业可加大生产批量，降低生产销售成本，提高生产工人的劳动熟练程度，提高产品质量，从而全面提高企业的经济效益。

3. 市场细分的依据

对同一产品的多样化的市场需求通常是由多种因素造成的，这些因素就是市场细分的依据。企业在进行市场细分时要借助适当的、科学的细分依据。就消费者市场而言，影响细分市场的因素主要有：地理环境因素、人口统计因素、消费心理因素、消费者行为因素、消费受益因素。

（1）基于地理环境因素的地理细分

以地理变量作为消费者市场细分的基础是因为地理因素影响消费者的需求和反应，如在自然气候、传统文化、经济发展水平等的影响下，各地区消费者形成了不同的消费习惯和偏好，并有不同的需求特点。例如，美国东部人喜爱较淡的咖啡，西部人喜爱较浓的咖啡。美国通用食品公司针对上述不同地区消费者偏好的差异来推销不同味道的咖啡。

（2）基于人口统计因素的人口细分

有学者提出，人口统计因素主要包括年龄、性别、收入、职业、种族、教育、家庭规模、国籍等因素。消费者年龄不同，消费欲望和购买能力也会不同。根据年龄结构可以把消费者市场分为儿童市场、青年市场、中年市场、老年市场。在性别差异方面，女性渐渐成为许多领域的消费主体，如时装、首饰、美容、厨房用品等。在瞄准女性消费市场的同时，也要关注男性消费市场的需要。

（3）基于消费心理因素的心理细分

因社会阶层、生活方式或个性特征等的差异，即使具有相同特征的群体，在心理特征上也可能不同。例如服装，有人喜欢传统的，有人喜欢新潮的；有人喜欢严肃的，也有人喜欢活泼的；有人喜欢节俭的，有人喜欢奢华的等等。美国有的服装公司甚至把女性分为朴素型、时髦型、男子气质型等不同类型，并为其分别设计款式和选择面料。

（4）基于消费者行为因素的行为细分

在购买行为上，既有消费数量偏好，又有消费时机等的差异。如化妆品公司为了使女性消费者购买更多的产品，推出了日霜和晚霜。

（5）基于消费受益因素的受益细分

消费者由于各自追求的利益不同，可能会被某种产品的不同特征所吸引。对于牙膏这一产品，消费者关心的点就有很大差异，有特别关心口味的，有注重价格的，有格外关注防止蛀牙的，有强调美白的，也有关注全面护理的等。企业可通过调研掌握消费者对于某类产品的各种利益追求。

阅读材料

三只松鼠：着眼细分市场

三只松鼠成立于 2012 年，是一家从事休闲食品的研发、分装及销售的现代化新型企业。

着眼细分类，只做坚果类老大的三只松鼠可以说在成立之初的定位就非常明确。三只松鼠的品牌形象跟这个定位也是非常切合的，因为我们都知道，松鼠爱吃坚果。

三只松鼠将目标客户群体瞄准目前使用网络最多且对休闲食品需求最大的80后、90后，以及00后。产品研发包装、广告及客服都围绕年轻人的购物习惯和偏好展开，以满足年轻消费群体的需求为目标。

三只松鼠善于营造生活化的场景，按照目标群体的不同进行不同的生活化宣传，激发人们的购买欲望。对于白领，三只松鼠就是白领可以放在办公桌上的零食，对于学生，三只松鼠则打造学生包装并通过电视剧植入宣传，成为学生爱吃的零食。每逢春节，三只松鼠又以春节伴手礼的形象出现。可以说，公司为产品赋予了故事性。

三只松鼠的产品并不是市场上稀缺的，年轻的消费者看中的是产品的质量和个性化服务。

(二)目标市场

市场细分的目的就是根据细分情况选择目标市场，以相应的产品和服务去满足现实的或潜在的消费需求。

在选择目标市场前，创业者和创业企业应对细分市场进行评估，判断细分市场是否具备目标市场的基本条件，即是否有适当的市场规模与增长潜力，是否有足够的市场吸引力，是否符合企业的发展目标等。

通常，目标市场选择有三种策略。

1. 无差异化的目标市场选择

无差异化的目标市场就是将整体市场作为创业企业的目标市场，推出一种服务或产品，实施一种统一的营销策略或营销组合，以满足整体市场的某种共同需要。在这个市场内，企业把市场作为一个整体，不考虑实际存在的个别和部分需求差异，因此在营销上会依靠相同主题的广告和其他促销策略。例如，20世纪80年代中期及以前的很长一段时期内，第一汽车制造厂基本上只生产单一规格、单一车型、单一颜色、单一价格的解放牌卡车，并且产品畅销全国。

这种策略的优点是生产、经营和营销成本较低。因为产品品种相对单一但批量大，销售面广，广告投入比较集中。这种策略适用于一些消费者有共同需要、差异性不大的商品，或者市场处于卖方市场即商品供不应求，竞争相对不激烈的情况。

2. 差异化目标市场选择

差异化目标市场选择指企业根据各个细分市场中消费需求的差异，设计生产出针对不同客户群体的不同产品或提供不同服务，同时制订相适应的营销策略，去满足不同细分市场客户的需求。这是一种复合式的目标市场选择策略。企业在每个细分市场内都有自己的产品或者服务，产品的特性甚至类别明显不同。每个细分市场内产品的价格只为该市场的顾客所接受。另外，各种产品或服务有自己相应的销售促销渠道，企业需要依据产品或服务的特点制定策略。

这种策略的优点是：第一，能够以客户为中心，满足不同客户的需要，有利于增加销售收入；第二，企业同时在几个细分市场中占优势，有利于提高企业声誉，树立良好的企业形象，增进消费者对企业和产品的信任，提高市场占有率。这种策略的缺点是：第一，企业资源分散于各个细分市场，由于不能集中采取策略，相对不容易突出竞争优势；第二，由于需根据不同市场采取不同的销售策略，其相对成本较高。

3. 集中化目标市场选择

集中化目标市场指创业企业在众多子市场中只选择一个细分市场进行营销，即面对一类客户群体的单一目标市场。针对单一市场，创业企业必须充分了解选定的细分市场客户群体的消费特点并营销对路。企业可以选择能将产品或服务信息传达到特定客户群体的媒介，不一定要大量投放面向大众的广告。在制定产品或服务价格时，企业需考虑消费群体对价格的敏感程度。

集中化目标选择是初创企业最为适合的一种市场选择策略。选择一两个能发挥自己技术和资源优势的细分市场，不仅能帮助创业企业大大节省营销费用，还可以因为生产、服务、销售的专业化，更好地满足特定客户的需求，从而取得竞争优势。因此，对于市场细分的判断和目标市场的选择就显得非常重要。例如，只生产婴幼儿护理产品的满趣健公司，就采用了集中营销策略，专注为婴幼儿提供舒适的产品和服务。

二、市场营销策略

(一)市场竞争战略

确定市场营销策略，首先要明确市场竞争战略。基于市场环境分析，企业应了解主要竞争对手的优势和自身竞争优势。迈克尔·波特提出了三种基本的竞争战略，包括成本领先战略、差异化战略和集中化战略。

1. 成本领先战略

成本领先战略是在保障质量的前提下，企业努力地把生产和分销成本降到最低，以确保价格优势，抢占市场份额。成本领先战略的核心不是低成本，而是成本比别人低。如果该行业是不断升级变化的，那么维持低成本的压力就会比较大。例如，手机市场就是一个竞争激烈的行业，而小米手机在竞争对手的衬托下，明显具有价格优势，成为低成本战略的典型。

2. 差异化战略

差异化战略是指企业集中精力创造高度差异化的产品线和营销方案，从而成为某一细分类别的领先者。企业可以在产品设计、技术特性、销售网络、品牌形象、用户服务等方面打造差异化。在汽车领域，奔驰在技术特性上注重舒适性，沃尔沃注重安全性，宝马则注重操控性。

3. 集中化战略

集中化战略指企业集中精力服务于几个细分市场，将重点目标放在某种特殊用途的产品上或某一特定区域中，从而建立自己的竞争优势。这种战略对中小企业尤其适用。例如，体现自由、炫酷的哈雷·戴维森摩托、凝聚年轻人潮流文化的哔哩哔哩网站等，就是聚焦细分市场的体现。

(二)市场营销策略

市场推广的最大任务就是销售产品和提升品牌。要完成这两项任务，首先要制定正确的市场推广策略，即市场营销策略。传统的市场营销策略是以目标市场为核心，通过产品(Product)、价格(Price)、渠道(Place)、促销(Promotion)等要素的创新，吸引目标群体，说服消费者购买产品和服务，即 4P 营销策略。

1.产品策略

这是 4P 营销策略中的重要组成部分，也是核心。许多创业者是基于新产品或产品线来创建企业的，因此创业者需要了解产品的哪些属性是消费者看重的，以及消费者在每个属性上是如何评价产品的。应用产品策略时，需思考以下几个问题。针对本地区的目标客户，产品性能如何？有哪些特点？外观与包装如何？服务与保证如何？雀巢咖啡刚刚上市时，产品定位较高，市场反应不是很好。后来雀巢转变了产品策略，针对不同层次、不同国家的消费者推出了不同的产品。迎合了不同区域消费者的需求。

2.定价策略

定价策略的运用体现在制定价格和变动价格。企业通过调整基本价格、折扣价格、付款期限等定价技巧，实现营销目标。采取定价策略时，需思考以下几个问题。定价是否符合企业的竞争战略？顾客可以接受的价格和企业的合理利润是多少？

3.渠道策略

合理地选择分销渠道，搭建渠道销售体系，有利于提升销售能力。渠道策略包括覆盖的渠道、商品流转、中间商、网点设计、储存运输等的组合运用。采取渠道策略需思考以下问题。产品通过什么渠道销售？如何将产品顺利地送达目标客户？

4.促销策略

促销策略指借助各种信息传播手段影响消费者，刺激购买欲望。采取促销策略需考虑以下问题。该选择什么促销方式？选择什么促销渠道能更有效地触达目标客户？什么样的促销能打动客户？以雀巢咖啡为例。面对年轻人为了梦想拼搏奋斗的现状，雀巢推出了"再忙，也要陪你喝杯咖啡"的广告语，呼吁年轻人再忙也要陪伴家人，一杯咖啡也是关爱。这一主题在当时引起了强烈反响。

在以上营销策略中，价格策略是最灵活的，也是最常用的。然而实践中，最容易出现失误的恰恰是价格策略。常见的错误有：随意变价损坏顾客利益，影响企业形象；随意变价损坏下游经销商的利益；随意变价，错误地估计了竞争对手的反应。

(三)互联网营销

互联网营销也称网络营销，是网络创业和互联网创业最常用的营销方式。它与传统市场营销的最终目标一样，只是通过网络渠道推动企业产品或服务的销售，明显不同的是对数字媒体的运用。传统的媒介一般是一对多的方式，企业与消费者之间的沟通互动是有限的，如果有促销活动，也只是小部分群体能直接与企业沟通，这是一种推式营销。而在互联网上，消费者能根据自己需求主动联系企业，搜索网络信息企业和消费者之间的沟通互动出现了多种方式，既有一对多，又有一对一、多对多等。这就形成了拉式营销。

企业要开展网上营销，就要选择适合网上销售的产品，搭建网站，开展线上推广，促使来访的用户下单购买。这些综合起来就是网络营销的完整内容体系，包括以下几个方面。

1. 产品定位

不是所有的产品和服务都适合上网营销。做好网络营销，首先要对产品进行精准定位，因此有必要回答以下问题。网络销售的产品打算卖给谁？他们在哪里？网上的竞争对手是谁？做得怎么样？选择的产品利润空间如何？是否值得在网上推广？与同行相比，这些产品有什么独特的卖点和优势？

2. 平台搭建

做好网络营销，还要解决在哪里卖的问题。企业要根据自身的资源条件进行选择，重点思考以下问题。是自己搭建网站，还是入住第三方平台，还是两者共同推进？如果选用第三方平台，哪个更适合自己？如何搭建营销网站，提高曝光率和搜索的展示率？网络营销平台的主要表现形式有官方网站、第三方平台、在社交媒体上经营的博客、论坛等社区、基于移动端的微店、微信公众号、应用程序、小程序等。当前许多大公司自行搭建了官方网站和电商旗舰店。长期来看，自行搭建平台可以节省付给第三方平台的推广费用，更重要的是可以自留用户群体，便于后期维护和陆续转化。

3. 在线推广

产品和平台是开展网络营销的基本条件，在线推广是为了在有限的页面更好地展示自家商品。如何成功导入优质的访问流量，为后面的销售环节储备有效线索，是推广是否有效的关键。根据推广渠道，常见的在线推广方式有：搜索引擎推广（如百度、谷歌、360 等浏览器的电脑端和手机端）、电子邮件推广、论坛推广、博客微博推广、微信推广、QQ 推广、应用程序推广等。只要有客户流量的平台，都可能成为企业在线推广的渠道。选择推广方式的主要依据除了资金预算外，关键是看目标用户的网络行为习惯。

推广产品或做站外引流，有付费和免费两种类型。一般带有广告字眼的都是付费推广，常用的免费推广平台还有博客类平台（新浪博客、网易博客、凤凰博客等），微博类平台（新浪微博、腾讯微博、网易微博等），论坛类平台（百度贴吧、天涯论坛、新浪论坛、搜狐社区、凤凰论坛、网易论坛等），问答平台（百度知道、360 问答、搜狗问答、知乎、搜房问答、39 健康问答等），百科类平台（百度百科、360 百科、互动百科等）。每个推广平台的主要用户群体是不同的，因此要根据自己产品的目标市场进行针对性地选择，构建渠道通路。

4. 在线销售

有吸引性、有价值性的内容、活动能帮助企业储备大量流量，将这些流量转化为订单，是营销的主要目的。推广期间，企业可以根据后台实时数据跟踪推广效果。

在互联网时代，要想做好互联网营销，有效辅助市场开拓，首先要树立互联网思维。互联网思维包括用户思维、流量思维和迭代思维。

（1）用户思维

这是互联网思维的核心。用户思维是以用户为中心，学会站在用户角度思考问题，发掘用户的真正想法和需求。以一份食品为例，如果企业想告诉消费者的是这份食品的食材有多好，这叫产品思维；如果企业关心的是这份食品是否让客户感到健康安全、快捷、实惠，这就叫用户思维。

（2）流量思维

对于互联网来说，流量即入口。许多企业之间的补贴大战，说到底都是为了抢流量。在互联网竞争行业中，免费往往成了获取流量的首要策略。互联网产品开始大多不向用户直接收费，而是用免费策略极力争取用户、储备用户。免费的核心是如何将流量变现。流量变现有三种方式：基础服务免费，增值服务收费，如 WPS；短期服务免费，长期服务收费，如有免费会员试用期的软件；用户免费，第三方付费，如美团、饿了么。

（3）迭代思维

互联网发展变化太快，企业没有太多的时间来进行详细的计划和调查。所以企业应多关注消费者的需求情况，根据消费者需求的变化进行微创新，小步快跑，快速迭代（试错），以最低版本的产品和低成本投入，不断总结问题，丰富用户体验，满足用户需求。

阅读材料

养殖户如何玩转微信

微信已经成为中国移动互联网领域最成功的产品之一。新时代的养殖户，应该如何玩转微信呢？

通过微信结交养殖圈内的朋友

手机通讯录或 QQ 好友可转换成微信好友，微信页面上端的栏目"发现"里的扫一扫、摇一摇、附近的人或漂流瓶等功能也能帮助养殖户找到周边兴趣爱好相同的朋友。如果养殖户在养殖过程中遇到困难可以向熟悉的朋友咨询，也可在朋友圈中转发，圈子内的朋友会给你出谋划策。同时，养殖户还可在朋友圈转发自己的饲养心得，帮助其他朋友，赢得朋友的信任。

订阅畜牧行业微信公众号，学习养殖技术

目前很多畜牧行业的生产企业和行业网站都开设微信公众号。这些公众号每周都会发送一些对养殖行业影响较大、和养殖户息息相关的市场信息及养殖相关的专业知识。"百宜饲料"微信公众号，每周都会发布两篇有关全国生猪收购价格分析及走势的文章。由湖南百宜集团控股的湖南百宜种猪有限公司的养猪专家也会定期撰写一些关于提高生猪养殖技术及猪疫防治的文章。养殖户订阅了公众号后，通过手机微信就可以获得很多实用、有价值的养殖信息。另外，"百宜饲料"微信公众号也会定期发布一些产品优惠促销信息，养殖户如能抓住时机，也能节约一大笔开支。

通过微信商城购买优质饲料产品

微信购物是2014年移动电子商务最火爆的事件之一。微信商城是腾讯和淘宝争夺移动端客户的重要阵地。目前人们的消费习惯向移动端转移，消费时间和地点越来越不拘泥于形式。不像淘宝或京东等电子商务平台，微信商城顺应了"去中心化"的发展趋势。用户在微信上本来就是畜牧企业公众号的订阅用户，是企业的粉丝，来企业的微信商城购物就是对企业品牌的认可。前文提到的湖南省宜章县养殖户李先生以前是百宜饲料的淘宝客户之一，百宜饲料微信商城开张后，他就喜欢在"百宜饲料"微信商城下单，因为在微信中购买饲料过程简单，另外百宜饲料对在微信商城购买的客户给予了一定的优惠。养殖户只要关注"百宜饲料"微信公众号，成为其订阅用户，在百宜饲料微信公众号中，找到百宜商城菜单里的微信商城，在微信商城里选择满意的商品后就可以下单。下单付款既可通过支付宝、银行卡，也可以联系客服，直接把饲料款转账到公司指定的账号上。整个购物体验既便捷又安全，同时还能享受百宜微信商城的开业优惠促销活动。

【案例分享】

天美时钟表的崛起

美国天美时钟表公司起初只是一个不大起眼的公司，因此，公司极力想在美国市场上撕开一条口子，大干一番。那时，知名的钟表公司几乎都是以生产名贵腕表为目标，而且要通过大百货商店、珠宝商店进行推销。可是，美国天美钟表公司通过市场营销研究发现，市场上的购买者可分为三类：第一类消费者希望能以尽可能低的价钱购买能计时的腕表，他们追求的是低价位的有效品，这种消费者占23%；第二类消费者希望能以较高的价钱购买计时准确、更耐用或式样好的腕表，他们既重有效，又重美观，这种消费者占46%；第三类消费者想买名贵的腕表，主要是买来作礼物，他们占整个市场的31%。美国天美时钟表公司意识到，一个潜在的充满生机的大市场就在眼前。于是，他们依照第一、二类消费者的需要，制造了一种叫作"天美时"的物美价廉的腕表，一年内提供保修。同时，公司利用新的销售渠道，通过商店、超级市场、廉价商店、药房等的大力推销，提高了市场占有率。最后，天美时成为世界上最大的钟表公司之一。

【思考练习】

1. 美国天美时钟表公司将市场上的购买者分为几类？这种细分是否有效？该公司的营销策略是如何表现的？

2. 结合本节所学，讨论分析互联网营销与传统营销的区别和各自的优势。

【活动体验】

训练指导书

训练名称	商业思维训练
训练目的	体验与训练商业思维的能力
训练所需器材	身份名牌、白板、纸币卡牌、彩笔
训练要求	案情：模拟金融公司运营，给小组每个人分配不同的角色，让大家从自身工作角色出发，绘制个人理解的商业模式规律。 规则：在规定时间（30分钟）内，与不同角色探讨自己对金融市场的认知，最后回执认知宫格汇总表。
所提问题记录	
训练结果	完成训练所用的时间：_____　　训练结果：_____
体现原理	
训练总结与反思	

训练指导书

训练名称	咖啡店营销策略
训练目的	体验训练营销策略的制定
训练所需器材	A4纸、中性笔
训练要求	案情：根据学校附近商业街模拟开设的咖啡店等创业项目，从营销策略的思考维度分析新创阶段的营销策略。 规则：在规定时间（30分钟）内，小组完成营销策略的思考问题，并互相交流。
所提问题记录	
训练结果	
体现原理	
训练总结与反思	

第六章 创业者与创业团队

▶ 第一节 创业者

学习目标

1. 了解创业者的概念。
2. 熟悉创业者的能力。
3. 掌握创业者素质培养。

阅读材料

走在扶贫前沿的创业者

　　草芝源金银花项目以山东中医药大学中药资源与质量控制实验室为研发平台，结合革命老区沂蒙山道地药材金银花种植混乱、农户种植水平低等长期存在的问题，通过为农户提供种植技术指导、选育"华金 6 号"新品种并推广种植、与医药企业合作等方式，将团队的科研成果更好地转化为扶贫工具。基于以上几点，团队成员于2017 年成立了济南草芝源中医药发展有限公司。本团队还研发了金银花茶、金香解毒止痒液等一系列具有自主知识产权的金银花产品，提高了金银花的附加产值，打造了对贫困地区产种销"一条龙"的帮扶模式。

　　该创业项目实效显著，在金银花产业提质增效、精准扶贫和生态环境改善等方面都产生了巨大的经济效益和社会效益。团队在沂蒙山革命老区、鲁西南革命老区、胶东革命老区、延安革命老区等多地开展金银花新品种与种植技术推广工作 10 余年，共推广种植"华金 6 号"13950 亩，惠及农户 3878 户，每户平均增收 2.3 万元；通过技术指导和服务，培训 1.6 万人次，惠及 56 个贫困村共计 10.2 万农户；全国通过 GAP 认证的金银花种植基地总有 6 处，其中 5 处是经本项目团队成员指导认证的，占全国金银花GAP认证基地的77.26%。另外，项目还带动了当地金银花产业的结构升级和发展。通过金银花的初加工和深加工，项目带动当地建设了20余家中药材饮片加工企业，并通过与王老吉、康缘药业和三精制药等企业合作，保障了药农的销售。同时，因为"华金6号"抗盐碱、耐贫瘠的特性，团队共带动农户开垦荒山、盐碱地，种植金银花7200亩，产生了极大的生态效益。

一、创业者的概念

创业者是通过创造和创新能力识别创业机会、创建新事业并实现其价值过程的人。由此可以看出，识别创业机会、创建新事业并实现其价值是创业者的最终目标，也是创业者的行为方式。

创业倾向是建立企业的第一步，作为创业活动的前端，对整个创业过程至关重要。研究者认为，影响创业倾向的因素主要有两个：一是想要创业的愿望；二是对创业可行性的认知。创业者的个体特征和外界环境都会影响创业倾向，进而影响能否创建新企业。创业倾向是从事创业活动的主观态度或兴趣，受到社会、环境、资源和资金等综合条件的影响，具有不确定性，会随创业者主观思想的变化而变化。除去外在因素的影响，就创业者自身而言，是哪些因素影响了创业者行为和目标的实现；这些影响因素是否可以通过教育或其他手段获得，以促进创业行为的开展，这已成为创业教育的重要议题。

比尔·博尔顿和约翰·汤普森在《创业者天赋、性格和机会》一书中，基于对创业者和创业者行为的研究，提出创业者行为三角模型。模型由性格、天赋、技能组成，天赋和技能是第一阶层的能力，而性格属于第二阶层的能力，三者相互影响。如图6-1所示。

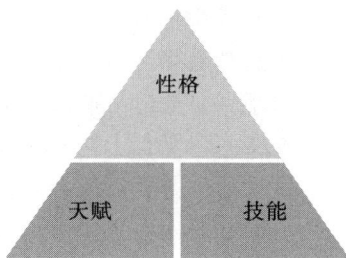

图6-1 创业者行为三角模型

二、创业者的能力

创业过程是一个面对不确定性未来的动态实践过程，该过程往往不是一帆风顺的。面对创业的挑战，创业者不仅需要具有创业精神，还要有相应的素质与能力，这样才能解决创业过程中遇到的各种问题与挑战，保障创业活动的顺利推动与目标实现。创业者为做好创业准备，应具备以下几方面的基本素质与能力。

(一)创业的激情与创新创业意识

创业的激情并不是一时的冲动,而是对所创事业长久的坚持与追求。成功的创业需要创业者具有坚持不懈和顽强拼搏的毅力。创业是一个长久奋斗拼搏的过程。在创业过程中,很少出现立竿见影、毫无挫折、迅速成功的情况。因此,在长期的创业过程中,创业者要始终保持对事业的激情。不少的创业者在创业过程中,遇到一些挫折就半途而废。因此创业的激情是创业成功的关键因素之一。

党的二十大报告指出:教育、科技、人才是全面建设社会主义现代化国家的基础性、战略性支撑。必须坚持科技是第一生产力、人才是第一资源、创新是第一动力,深入实施科教兴国战略、人才强国战略、创新驱动发展战略,开辟发展新领域新赛道,不断塑造发展新动能新优势。

创新意识也是创业者所需具备的重要素质之一。瞬息万变的市场是对每一个创业者的考验。能够在瞬息万变的市场中生存下来,也是创业者的能力所在。在瞬息万变的市场中仅仅生存下来是不够的,还要做到推陈出新,不断地创造出新的产品和服务来获得更大的生存空间和发展空间。新产品和新服务的推出就需要创业者具备创新意识。

要想成功创业,创业者必须具有强烈的自我成就感和创业意识。强烈的创业意识可以帮助创业者克服各种困难和障碍,开创自己的事业。创业的成功是意识上长期准备的结果,事业的成功始终会留给有创业思想、创业意识的人。

(二)创业个性特质与人格品质

创业者的个性特质主要体现为自信、自强、自主和自立。自信是对自己有信心,自信体现为积极的态度和进取的精神。要成为一个成功的创业者,必须坚定信念,有责任感、使命感,顽强奋斗,直到成功。信念是生命的力量,是创造事业的基础和原动力。信念是企业家精神的驱动力。自强是建立在自信的基础上的。创业者不应贪图眼前的利益,要敢于实践,提高各方面的能力和才能,有勇气去做自己喜欢的事。自主是一种独立的人格。具有独立思维的人能自主选择道路,善于设计和规划未来,不受公众和环境的影响。自立是依靠自己的头脑、双手、智慧和才能去努力奋斗,积极进取。

创业的成功离不开创业者优秀的人格品质。这些优秀的人格品质主要体现为强烈的使命感和责任感、面对逆境的坚韧执着,以及正直诚信等。

使命感和责任感是驱使企业家前进的动力源泉。成功的创业者有很高的使命感和强烈的责任感。创业活动是社会性活动,需要各种利益相关者的通力合作。只有对自己、对家庭、对员工、对投资者、对客户、对供应商、对社会有高度使命感和责任感的创业者,才能赢得人们的尊重、信任和支持。在创业过程中,创业者会面临意志力的挑战与考验。面对危险,在逆境中,能否坚持信念、承受压力、坚持不懈,往往会决定事业的成败。

(三)专业知识技术与创业知识素养

创业者通过自己的产品为社会作出贡献,这需要以专业知识为基础。从这个意义上来说,一定的专业技术能力是最基本的创业能力。创业知识是创业的基本要素。

创业需要技术知识、管理知识和综合知识。创业实效证明，创业者的知识结构在一定程度上决定了企业的成功与否。因此创业者不仅需要具备创业所需要的专业知识，还需要对科学、文学、艺术、社会学、哲学、经济学等知识进行一定的了解与掌握。

(四)经营管理与领导决策能力

在当今市场经济社会中，企业要生存发展，创业者必须具有良好的经营管理能力。俗话说"麻雀虽小，五脏俱全"，企业虽小，但它也和大中型企业一样，天天与人、财、物打交道。通过管理现有的人、财、物来赚取最大的利润；有效激励员工积极工作；使产品或服务得到社会的认可，受消费者欢迎，这些都需要创业者具备良好的经营管理能力。另外，创业企业的管理涉及企业战略规划、产品研发与生产、市场推广与销售、融资与财务管理、人力资源与部门管理等职能的管理。创业者不一定需要精通各项工作，但必须了解大致情况和管理安排要求，以做好统筹管理。

创业过程中，创业者不仅需要处理大量的事务，还需要为企业制定规章制度，即使是人数很少的小型商店也不例外。创业企业规模虽小，但是面对的环境与管理发展的变化却和其他大企业是一样的。因此，创业者还需要有一定的领导能力和决策能力，能对企业的人员和经营进行合理安排，并能及时解决问题。

在创业活动中，综合能力是一种最高水平的能力，主要包括把握机会的能力、获取并处理信息的能力、沟通与公关能力、创新能力等。创业者能力及其表现见表6-1所示。

表 6-1 创业者能力及其表现

序号	创业者能力	创业者能力表现
1	责任感和领导力	具有主人翁意识，愿意承担企业管理重任，具有牺牲精神，对企业、员工和利益相关者负责，具有领导者魅力和威信，诚实、可靠、令人信服，快速学习，积极主动，不怕失败。
2	分析决策能力	能够系统分析，归纳总结，注重细节，果断决策
3	人际交往能力	善于交际和公关，能够妥善处理好企业与各利益相关者(员工、合作伙伴、股东、用户、供应商、政府部门、竞争对手等)之间的关系
4	对市场的洞察力	善于观察，对市场和环境变化敏感，善于发现问题和用户需求，能快速识别市场机会和威胁
5	评价创业机会能力	能够理性地评价商业机会，决定是否进入或退出
6	创造性解决问题能力	思维开放，水平思考，不受固有模式和习惯的束缚，敢于突破创新，主动解决问题，提出创造性解决方案
7	建立企业发展愿景	能够制定企业发展规划，确定企业发展目标，让员工和合伙人明确企业愿景并为之付出努力

续表

序号	创业者能力	创业者能力表现
8	应对模糊、不确定性的能力	能够容忍初创企业的组织结构缺陷，灵活应对环境、市场、人员及竞争对手的变化，灵活快速调整解决方案
9	评估、防范和治理创业风险能力	能够预计创业可能发生的风险，对风险进行评估，寻求风险分摊方案，使风险最小化，承担可能发生的风险
10	团队合作和管理能力	组建初始创业团队，合理分工，鼓舞他人，分享责任和财富
11	营销和销售创意的能力	具有营销能力、销售技巧，能够吸引潜在的用户和投资者
12	资源整合能力	具有综合协调能力、整合能力，以及引进人才和资金等资源的能力

【案例分享】

芦苇一般柔韧的创始人俞敏洪

在商业圈里俞敏洪是一个标志性的人物。和成功的企业家相比，俞敏洪是一个谦逊不喜"侃"的"忍君子"，而他的成功恰恰也体现在这里。

俞敏洪高考时，为了能够考到心中理想的学府，曾连续考了三次，但是后来在得到北大教习职位时，他却突然放弃了，最终白手起家兴办起国内最成功的民营辅导学校。

家乡温润的环境和父母的教导，培育出俞敏洪谦逊温和的性情。在商业场上，这种性格可能是不利因素，个人会因其默默无闻而被忽略，但是对于一个特殊类型的企业来说，却具有独到的价值。传统企业需要领导人雷厉风行、作风硬朗、有威信，可是在俞敏洪创办的新东方学校，情况却有所不同。这里的员工主体是教师，他们是文化层次较高的人才。他们看重的是知识分子的尊严与身份，如果以西方的管理风格制约并要求他们，很多人可能会难以忍受，即使高薪也难留住这些"牛人"。但以俞敏洪的性格，他与这些人相处起来却如鱼得水，恰到好处。

俞敏洪把自己比作一个言谈的样板，他甚至鼓励教师以自己为调侃对象在课堂上"开涮"，这极大地满足了教师无意识的心理需求。俞敏洪就是一个知识分子，他知道知识分子想要的是什么，他把这些赋予他们，他们在觉得理所当然的时候，也会更加热爱自己的工作。

俞敏洪的这种管理理念可谓是一举三得。其一，教师得到了心理满足。其二，学生在压力巨大的苦学中听到尊贵校长的一系列糗事，不但身心放松，也对校长的好感倍增。其三，他也给自己喝了一罐减压剂。

新东方元老之一的王强曾这样比喻他自己、俞敏洪和徐小平三人的性格："我的性格像钢一样脆弱，老俞的性格像芦苇一样柔韧，小平的性格像芦苇和钢一样脆弱而柔韧。"

三、创业素质培养

(一)提升完善创业基本素养

创业基本素养指创业者应具备的基本修养,在本书中主要指创业意识、创业思维、创业精神和人格修养等。认同创业的意义、功能和价值,深入客观地分析自我发展与成就的需要、动机,厘清自己的兴趣特长、理想信念和价值追求等内在动力,树立开拓进取、拼搏奋斗的创业意识,是构建并发展创业基本素养的重要基础。创业思维指创业应具备的创业理念和思考问题的方式。创业思维包含多种思维,具体包括创新创意思维、价值创造思维、目标迭代思维、趋势机会思维、契约责任思维、实践行动思维、成本绩效思维、竞争合作思维、资源整合思维、资本财务思维、移情换位思维、风险承担思维等等。大学生在学习与实践过程中,应注意创业思维的培养,完善自己的创业素养。

(二)学习积累创业基本知识

创业是有规律和方法的,而规律和方法的理论总结就是知识。除了基本的专业知识、行业知识、企业经营管理知识、商业知识和法律知识外,创业者还需要了解创业的基本知识。创业基本知识主要是指关于创业的基本规律、基础理论、基本流程和基本方法。掌握创业基本知识有助于创业者加深对创业的认识理解,把握创业过程,指导创业实践。大学生可通过学习课程、聆听讲座、阅读图书、浏览网络或与其他创业者或商业人士交流、参观考察众创空间(孵化基地)、参访企业等途经学习和积累创业基本知识。

(三)训练强化创业基本能力

创业者需要具备时间管理、高效沟通、团队合作、创新思维、领导决策和管理执行等基本能力。这些通用能力可在专业学习与实践和日常生活中培养与训练。除了这些通用技能外,创业的基本能力还包括从事创业活动所需的商机识别与评估、市场调查与分析、团队组建与管理、资源整合与利用、商业模式设计和创业计划等能力。这些与创业活动直接相关的能力可通过实习实训、模拟推演和创业实践等形式进行训练和强化。

(四)实践锻炼储备创业经验

创业可看作特殊的工种,可通过实践积累掌握。有研究表明,与初次创业相比,二次创业、连续创业成功的概率要大得多。这就是说,创业经验是非常重要的。大学生可通过一段时间的工作或到意向创业领域的单位做兼职来获得直接创业经验,打好创业基础。这样做不仅可帮助大学生积累创业经验,加深对拟创业领域的了解,锻炼自己各方面的能力,而且可以积累创业启动资金和人脉、市场渠道等资源,为创业做好充分准备。

【课堂活动】

创业素质自我评估

同学们可以通过表 6－2 评估自己的创业素质。

表 6－2　创业素质自我评估表

因素	评估内容	选项
资源	1. 我能够发掘理想的合伙人或经理人，雇用理想的员工； 2. 我有雄厚的资金和稳定的财务来源，至少可以保证第一年正常运营； 3. 我可以通过合理途径以自己能接受的成本募集资金； 4. 我可以获得充足的物质来源，如原材料等，能很好地控制成本。	A. 非常符合 B. 比较符合 C. 无法确定 D. 不太符合 E. 很不符合
想法	1. 我的想法通常比别人的更有价值，更具有创造性； 2. 我具有丰富的想象力，并能把这些想法准确而生动地表达出来； 3. 我的想法通常并不是天马行空、泛泛而谈，而是切实可行的。	A. 非常符合 B. 比较符合 C. 无法确定 D. 不太符合 E. 很不符合
技能	1. 对即将创业的领域，我有很好的专业背景和技术； 2. 我曾经有过管理经验，并擅长组织活动。	A. 非常符合 B. 比较符合 C. 无法确定 D. 不太符合 E. 很不符合
知识	1. 了解创业行业目前的市场运作、竞争水平和相关法律政策； 2. 我眼光长远，更看重创业项目的发展潜力而不是短期盈利。	A. 非常符合 B. 比较符合 C. 无法确定 D. 不太符合 E. 很不符合
才智	1. 每天早晨我都怀着积极的态度醒来，感觉又是崭新的一天； 2. 我不是一个风险回避者； 3. 我知道如何控制自己的生活、性情和脾气，并做到自律； 4. 我更倾向于主动地去把握和解决问题，而不是处于被动； 5. 我善于观察周围事物，注重细节，把握契机，把不利局面转化为机会； 6. 当我失望时，能够处理问题而不逃避放弃，能以积极状态重新投入工作； 7. 当我选择创业时，家人能够理解我的不自由状态并支持和鼓励我。	A. 非常符合 B. 比较符合 C. 无法确定 D. 不太符合 E. 很不符合

因素	评估内容	选项
关系网络	1. 我喜欢合作胜于凭一己之力完成工作； 2. 我具有影响他人的能力，并使人信服； 3. 别人认为我是一个值得信赖的人，并且充满活力、积极向上； 4. 我善于和陌生人打交道，而不只是局限于熟人； 5. 我善于向媒体公众推销自己的想法，吸引别人的注意力； 6. 我能同行业内的竞争者更容易实现竞合而非竞争； 7. 我想我能够做到和上下游企业保持紧密合作，相互扶持，共同发展； 8. 我同相关团体，如政府机构、金融机构等能保持良好关系。	A. 非常符合 B. 比较符合 C. 无法确定 D. 不太符合 E. 很不符合
目标	1. 与打工相比，我更渴望有一份属于自己的事业； 2. 我有一个很明确的创业目标，并可以为之奋斗，哪怕付出较大的代价； 3. 我有勇气和耐心去实现创业目标，即使需要承担较大风险； 4. 我有十足的信心，我最终能实现创业目标。	A. 非常符合 B. 比较符合 C. 无法确定 D. 不太符合 E. 很不符合

其中，选项 A＝10 分，B＝8 分，C＝6 分，D＝4 分，E＝2 分。

得分 55～70 分为 A 型；40～55 分为 B 型；25～40 分为 C 型；10～25 分为 D 型；0～10 分为 E 型。

A 型：你适合创业和守业。如果你能全身心地投入激动人心的创业事业，收益会更多。机会无限，就看你如何把握了。

B 型：你适合创业且比较符合创业的要求，你所需要的是一种守业的能力，应该不断地去完善自己，来保证公司的长期发展和完善。

C 型：你具备一定的创业素质，但由于缺乏信心使你没能认清楚自己的这种能力，外界的影响会左右你的选择。

D 型：你有创业意识但却不愿意创业，在风险和安稳之间你更倾向于后者。

E 型：你不适合创业或根本就没想过创业，更适合当上班族。你规避风险，倾向于安定的生活，不善开拓。

▶ 第二节 创业团队

【学习目标】

1. 了解创业团队的构成要素。
2. 了解创业团队的胜任力要素。
3. 掌握创业团队的组建原则、管理技巧。

一、创业团队的要素

创业团队就是由少数具有技能互补的创业者组成的团队。创业者为了实现共同的创业目标，共同为达成高品质的结果而努力。

创业团队需要具备五个重要的团队组建要素。

(一)团队目标(purpose)

创业团队应该有一个既定的共同目标，为团队成员导航。没有目标，创业团队就没有存在的价值。

(二)团队成员(people)

人是构成创业团队最核心的力量。在一个创业团队中，人力资源是所有创业资源中最活跃、最重要的资源。应充分调动创业者的各种资源和能力，将人力资源进一步转化为人力资本。

(三)团队定位(place)

创业团队的定位包含两层意思。

1. 创业团队的定位

创业团队的定位主要涉及创业团队在企业中处于什么位置，由谁选择和决定团队的成员，创业团队最终应对谁负责，创业团队采取什么方式激励下属等问题。

2. 个体(创业者)的定位

个体的定位主要涉及团队各成员在创业团队中扮演什么角色，是制订计划还是具体实施或评估，是大家共同出资，委派某个人参与管理，还是大家共同出资，共同参与管理，或是共同出资，聘请第三方(职业经理人)管理，在创业实体的组织形式上，是合伙企业还是公司制企业等。

(四)团队权限(power)

创业团队当中，领导人的权力大小与其团队的发展阶段和创业实体所在的行业相关。一般来说，创业团队越成熟，领导者拥有的权力相应越小。在创业团队发展的初期阶段，领导权相对比较集中。高科技实体多数是实行民主的管理方式。

(五)团队计划(plan)

计划有两层含义。

1. 目标最终的实现，需要一系列具体的行动方案。因此计划指达到目标的具体工作程序。

2. 按照计划行事，可以保证创业的顺利。只有遵循计划，创业团队才能一步一步地接近目标。

一般来说，创业团队构成的要素之间相互影响、相互作用，缺一不可。

二、创业团队胜任力

创业团队胜任力是指在创业过程中，为了维持创业活动正常进行和获得良好创业绩效，创业团队所需具备的知识、技能和特质等方面的综合能力。

对于创业团队胜任力，目前尚未有普遍认可的模型和结构体系。本书只介绍张振华构建的创业团队胜任力要素体系，供创业者参考。张振华提出，创业团队胜任力主要包括八个方面，分别为创业导向、机会能力、关系协作能力、组织能力、承诺能力、学习能力、知识共享能力和创新能力，具体见表 6-3。

表 6-3　创业团队胜任力要素及其定义

要素名称	操作性定义
创业导向	导致新的进入行为，在战略制定、新产品的开发和把握市场机会过程中所体现的一种创业性的姿态和激情
机会能力	通过各种手段捕捉和孕育市场机会的能力
关系协作能力	团队成员之间，团队成员与下属、与社会组织之间互动的能力，包括凭借契约或社会关系能力、沟通说服能力，以及人际技巧等建立合作和信任关系的能力
组织能力	组织企业内外资源（人、财、物和技术资源），还包括团队建设、领导下属、培训和监控技能
承诺能力	驱使企业团队永续经营的能力
学习能力	从个人或他人经历、关键事件中，主动学习并改变个人行为的能力
知识共享能力	团队成员各自的知识和技能是有差异的。知识共享指团队成员间相互分享知识并优势互补的能力
创新能力	创造和改进新的技术、产品、服务和流程的能力

三、创业团队的组建

【案例分享】

"一起走吧"成功的创业团队

"非常震惊，非常震惊"，成都浦江电子商务协会负责人反复对参观者说。让她震惊的是，他们园区的两个残疾青年，不到 25 岁的杨某和 29 岁的吴某，竟然在 3 个月内卖出了 4000 万元的农资。即使在人口只有 28 万却有 4000 多家家电公司的浦江，这也是一个惊人的数字。

7 年自闭：十四岁少年的人生绝境

坐在轮椅上的杨某，看起来阳光明媚。很难想象这个 1994 年 7 月出生的年轻人是一位非常成功的公司老板。更不可思议的是，他已经自闭七年了。

6 岁时，杨某肌肉萎缩，逐渐无法行走。医生说他可能活不过 18 岁。这简直是晴天霹雳。他的母亲指着门口残联修的无障碍通道说："几年来，他从没下过这个露台，除了上厕所。

吴某一开始看起来是一个健康的人，但是因为年轻时感冒吃药的问题，一只耳朵失去了听力，另一只必须一直戴着助听器。吴某说："我也经历过一段时间的自闭症，因为听不到别人说话，然后就越来越不愿意和别人交流，把自己封闭起来。"后来，吴某考上了大专，学的是设计。因为听力障碍，吴某很难找到工作。2012 年，他开始在电商行业供应链谋生。直到 2015 年，21 岁的杨某和 26 岁的吴某才在人生道路上相遇。

互助创业：证明我们的价值

杨某和吴某的父亲都在浦江县做了二三十年的水果经纪人。2015 年 6 月，两位父亲介绍他们在网上认识。

在吴某的带领下，杨某开始尝试做电商，销售当地的猕猴桃等农产品。做了几十年代理的父亲，负责为他采购供货，母亲帮他打包发货。2015 年底销售额达到 100 万元，杨某注册成立公司。2016 年卖了 300 万元。资金不足的情况下，父母在 2017 年卖掉了房子，然后找亲戚集资了 20 万元支持儿子创业。创业十分辛苦，然而杨某乐在其中，在黑暗中徘徊了七年，他仿佛看到了曾经的光明，再次找到了生命存在的理由。

同时，吴某的供应链模式也在不断发展，2017 年销售额超过 400 万元。但是，吴某却很苦恼："订单经常不稳定，有时候货都准备好了，别人却突然改口说不要了。"他真的很想直接开店，"这样他就能直接掌握订单。"

这时，杨某和吴某在网上聊了近一年后，在现实中认识并成为好朋友。面对共同的发展需求，他们一拍即合。2018 年初，他们决定合并公司，落户浦江电商孵化园。杨某和吴某有一个强烈的共识："创业不是为了钱，而是为了证明我们的价值。"

2018 年 6 月前，两人去成都系统学习了三个月的电商运营，意识到品牌的重要性。"我们都是残疾人，由于我行动不便，出行都是吴某照顾我，吴某听力不好，与别人的交谈都是由我转达，可以说我是他的耳朵，他是我的腿"。杨某这样介绍自己与吴某的关系。这种亲密关系激发出他们的灵感："不如，创建'一起走吧'的残疾人品牌，带动更多残疾人创业就业吧！"

这次，他们把精力集中在新电商平台拼多多上。2018 年 8 月开店，10 月才开始真正运营，到 2018 年 12 月底，他们在拼多多的销售额就超过 3500 万元，线上线下总体销售额突破 4000 万元。他们的官方旗舰店获得拼多多 2018 年度潜力商家奖。

两人的特长很互补，杨某擅长线上运营，吴某熟悉拼多多"人以群分"的新商业逻辑。通过拼单和游戏等方式，拼多多上 4 亿多消费者的需求被归聚起来，其中的一部分成为这两位心怀梦想的年轻人的强大动力。

在"一起走吧"团队里，80 后陈某是从工地上摔下来后，双腿截肢，周某则是因为车祸，腰部以下失去了知觉。现在，他们俩都在公司做客服，每天 17 点半到 23 点工作，回答消费者的各种问题，月薪 3000 多元。隔一段时间，公司会派人上门为他们培训，更新业务知识。"这是我截瘫后的第一份工作，能回答消费者的问题，让我觉得生活很有价值"，陈某说。

"我其实更希望他们能逐渐开始自己创业，我们会推一个残疾人培训的项目，专门来做这件事。"杨某说。截至目前，他们免费培训了20余名残疾人，优先销售残疾人种植的猕猴桃、柑橘等农产品。

"今年十月份之前我们应该可以在拼多多上做到一个亿。别人觉得我们发展得特别快，其实，我们真没追求速度。别人同时做很多品种，我们只挑选一些最受欢迎的水果来做。别人每个平台都去尝试，我们专心只做这个平台，求稳，求精。"杨某认为，这不是刻意为之的经营理念，而是从他和吴某的生命状态中生长出来的选择。

创业团队在组建过程中，需要遵循以下原则。

（一）匹配性原则

匹配性原则指在组建创业团队时，要遵循团队能力与创业项目匹配、团队价值观与创业愿景匹配、团队动机与创业目标匹配的原则。创业者组建创业团队时，要确保团队成员的价值观、行为理念、动机目标高度一致，与要创办的事业高度契合。

（二）互补性原则

互补性原则指在组建创业团队时，要遵循团队成员之间能力互补、性格互补、资源互补、知识互补、信息互补和经验互补的原则。创业者团队要实现优势互补、强强联合、高效协作，这样才能有效发挥成员作用，产生"1+1＞2"的团队协同效应。

【案例分享】

携程四君子——行为风格互补的创业团队

被称为"携程四君子"的梁某、季某、沈某和范某，是中国优秀合伙人的典范，他们优势互补，有的懂技术、有的懂财务、有的懂运营，还有的懂资本运作。他们携手，短短四年将携程打造成为中国OTA领域的第一家上市公司。

携程的创业史是一部生动的教程，有诸多值得学习和借鉴的地方。携程四君子更是性格行为特征完全互补的理想团队。

Ⅰ型性格的季某

企业初创期需要外向而关注人的"Ⅰ"。季某充满创业激情，敢冒风险，勇于挑头做事。他能言善辩，把创业当作自己最大的爱好。他热爱新鲜的东西，不愿意做重复性工作。在他创立的携程上市后，他卖掉携程的股份，跑去北京创办了如家，如家上市之后，他又卖掉如家的股份，成立力山投资公司。有人采访季某："携程的商业模式是什么?"季某说谈什么商业模式，听一听我的创业故事吧。季某擅长利用各种资源，从无到有建立新的东西，但对细节却缺乏关注。一旦公司上规模，需要从事流程的改造和细节完善的时候，季某感到自己既不擅长也不热爱，就立刻把权力交给了梁某。

C型性格的梁某

企业内部建设期需要内向而关注事情的"C"。梁建章在十四岁时就已经大学毕业，原来在国外就职于甲骨文。正是他首创将ISO9000直接从生产型行业放到服务性行业，并且为携程中一线服务人员制定了34项定性定量项目，并在每周管理例会上进行评估。在高要求高标准下，携程平均每一个电话由240秒降到180秒。这意味着以前企业要用400万元的电话费，现在只要300万。内部体系建立之后，需要再对企业效益进行放大的时候，团队中另一个成员开始占据主导，这就是风投家沈某。

D值高的沈某

企业资本运作期需要目的性强的"D"。沈某，一个目的性很强而又直言不讳的风投家，身上带有很高的"D"特质。

S型的范某

企业平稳发展期需要稳重，善于支持的"S"。携程上市之后，以上这三个人都陆续卖掉了手中持有的股份。这时谁来主持携程的大局呢？老成持重的范某登场了。范某有在酒店工作15年的经验，他认为旅游行业是一个伟大的行业，他说："我愿意在携程待一辈子！"范某主持下的携程，到目前为止没有推出过任何一项新的服务，就连最近推出的商旅管理也是在携程上市的时候就已经写在计划书里的。正是范某身上的S特质让他关注细节的完善，安心于相对来讲稳定的重复性工作。

并不是只有D类型人才适合做领导。四种类型的人都可以成为优秀的管理者，区别是领导风格不同。D带领的团队是冲杀型的；I带领的团队是合作型的；S带领的团队是和谐型的；C带领的团队是效率型的。选拔怎样的人当主管，要看环境的需要。了解DISC四种类型人的特征，不仅有助于安排团队组织，而且有助于彼此了解个性，融洽关系。

（资料来源：黄潇潇. 创新创业创未来[M]. 成都：电子科技大学出版社. 2020.）

（三）需求性原则

需求性原则指在组建创业团队时，要遵循创业活动实际需求、团队结构性需求、创业胜任力需求和创业发展需求的原则。创业者在组建团队时，要树立按需招募的理念，不能因某人能力强或资源多而盲目吸纳。

（四）适用性原则

适用性原则指在组建创业团队时，要遵循够用、可用、适用的原则。创业者在组建团队时，可能会面临诸多选择。创业者在作出最终抉择时，一定要深入、系统分析创业内部环境和条件，调查拟招募成员的真实情况，选择对的人和适合的人，否则可能会造成后续问题，付出不必要的成本和代价，甚至给团队和创业活动带来风险。

（五）少而美原则

少而美原则指在组建创业团队时，创业团队的成员不宜过多，遴选标准要高，要遵循精简高效的原则。少而美的创业团队，一方面可减少创业的管理成本，提高创业团队的收益比例；另一方面，少而美的团队通常更便于领导和管理，更容易形成团队竞争力，提高团队绩效。

四、创业团队的管理

创业团队管理重要而复杂。创业者了解一些创业团队的管理技巧有助于提升创业团队的绩效，从而推动创业企业走向成功。创业团队的管理技巧有以下几点。

（一）注重团队凝聚力

团队凝聚力是团队成功的基础与保障。创业者在团队管理过程中，不管是通过描绘创业未来的美好蓝图，还是通过向团队成员渗透各种价值观念、创业理念，不管是通过激励机制，还是通过沟通、培训和讨论会，都要将团队打造成具有高度凝聚力的团队。

（二）致力于价值创造

创业者必须依靠团队创造出消费者认可并愿意购买的价值，才能收获价值，获得创业回报。创业者在管理团队时，要让团队的每位成员都意识到自己创造的价值对团队、对整个创业活动非常重要，自己贡献价值的多少与个人收益紧密相关。在团队管理过程中，创业者不管是通过管理制度、绩效考核，还是通过营造氛围、精神鼓励和特殊奖励，都要让团队成员心甘情愿地、积极主动地多承担任务和风险，多付出和贡献，全力以赴地进行价值创造。

（三）鼓励有效沟通与分享

创业团队管理的基本技巧是有效沟通。有人说，创业团队管理中，80％的问题源于沟通问题，都可以通过有效沟通来解决。在创业初始阶段，各方面管理制度和运行体系不完善，沟通就更为重要。因此，在创业团队管理过程中，创业者要提升个人的沟通意识、沟通能力和沟通效果，做到与团队的高效沟通。当今时代，信息技术极为发达，微信、QQ等为团队沟通提供了高效率的工具和渠道。但需要注意的是，这些通信工具在提供便利沟通的同时，也容易造成信息遗漏和错误理解，影响沟通效果。在可能的情况下，为保证沟通的效果，最好面对面或电话沟通。

（四）重视利益分配与绩效考核

绩效考核是使利益分配公平、公正、公开的有效工具和方法。创业者要根据团队和创业的实际情况，制定出合理、实用的绩效考核办法，对团队成员的表现和业绩作出客观评价，从而监督、约束和激励团队成员。

（五）做好创业者的自我管理

在创业团队管理中，创业者往往会忽略对自己的管理。创业者的领导者和决策者的角色，决定了其对团队的更大影响。因此，创业者要树立加强自我管理的意识，通过自我管理加强自我约束，做到自控、自律和自信，树立良好榜样，打造自我影响力，以身体力行的方式起到示范和感召他人的作用。另外，创业者应做好时间管理、事务管理，压力管理、情商管理、挫折管理、学习管理、价值管理和健康管理等方面的自我管理。

(六)多做复盘总结和修正

创业团队的管理虽然有章可循，但管理是一个动态的实践过程，需要根据具体实际不断作出调整和优化完善。创业者的团队管理经验是在实践过程中不断积累和提升的。对于创业者而言，犯错和失误在所难免。囚此创业者要善于总结在个人团队管理过程中的经验得失，不断修正和完善团队管理体系，提升团队管理的经验与效果，打造出具有竞争优势的创业团队。

【活动体验】

训练指导书

训练名称	团队组建与评估
训练目的	1. 清晰自我评价 2. 准确评估他人
训练要求	1. 制作广告 基于前面找到的创业项目创办企业，在小组内(也可以小组外)寻找合伙人共同创业，请拟一份征集合伙人的广告。需注意以下几个方面： (1)你是召集人，不一定是领导者； (2)创业的初始目标、计划； (3)你掌握的资源，以及你需要的资源； (4)所需伙伴的数量和特点； (5)有吸引力的回报，以及可能的风险； (6)其他你认为需要说明的问题。 2. 三分钟演讲 (1)张贴广告，并用三分钟进行演讲宣传个人优势，吸引同学加入团队。 (2)同学共同评估，选出几位同学作团队创建者，并志愿加入一个团队。 3. 评估团队结构 从以下四个方面，分析哪个团队的组成更好。每项25分，总分为100分。落后的团队可以谈谈，将如何赶超对方。 (1)团队成员加入的目的； (2)团队成员的知识结构； (3)团队成员的性格、个性、兴趣； (4)团队成员的价值观念。

训练要求	4.确定团队成员 团队创建者可以根据同学对下面五个问题的解答情况，决定其去留。 (1)团队中唯一权威主管的问题； (2)团队成员间相互信任的问题； (3)妥善处理不同意见和矛盾； (4)合理分配股权的问题； (5)妥善处理团队成员间利益； (6)请团队中的一名成员对本团队作出最后调整(增人或减人)。 5.团队展示
训练结果	完成训练所用的时间：_____　训练结果：_____
训练总结与反思	

第七章

创业资源、创业风险与管理

▶ 第一节　整合创业资源

学习目标

1. 了解创业资源的概念、类型。
2. 掌握创业资源整合的方法、原则和路径。
3. 了解创业初期融资的方法。

阅读材料

蒙牛牛根生的资源整合

牛根生离开伊利公司时已经40多岁了，在北京因年龄大找不到合适的工作，没有办法又回到呼和浩特，邀请原来伊利几个同事，一起出来创业，但是他们没有奶源，没有工厂，没有品牌。

牛根生通过人脉关系找到哈尔滨一家乳制品公司。这家公司设备是新的，但是生产的乳制品质量有点问题，营销渠道没有打通，所以产品一直滞销。牛根生找到公司的老板说："你来帮我们生产，我们帮忙技术把关，牛奶的销售铺货我们也承包了。"两人一拍即合。

在乳制品这个行业，没有品牌很难销售，因为品牌代表着安全可靠。牛根生借势整合，打出口号："蒙牛甘居第二，向老大哥伊利学习"。口号一出，伊利情何以堪。一个不知名的名牌马上挤身全国前列。牛根生还把蒙牛和内蒙古的几个知名品牌联系起来，说："伊利、鄂尔多斯、宁城老窖、蒙牛为内蒙古喝彩！"牛根生整合品牌资源，没有花一分钱就让蒙牛成为知名的品牌。

没有奶源怎么解决？自己去买牛养？牛很贵，也没有那么多人照顾。蒙牛整合了三方面的资源，农户、农村信用社、奶站。信用社借钱给奶农，蒙牛担保，承诺包销。奶牛生产出来的由奶站接收，蒙牛又找到奶站。蒙牛按时把信用社的钱还了，把利润分给奶农，趁机喊出一个口号："一年养 10 头牛，过的日子比蒙牛的老板还牛"。

在创业初期，创业者拥有的资源有限，同时受自身商业运作能力的限制，创业者可获取或可支配的资源也有限，这就增加了创业的难度。虽然随着创业企业的发展，后期资源压力会有所缓解，但资源束缚始终是创业者或创业团队面临的问题，只是不同阶段程度不同而已。

创业需要资源。创业者获取创业资源的最终目的是组织这些资源，追逐并实现创业机会，提高创业绩效和获得创业的成功。无论这些资源是否直接参与企业的生产，它们的存在都会对创业绩效产生积极的影响。

一、创业资源的分类

创业资源是指支持创业企业、创业项目或创业者生存和发展的各种要素。按照创业资源对企业成长的作用可以将其分为要素资源和环境资源两大类。要素资源是直接参与企业生产、经营活动的资源，包括场地资源、资金资源、人才资源、管理资源、科技资源等；环境资源指未直接参与企业生产经营，但其存在极大地提高了企业运营效果的资源，包括政策资源、信息资源、文化资源、品牌资源等。要素资源可以直接促进新建企业的成长，而环境资源可以影响要素资源，间接促进企业的成长。

(一)场地资源

场地资源是要素资源中最基础的资源，任何企业都需要办公场地。生产型企业还需要用于生产的厂房，厂房的选址需考虑环境因素和成本问题，比如交通是否通畅，是否有利于原料和其他资料的运输，以及场地租金、劳动力成本和技术技能水平等问题。传统经营型和服务型企业对企业场所的要求也比较多，要求场地内部拥有健全的基础设施、便捷的计算机通信系统，良好的物业管理和商务中心，以及方便的周边交通和生活配套等。知识密集型企业也很注重场地环境能否体现企业形象与文化，这些要素也成为吸引人才和其他合作者加入的重要条件。

(二)资金资源

资金资源对于任何一个企业都非常重要。创业企业在发展过程中的不确定性和脆弱的风险承担能力可能会导致资金供给障碍。由于资金的限制、融资渠道不畅、投融资双方沟通障碍等问题，周密的商业计划往往得不到实施，或者在实施过程中被迫中断甚至终结。融资问题也使创业企业的灵活性优势难以得到发挥，加剧了企业在财务上的脆弱性，成为创业企业比大企业更容易陷入破产境地的一个重要原因。及时的银行贷款和风险投资，各种政策性低息或无息扶持基金，以及写字楼或者孵化器提供的较低租金等，都为初创企业的发展提供了良好的资金来源。

(三)人力资源

人力资源是推动创业企业发展的更重要的能动因素。高素质人才的获取和开发是现代企业可持续发展的关键。当代企业管理中的人才已经由传统的劳动力概念转变为人才资本的概念。企业需要的是能够为我所用的人。从创业管理的角度来说，初创企业更需要能够与"企业绑在一架战车上的斯巴达斗士"，而不只是需要一个职业人。因此在合适的位置选择合适的人是任何一个企业在发展过程中都应遵循重要的人力资源管理规则。创业者的人脉圈子是决定创业成功的重要因素。血缘、地缘、业缘，同乡、校友、同僚、战友等都是人际交往圈的重要资源。创业者往往靠自己的人脉圈组建核心团队。

(四)技术资源

技术资源在当今创业时代是企业成长与发展的强大助推器。技术的进步可以极大地影响企业的产品、市场、服务、供应商、分销商、客户甚至营销方法等，从而改变企业的相对成本和竞争地位。高科技新创企业更是靠研发和生产科技产品占据优势。积极引进寻找有商业价值的科技成果，加强和高校科研院所的产学研合作，有助于加快产品研制和成型的速度，缩短产品进入市场的时间，为企业的市场竞争提供有力支持。

(五)政策资源

政策资源不仅包括与企业发展相关的政策制度，还包括配套措施及法律法规。掌握和了解更多的政策资源，有利于及时、准确地了解政策并结合国家发展和人民需求，发现和捕捉到更多更好的创业机会和创业项目。从中国的创业环境看，国家和地方政府及一些社会机构都给予创业企业大量优惠的扶持政策，在政策的允许和鼓励下，帮助初创企业获得了更多的国内外人才、贷款和投资、具有明确产权关系的科技成果、各种服务及场地优惠等。

(六)信息资源

良好的信息资源环境是企业运营的基础和保障。信息的传递包括企业内部之间的信息传递、企业和外部环境之间的信息传递。一个成功的有效率的企业，其信息一定是畅通的、及时的、准确的。信息传递的不平衡是绝对的，平衡是相对的，信息传递不平衡带来的信息失真、信息失效、信息丢失等会给企业带来巨大的损失。专业机构对于信息的搜集、处理和传递，可以为创业者制定研发、采购、生产和销售的决策提供指导和参考。由于竞争十分激烈，高科技新创企业更加需要丰富、及时、准确的信息，以争取到更多的资源。这种信息如果由创业者通过市场调研分析获得，成本可能过高，因此可从专业分析机构或电商平台获取。

(七)文化资源

文化资源是企业内在软实力的具体体现。企业文化是企业全体员工行为习惯的总和。良好的企业文化资源是培养高素质人才的有效途径，同时也是提升企业形象，增加企业附加值的重要手段。对于新创企业来说，文化资源尤为珍贵。文化对于创业企业和创业者有着极大的精神激励作用，能推动新创企业以更强的动力和能力去有效组合要素并创造价值。

(八)品牌资源

品牌资源是指企业品牌本身及围绕品牌的创建、传播、培育、维护、创新等方面的一切可利用资源，包括品牌本身、企业内部可利用资源和企业外部可利用资源。从品牌的系统管理角度看，品牌是企业的一种重要资源，围绕着品牌资源的开发与利用，企业需要整合一切可利用资源，最后形成品牌资源的系统管理流程。优秀的孵化器能为创业企业提供品牌保证，提高政府、投资商和其他企业对在孵企业信誉度的估价。

二、创业资源的获取

创业资源要么存在于创业企业内部，如企业内部的创始团队；要么存在于企业外部，如政府部门、其他企业或机构。获取企业内部资源，需要不断地开发；而外部资源，要么通过市场行为购置，要么通过合作，如建立战略联盟、外包等方式获得。创业资源的获取途径主要有以下几个。

(一)合作获取资源

商业活动强调利益。要获取创业资源，就要尽量多地寻找潜在资源提供者，认真分析潜在资源提供者关心的利益所在，兼顾各方面利益相关者的利益，努力建立起基于共同利益的合作关系。创业者也可以寻找银行、政府、大公司等少数资源丰富的资源提供者，但在这方面创业者往往没有优势。

(二)沟通凝聚资源

沟通对于创业者获取资源来说非常重要。根据相关数据显示，创业者70％的时间用在沟通上，企业70％的问题也是因沟通障碍引起的。创业资源的获取，在很大程度上都是通过内外部的沟通获得的。通过沟通，创业者能建立联系，获得信任，达成共识，争取更多的支持和帮助。

(三)信息捕捉资源

在知识经济时代，掌握并善用信息、及时获取和善用行业数据分析，已经成为创业者的必备技能，通过大数据的分析，创业者可以获取更清晰的市场机会和资源，掌握行业市场的市场占有量，了解新时代消费者的消费偏好等，从而作出更科学的经营决策。

三、创业资源整合

(一)创业资源整合的两种观点

靠一个企业独立经营，单打独斗，力量是十分有限的，因此一定要整合各方面的资源，这样才能把企业做大。创业者要学会整合资源，整合别人的优势，发挥自己的优势，用更少的成本实现创业成功。创业者可采取以下策略进行资源整合。

1. 步步为营

多数创业者最初都面临资源缺乏的问题。虽然整合外部资源是创业者必须做的工作，但充分利用好手中现有的资源或者低成本获取闲置资源并加以利用，也是创业者可以选择的重要方式。

步步为营策略的内容包括节省使用资源，最小化使用资源，降低管理成本，谨防大手大脚。当然，这并不意味着只追求经济效益而产生负面的外部效应，例如节约了成本却污染了环境，或者盗用他人知识产权等。步步为营策略的第一个原则是"保持节俭，但要有目标"。例如，采取外包策略，以降低运营成本；进入孵化器或创业服务中心办公，以降低管理费用；使用实习生或临时工等。

与此同时，步步为营策略还表现为自力更生，不过度依赖外部资源，提高创业项目的可控性，降低经营风险。

美国学者杰弗里·康沃尔指出，步步为营策略包括创业者在资源受限的情况下寻找实现企业理想目标的途径，最大限度地降低对外部融资的需要，最大限度地发挥创业者的投资金的作用。他将创业者选择步步为营策略地主要原因归纳为以下几点。

(1)企业获得银行家或投资人资金的可能性比较小；
(2)新创企业所需外部资金来源受到限制；
(3)创业者推迟使用外部资金的要求；
(4)创业者有自己掌控企业全部所有权的愿望；
(5)是可承受风险最小化的一种方式；
(6)创造一个更高效的企业；
(7)使自己看起来强大以便争夺客户；
(8)为创业者在企业中增加收入和财富；
(9)审慎控制和管理的价值理念。

2. 资源拼凑

资源拼凑包含以下几层意思：一是通过加入一些新元素，实现有效组合，使结构发生改变；二是加入的新元素往往是已有的东西，也许不是最好的，但可以通过一些技巧组合在一起；三是这种行为是一种创新行为，会带来意想不到的惊喜。

(二)创业资源整合的路径

创业资源的整合是一个识别资源、获取资源并开发资源的过程。具有不同创业动机的创业者，其创业过程不同，资源整合过程和路径也有所不同。从整体看，创业资源整合的路径有两种，一种是在能力构建机制下，对内部资源的积累，一种是在资源获取机制下，对外部资源的利用。

1. 资源识别

企业创建和成长的过程是一个不断整合资源并逐渐形成竞争优势的过程，因此如何识别创业资源对于创业者至关重要。一方面，由于创业环境的动态性，创业者会提高自身对市场变化的敏感度，从市场变化的角度来识别创业所需的资源；另一方面，在企业创建初期，创业资源网络不稳定，资源识别在很大程度上要依赖于创业者的某些特质。创业者在创业环境中对风险倾向、成就需要、内控制源、不确定性的容忍度都会影响资源识别。创业者不仅需要评估资源的类型，确定资源的数量、质量、使用时间和顺序，还需要识别资源之外潜在的供应商、供应渠道。

2. 资源获取

对于新创企业来说，由于其自身的合法性缺失、企业规模小等特点导致其本身存在资源缺乏的先天不足。虽然新创企业依靠创业者的初始资源能获得初步发展，但是由于企业处在动态的环境之中、处于不同的发展阶段，对资源的需求也不一样，因此新创企业在确定了资源需求以后应利用自身的资源不断获取新资源。虽然影响各类资源获取的因素不一，不同资源的获取途径也各不相同，但综合起来，企业资源的获取主要有内部积累和外部获得两种途径，外部获得又分为外部购买和外部吸引两种方式。

（1）内部积累。

内部积累是一种重要的资源获取方式，主要指企业利用自身现有资源通过内部培育的方式来获得所需资源，主要包括企业内部开发新技术，对员工进行培训以提高他们的技能，通过内部积累获取资金等。对于企业来说，内部积累是必要的资源获取方式，因为战略要素市场不可能为企业提供所需的全部资源，尤其是在环境的宽松性较低的时候，企业从外部战略要素市场上获得资源就非常困难，而此时内部积累可以弥补这种缺陷。

（2）外部获得。

外部获得又分为外部购买和外部吸引两种方式。

外部购买就是企业利用财务杠杆在外部战略要素市场上购买所需的资源，主要包括设备、厂房等。对于大多数新创企业来说，这是它们获取资源的最重要途径。企业有时可以低于资源实际价值的价格获得资源。但是这种方式只能获取一些显著的资源，而对于一些重要的隐性资源则要通过其他方式来获取，比如外部吸引和内部积累的方式。我们国产汽车的生产曾经以购买技术进行开发为主，那时像红旗这样国内知名的汽车生产企业很少，后来很多汽车生产商以合资设厂的方式共同开发生产。

外部吸引就是指企业利用本身的资源来撬动和获取其他资源，对于新创企业来说，这是非常困难但又是非常重要的一种方式。因为新创企业的初始资源是不完整的，创业者需要取得各种资源供应商的信任来获取所需的资源。他们可以通过展示企业良好的一面来博得资源拥有者的好感，比如完美的商业计划书，良好的行业发展前景或者企业的其他优点。企业良好的社会资本是获取资源的有利条件，因为良好的社会资本会给企业带来信任、机会等，帮助企业获得资源。企业的形象越好，社会资本能力越强，越有利于吸引资源。

当创业企业逐步成长起来，外部吸引可以通过战略联盟和兼并收购的方式来实现。战略联盟就是两个或两个以上的企业为了达到共同的战略目标而采取的相互合作、共担风险、共享利益的联合行动。战略联盟主要在联合技术开发、合作生产与后勤供应、分销协议、合资经营等方面合作，是松散式的阶段化合作形式。兼并收购指兼并和收购两个概念，兼并是一家或者更多的企业合并成一家企业，由一家具优势的公司吸收其他公司；收购是指一家企业用现金或者有价证券购买另一家企业的股票或者资产，以获得对该企业的全部或部分资产的所有权，从而取得对该企业的控制权。采用以上两种方式的企业实力比较雄厚，能够让另一方企业愿意出让它们的资产而实现利益共享。新建企业在创立之初一般难以通过以上方式整合资源。

3. 资源开发

资源开发指创业者根据不同的创业理念将资源的价值和潜能加以整合，转化为新企业所特有的资源。资源的开发不单单要将获得的资源加以整合，还要将创业者（创业团队）的初始资源和其他资源一起转化为组织资源，以获得特有的能力和功能。再经组合后的资源应该具有新颖性和柔性。资源开发包括资源的合并和转化两个环节。

资源合并是指创业者将各种离散的产权型资源和知识型资源进行整合，形成系统资源的过程。对于大多数新企业来说，组织资源不是立即形成的，而是通过逐渐地演进，经过一定周期后形成的。这一过程可以建立在现有的资源和能力基础之上，对现有能力进行提升，也可以通过吸收新的资源开发新的能力，但无论哪种方式，其最终结果都实现了资源的整合。

资源转化是指在对离散资源进行组织和整合的同时，创业者或创业团队还必须将个人的优势资源和个人的能力投入到新创企业之中，与组织优势相结合，产生独特的竞争优势。资源转化中，创业者的知识和能力是实现新企业资源规模不断扩大、价值逐渐提高的必要基础。创业者要通过个人的能力来建立新企业，从而开发、管理和维持整个资源基础。比如，我们想利用一项历史文化资源促进少数民族织锦的销售，那么就要对这一项资源进行深入挖掘，寻找与该产品相关的连接点，通过传说故事进行创意、设计，从而将历史文化资源转化为产品包装资源、宣传资源，再利用一定的渠道资源进行推广。

创业企业的资源整合最终将新创企业的各种离散资源转化为组织资源，各个环节之间相互依赖，是一个动态的过程。新企业经过资源识别、资源获取和资源开发后，在组织内部都会积淀一部分的组织资源，而这些组织资源又会进入下一个资源整合的过程，并对每个环节产生影响。新开发的组织资源将作为下一环节的初始资源影响资源识别的过程，还将作为创业者的资源杠杆用于获取其他资源。因此，新创企业的资源整合过程是一个动态的反馈过程，而新企业的组织资源是不断积累的结果。

(三)创业资源整合的步骤

一般来说，资源整合需要经过六个步骤。首先，创业者应该制定一个明确的目标，根据目标分析自己必须具备的资源有哪些。其次，通过对比现有资源，确定缺乏哪些资源，并寻找资源。最后，将缺少的资源整合过来。可见，创业者要想整合资源，一切行动必须从制定清晰明确的目标开始，以结果为导向。没有清晰明确的目标，资源整合也就无从谈起。当然，只有目标是远远不够的，创业者必须分析实现这个目标需要具备哪些资源，知道自己已经具备了哪些资源、还缺少哪些资源、所缺少的资源在哪里，这样才能采取相应的措施，把需要的资源整合过来。创业资源整合的步骤见图7-1。

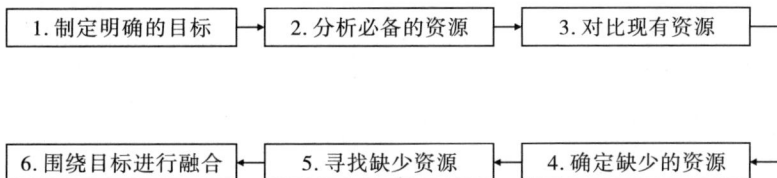

图7-1　资源整合的六个步骤

四、创业融资的方式和渠道

资金是企业的"血液"，是创办企业最基本的要素，也是最重要的创业资源之一。创办企业之初，创业者都需要估计创业成本或启动资金的需求，还需要考虑融资数额。创办企业的费用分为投资支出和营运支出两类。

投资支出是指企业开始运营(做贸易、生产或提供服务)之前必须支出的资金，包括购买土地、建设厂房、购买机器、购置办公设备的支出，以及企业开办费、开业前的广告宣传费用等。其中企业开办费主要包括企业注册登记费、营业执照费、市场调查费、咨询费和技术资料费等，可以根据相关部门收费标准或参考同行业情况进行测算。

营运支出是指企业开始运作直到产生的销售收入能弥补相应的开支期间发生的支出，包括材料费、工资福利费、销售费、设备维修费、水电费、保险费、税收、工商管理费等。创业者通常只考虑机器、设备、办公费、材料费等基础投入，往往会忽略企业开始经营的一段时间内其销售收入根本无法满足各项支出需求的情况，因而常常低估对这部分资金的需求量。企业开办后会产生各种费用，而销售费用包括产品销售过程中发生的各种费用，主要包括广告宣传费、销售人员佣金、运输费、装卸费、储存费、各种促销费用等。销售费用可根据预测的销售量和制定的销售计划，按照相关收费标准进行测算。投资资金测算表见表7-1。

表 7 - 1　投资资金的测算表

序号	项目	数量	预算
1	办公场地与生产经营场所		
2	所需设备设施		
3	办公家具与装饰装修		
4	办公用品		
5	员工工资		
6	创业者工资		
7	市场开拓费（业务招待费等）		
8	房屋租金（季付与押金）		
9	存货的购置支出		
10	广告费		
11	水电费		
12	电话费		
13	保险费		
14	设备安装与维护费		
15	电脑软件等		
16	开办费		
17	其他		
18	合计		

对于一般创业企业而言，需要预测一定的收入以假设成本费用最低期限。对创办成本和运营前期成本进行估计并加总可得出创业启动资金预算。

（一）创业融资的方式

融资是企业根据自身状况、生产经营状况和企业未来发展需要开展的筹集资金的行为与过程。从融资主体角度看，创业融资的方式可分为内源融资和外源融资。

内源融资指创业企业依靠其内部积累进行的融资，具体包括资本金（除股本）、留存收益转化的新增投资、折旧基金转化的重置投资。外源融资指企业通过一定方式从外部融入的资金。

相对于外源融资，内源融资可以减少信息不对称问题及与此相关的激励问题，节约企业的交易费用，降低融资成本，也可以增强企业的剩余控制权。但是，内源融资能力及其增长，要受到企业的盈利能力、净资产规模和未来收益预期等方面的制约。任何企业在创业发展过程中，都会遇到一个确定内源融资与外源融资合理比例的问题。内源融资与外源融资的比较见表 7 - 2 所示。

表 7-2　内源融资与外源融资的比较

分类			来源渠道	特点	投资者
内源融资	股权融资		主要股东投资（原始资本）	原始启动资本	主要股东
			保留盈余（公积金、公益金和未分配利润）	来自企业的税后利润，无风险，融资成本较低，但数量有限	主要股东
	债权融资		主要股东及其亲友的贷款	在企业发展初期较为常见，透明度高，灵活性强，少有信息不对称问题，但利息成本较高	主要股东及其亲友
			事业天使贷款	事业天使指定用途，受监督	有管理/技术技能的人士
			企业内部职工借款	以风险抵押金出现	企业职工
外源融资	股权融资	私募方式	创业投资	20年来发展迅速，中小型高科技企业的融资方式	创业投资者和机构
			场外发行和交易市场	机构投资者、有限合伙制机构参与的投资场所，以股权交易和发行新股筹资，是中小企业股安全整合的市场	个人和各种机构投资者
		主板市场		只有少数的中型企业采用	各种投资者
		二板市场		成长性较好的中小型企业融资和创业投资的重要场所	各种投资者
		直接方式	发行商业票据	少数信用级别较高的中型企业采用	相关客户
			发行债券	少数发展良好、社会信用较好的中小型企业融资方式	社会公众
			商业信用	提供方以延期收款或购货方以预付方式提供企业的信贷	相关交易客户
		间接方式	银行信用	传统的、主要的融资渠道之一，存在信息不对称、道德风险	商业银行
			非银行金融机构贷款	银行以外的其他金融机构提供的信贷	非银行的金融机构
			融资租赁	常见的融资方式之一，风险和成本均较低，而且方便、灵活	相关金融机构

(二)创业融资的渠道

融资渠道是指筹措资金来源的方向和通道，体现着资金的源泉和流量。结合大学生创业的特点，融资渠道有自有资金、亲情融资、银行贷款、天使资金、政策性基金等，而民间借贷、风险投资、融资租赁、发行企业股票、发行企业债券则非常困难。创业者应对各种融资渠道的特点、融资成本、获取条件等进行详细了解，才能选择最有利的融资方法。

1. 自有资金

创业者为企业融资时，第一个渠道就是来自创业者自身资金的融资。研究发现，近70%的创业者依靠自己的资金为企业提供融资。即使具有高成长潜力的企业，在很大程度上都依赖于创建者的存款为其提供初始资金。一方面，创业者比任何投资者都清楚新创企业的商业机会和前景，创业者投入资金本身就是对企业的一种支持和信任；另一方面，投资者也希望创业者能将自己的钱投到新企业，这说明他本人对创业项目有信心。创业者自我融资能缓解部分资金压力，但当所需资金压力较大时，就需要利用其他融资方式了。

2 亲友融资

筹集创业启动资金还有一种有效的途径就是向亲友借钱，它属于负债筹资的一种方式，一般不需要承担利息，没有资金成本。因此，这种方式只在借钱和还钱时增加现金的流入和流出。用这个方法筹措资金速度快、风险小、成本低，缺陷体现在向亲友借钱创业会给亲友带来资金风险，甚至是资金损失，如果创业失败就会影响双方感情。最理想的方式是说服亲朋好友对项目进行投资，明晰产权关系和双方责任。

3. 政策融资

各级政府为了优化产业结构，支持新创企业的发展，为创业企业提供了大量的政策性支持，包括财政补贴、优惠贷款、税收优惠及一些专项基金，如针对大学生创业的创业贷款、针对失业人员再就业的小额担保贷款、针对科技型中小企业的创新基金等和很多地方性优惠政策。

目前，值得大学生创业者关注的融资优惠政策主要有以下几方面。

(1)国家和地方各级政府的科技计划和引导基金，如国家高科技研究发展计划、国家重点基础研究发展计划、星火计划、火炬计划等科技计划，各类成果推广及科技兴贸计划，中小企业科技创新基金等。当然，各类科技计划及创新基金主要资助具有自主创新能力、科技含量高、市场前景好的研究开发项目，如软件、生物、医药等。地方各级政府也推出了一系列创业引导资金、孵化资金、产业资金等。

(2)创业小额贷款，即政府为切实解决创业者资金瓶颈问题，努力为中小企业发展及青年创业提供更多的金融支持，以及为引导广大青年自主创业和自谋职业推出的创业优惠政策。许多地方政府也推出了一系列贷款优惠政策，如青年创业小额贷款、大学生创业小额贷款、创业贷款贴息项目及各类微型信贷产品等。

（3）小额担保贷款指通过政府出资设立担保基金，委托担保机构提供贷款担保，由经办商业银行发放，以解决符合一定条件的待就业人员从事创业经营自筹资金不足的一项贷款业务。国家规定个人申请额度最高不超过 5 万元，各地区对申请小额担保贷款额度有不同规定，许多地区额度高于 5 万元，而且合伙经营贷款额度更大。小额担保贷款的期限一般不超过 2 年，可延期 1 年。

4. 银行贷款

银行贷款是融资的主要方式，从目前的情况看，银行贷款有以下四种：一是抵押贷款，指借款人向银行提供一定的财产作为信贷抵押的贷款方式；二是信用贷款，指银行仅凭对借款人资信的信任而发放的贷款，借款人无须向银行提供抵押物；三是担保贷款，指以担保人的信用为担保而发放的贷款；四是贴现贷款，指借款人在急需资金时，以未到期的票据向银行申请贴现而融通资金的贷款方式。

银行贷款融资的优点在于程序比较简单，融资成本相对节约，灵活性强。只要企业效益良好、融资就较容易。但是对初创企业而言，由于一般要提供抵押或担保，往往还会附加比较苛刻的条件，所以较难筹集。

5. 风险投资

风险资本是指由职业的创业投资者管理的专门进行创业投资的资本，分为专业风险投资公司、风险投资基金和大企业附属的风险投资公司三种。投资赢利的主要模式是通过承担高风险来博取高回报，一般在企业中以入股的形式投入资金，最后以上市或者转让的形式退出创业企业，套取现金。由于风险资本支持的创业企业比其他创业企业更有可能公开上市，所以风险投资家与承担首次公开上市的投资银行家发展了强有力的关系。结果，风险投资家能帮助新企业公开上市。在风险投资基金的投资回收末期，风险投资企业将所投入资金归还给机构投资者，并加上一定百分比的因投资创业企业所带来的利润。

风险投资的对象大多数是初创时期或快速成长时期的高科技企业，如 IT、生物工程、医药等企业。风险投资基金具有其他融资来源所不具有的优点：一是无须创业企业的资产抵押担保，手续相对简单；二是通过风险投资基金融资没有债务负担；三是可以得到专家的建议，特别是高新技术产业。风险投资通过专家管理和组合资源，降低了由于投资周期长而带来的行业风险。但是风险投资对所投项目会有比较严格的要求，如优秀团队、好的商业模式等。相对来说，投资成长期、种子期、初创期的项目较少。

6. 天使投资

天使投资是自由投资者对有创意的项目或小型的初创企业进行一次性的前期投资，是一种非组织化的创业投资形式。他们通常在项目构思阶段就进入，重在获取高额回报。天使投资有三个特点：一是直接向企业进行权益性投资；二是不仅提供资金，而且提供知识和社会资源服务；三是过程简单，资金到位及时。

天使投资者通常是以下两类人：一类是成功的创业者，他们主要是基于自己的经验提携后来者；另一类是企业的高管或高等院校和科研机构的专业人员，他们拥有丰富的创业知识和洞察能力。这些投资者就像天使一样，希望通过自己的资金和专业经验，辅导和帮助那些正在创业的人们，以自己的企业家精神来激发后者的创业热情，延续或完成他们的创业梦想。

7. 担保机构融资

目前各地有许多由政府或民间组织的专业担保公司，可以为包括初创企业在内的中小企业提供融资担保。担保机构大多实行会员制管理的形式，属于公共服务性、行业自律性、自身非营利组织。创业者可以积极申请成为这些机构的会员，之后向银行借款时，可以由这些机构提供担保。与银行相比，担保公司对抵押品的要求则更为灵活。担保公司为了保障自己的利益，往往会要求企业提供反担保措施，有时会派人到企业监控资金流动情况。

案例和练习题

【案例分享】

融资200万元去栽种创梦新苗

小微企业在创业过程中，遇到的有些困难是暂时的，有些问题却恒久顽固。

源于大学生创业计划大赛金奖的一个创业项目和自身技术出身的优势，董某瞒着家里人开始了创业，这等于切断了来自亲人的资金支持，望着工资卡上的余额，他第一次在创业资金困境里陷入了沉思。

就在他一筹莫展之际，广发银行一笔20万元的小微企业贷款如及时雨般洒落在他待建的苗圃中，成为启动他一生梦想的创业基金。

他热爱自己的专业，渴望把自己学到的知识落到实处，希望自己的工作与所学紧密结合。实践中，董某总结了一套适合腾冲、瑞丽的苗木生产技术。采用该技术根据苗木品种和季节选配合适的土壤，自主设计和安装苗圃设施，实现喷灌自动化，一个工人能完成50亩到100亩甚至更大规模的喷灌管理。别人出一批苗的时间，他能出两批。

2019年，董某的苗圃用地被政府征收，多方考察后他在腾冲成立勐景园林有限公司，租下150亩土地，新的征程已然开启，但资金这个老问题再次找上了门。200万元的融资需求较创业之初的20万元已是10倍有余，这次他找到了投融界，一个专注为小微企业解决融资难、融资贵的平台，成功融资50万元，在新租用的土地上开垦种植了50亩新苗。董某说自己是幸运的，赶上了好时候，总书记说绿水青山就是金山银山，如今滇西片区城市景观提升工程大量开展，新建小区的绿化规模扩大，市场上的苗木需求不断增长，且绿化灌木、地被和花草类每年都要进行更新种植，因此具有长期需求的基础。通过稳扎稳打，董某到目前已拥有60多家稳定且活跃的客户群体，苗木需求量总和超过2000万袋。

站在苗圃间的董某说："创业四年，我定下一个又一个目标，然后就埋头去做，一直往前冲，现在这 150 亩地就是我崭新的目标。"

【思考练习】

1. 阅读以上案例，思考对于创业项目来说，哪些因素影响创业资金的获取。

2. 查阅资料，小组讨论分析 KEEP 软件应用的融资和变现逻辑。

3. 主要的创业资源有哪几种？它们的作用如何？

4. 如果有机会创业，请根据你选择的行业梳理自己的资源，并思考如何整合这些资源。

【活动体验】

训练指导书一

训练名称	识别创业资源
训练目的	体验分析可用的创业资源
训练所需器材	A4 纸、中性笔
训练要求	案情：根据小组讨论的拟创业的项目或身边的创业项目实践，识别分析可用的创业资源。 规则：在规定时间（20 分钟）内完成，并互相交流。
所提问题记录	
训练结果	
体现原理	
训练总结与反思	

训练指导书二

训练名称	创业资源的整合
训练目的	体验并分析创业资源的整合
训练所需器材	A4 纸、中性笔
训练要求	案情：以某大学生创业项目或身边的创业项目为例，分析其可以整合的资源。 规则：在规定时间（20 分钟）内完成，小组研讨并互相交流。
所提问题记录	
训练结果	
体现原理	
训练总结与反思	

训练指导书三

训练名称	创业融资计划决策
训练目的	体验与训练融资计划和决策
训练所需器材	A4 纸、中性笔
训练要求	案情：如有一个创业项目需融资，请你考虑如何拟定相关融资计划和制定融资决策。 规则：在规定时间（30分钟）内，小组讨论并设计拟定相关融资计划和决策。
所提问题记录	
训练结果	
体现原理	
训练总结与反思	

▶ 第二节 规避创业风险

学习目标

1. 熟悉创业风险的种类。
2. 理解创业风险产生的原因。
3. 掌握一定的风险防范方法。
4. 描述创业失败规避策略。

阅读材料

快播的法律问题

快播曾是一家以网络流媒体技术开发与应用为核心的高科技企业，研发基于视频点播内核，多功能、个性化的播放器软件。然而，自2010年以来公司以只做技术、不问内容为借口打"擦边球"，对快播系统内大量淫秽色情视频的广泛传播没有进行管理。2014年4月，群众举报快播公司传播淫秽物品牟利；2014年6月26日，广东省深圳市市场监管局向其开出了2.6亿元的巨额罚款；2014年8月8日，轰动一时的深圳快播科技有限公司传播淫秽物品牟利案宣告结束。依靠技术起家，这个曾号称用户过4亿、全国市场占有量第一的网站一步步走向覆灭。

快播软件在视频播放领域积累了大量的用户。随着用户的增多，依托软件的视频内容生产量和传播力越来越大。创业团队作为技术的主要提供者，有监管责任，一旦监管不力，可能影响一代人。如果只有强大的技术而没有好口碑，就算企业再大也不会长久。

　　创业本身就是从 0 到 1 的过程，不论是创意阶段、创业准备阶段、创业启动阶段还是创业发展阶段，都存在或多或少的变数与不确定性。创业不可能是没有风险的，大学生创业者在资源和经验都欠缺的情况下，在创业过程中遭遇创业风险是不可避免的。创业者只有充分地认识风险，有效地规避和处理风险，才能逐步走向成功。

一、创业风险的内涵

(一)创业风险的概念

　　说到创业风险，很多人会联想到困难、挫折、亏损甚至创业失败。创业风险一方面表现为结果的不确定性，包括在创业过程中阶段任务指标实现的不确定性，收益多寡的不确定性；另一方面表现为损失和没有收益的可能性。前者属于广义上的风险，后者属于狭义上的风险。

　　一般意义上，创业风险是创业者及其团队在创业过程中遇到的或发生的风险，主要指由于创业者及创业团队价值观的差异性、能力与实力的局限性、创业环境的多变性、创业机会与市场的复杂性、创业过程及创业资源的不确定性导致创业进程受阻，偏离或未能实现创业预期目标的可能性及其后果。

(二)创业风险的特征

　　创业风险种类繁多，贯穿并交织于整个创业过程，但是这些风险具有如下的共同特征。

　　1. 客观性

　　创业本身就是一个识别风险和应付风险的过程，风险的出现不以人的意志为转移，所以创业风险的存在是客观的。

　　2. 不确定性

　　由于影响创业的因素具有不确定性，这些因素是不断变化、不断发展的，甚至是难以预料的，因此创业风险也具有不确定性。

　　3. 可变性

　　随着影响创业因素的变化，创业风险的大小、性质和程度也会发生变化。

　　4. 可识别性

　　根据创业风险的特征和性质，创业风险是可以被识别和划分的。

　　5. 相关性

　　创业风险与创业者的行为紧密相连。创业者面对风险时采取不同的对策会出现不同的结果，这与创业者自身的素质与能力高度相关。

二、创业风险的表现

(一)创业风险的分类

从风险的表现形式来看,创业风险可分为环境和政策风险、机会选择风险、商品市场风险、资源利用风险、技术风险、人力资源风险、管理与决策风险和财务管理风险。创业者只有充分认识风险,才能更好地防范、规避与处理风险。

1. 环境与政策风险

环境与政策风险指因创业者及其创业活动所处的社会、政治、经济、法律环境和政策环境等的变化及意外灾害而导致创业者或创业企业蒙受损失的可能性。战争、国际关系变化、有关国家政权更迭、政策变化、宏观经济环境的大幅度波动或调整、法律法规的修改,或者创业相关事项得不到政府许可,合作者违反契约等都会给创业活动带来风险。

环境与政策风险往往是创业者及其团队不能左右和掌控的,主要是因创业活动的外部环境与外部合作方的不确定性与变化造成的。因此,创业者应更多地关注企业的外部动向,培养敏锐的市场洞察力,做好相应的风险防范预案以应对风险。

2. 机会选择风险

机会选择风险指创业者对机会判断失误或错过机会而强行启动创业活动带来的风险。创业难,发掘和利用创业机会更难。一些人认为创业点子的产生是机缘凑巧。不过,研究创意的专家认为,创意只是冰山上的一角,没有平时的用心耕耘,机缘也不会如此凑巧。能有机缘巧合或第六感的直觉,主要还是因为创业者在平时培养了敏锐的观察力和较强的逻辑分析能力。发掘创业机会的方式包括分析矛盾现象、特殊事件、作业程序、产业与市场结构、人口变化趋势、价值观与认知变化六种。

虽然大量的创业机会可以经由系统的研究来发掘,但是,最好的创意还是来自创业者长期的观察与深入的感悟。如果创业者过于自负或经验能力不足,就会导致判断失误,为创业活动埋下风险的种子。

创业者能否感知到创业机会的存在取决于他们是否能有效识别外部信息和对信息进行选择性地过滤与组合。风险倾向、成就需要、内控资源、不确定性容忍度等特质是创业者能够敏锐识别创业机会的基础。如果创业者缺少这些特质,异想天开,闭门造车,就会导致机会选择风险。大学生创业时如果缺乏前期市场调研和论证,只是凭自己的兴趣和想象决定创业方向,甚至仅凭一时心血来潮作决定,很有可能会碰得头破血流。

不少研究发现,创业者自身拥有的特性,如创造力等,都可能促进创业机会的成功识别。

3. 商品市场风险

商品市场风险指因市场情况不确定而导致创业者或创业企业损失的可能性。商品市场供给和需求的变化、市场接受创业者提供的产品与服务的时间的不确定、市场价格变化、市场战略失误等都会给创业活动带来一定的商品市场风险。

在微波炉上市之初，不少消费者担心微波炉可能有辐射，因此微波炉厂家和商家不得不通过媒体反复向消费者宣传微波炉不会损害健康。

由此可见，创业者很难预先准确判断，市场是否会在某个时段接受某一新产品及其接受能力。

4. 资源利用风险

资源利用风险指创业者在创业活动过程中遇到的发现资源、整合资源、开发资源和利用资源的不确定性。创业者的创业活动离不开内外部资源的支持。巧妇难为无米之炊，没有内外部资源的支撑，创业活动难以为继。资源包括支持企业关键业务的核心资源和与企业构成利益关联的合作网络资源。资源不足可能会导致业务链或资金链断裂，延缓或终止创业进程。

在大多数情况下，创业者不一定也不可能拥有所需的全部资源，这就形成了资源缺口。如果创业者没有能力填补资源缺口，那么创业就无法起步。企业创建、市场开拓、产品推介等工作都需要创业者调动社会资源。大学生在这方面会感到非常吃力。因此，大学生平时应多参加社会实践活动，扩大人际交往范围。创业前，大学生可以先到相关行业领域工作一段时间，为日后创业积累人脉。

5. 技术风险

技术风险指由于技术方面的因素及其不确定性而导致创业进程延误或创业失败的可能性。技术路径选择的不确定性，技术研发成功的不确定性，技术前景、技术寿命的不确定性，技术效果的不确定性，技术成果转化的不确定性，以及关联技术的不确定性等都会带来技术风险。核心技术作为新创企业的核心竞争力，往往也具有一定的创新性。但是技术创新能否成功受到诸多因素的影响，同时也存在技术创新的价值有待市场验证的风险。

6. 人力资源风险

人力资源风险指创业者、创业团队及其员工等人的因素对创业活动的开展产生不良影响或未能实现创业既定目标的风险。创业者自身的素质和能力有限，创业团队成员的知识和技能水平有限，用人不当，关键员工离职，未能获取优质人力资源等是人力资源风险的主要表现。在知识密集型产业和创意产业中，人力资源至关重要；在劳动密集型产业中，人力资源更是举足轻重。

同时，创业者、创业团队及其员工因思想意识差别也会产生风险，这是创业团队的内在风险。这种风险来自于无形，却有强大的毁灭力。风险性较大的意识包括投机心态、侥幸心理、尝试心态及过分依赖他人等。

7. 管理与决策风险

管理与决策风险指创业者及创业团队在创业过程中因信息不对称、管理措施不力、经营判断失误、决策失当、团队文化消极等影响创业项目正常推进，甚至无法实现既定目标而产生的风险。管理与决策风险主要体现为缺乏管理规划、管理不规范、决策随意或决策依据不充分、决策流程不合理、团队执行能力差、团队价值观不统一、组织文化缺失、缺乏诚信与责任意识等。

创业者常常并不一定是出色的企业家，不一定具备出色的管理才能。启动创业活动的创业者主要有两种：一是创业者利用某一新技术进行创业，他可能是技术方面的专业人才，但却不一定具备专业的管理才能，因此会产生管理与决策的风险；二是创业者具有创意，但战略规划能力欠缺，或不擅长管理具体事务，这也会造成管理与决策风险。创业者应在创业之初建立基本的团队议事规则，明确近期项目目标和处理原则，如项目何时停止，在什么情况下吸收合作伙伴，在什么情况下动用多少资金等。建立对事不对人的工作氛围也非常重要。

8. 财务管理风险

财务管理风险指创业者和创业团队因资金、资产经营管理失当而产生的风险。财务管理风险主要表现为对创业所需资金估计不足、资金预算不科学、资金使用随意、成本控制不足、成本结构不合理、营收管理缺乏、未能及时筹措创业资金、融资不当、现金流管理不力等。账务管理风险往往集中体现为资金链断裂，创业项目难以为继。

资金风险在创业初期会一直伴随在创业者的左右。是否有足够的资金创办企业是创业者遇到的第一个问题。企业创办起来后，创业者就必须考虑是否有足够的资金支持企业的日常运作。对于初创企业来说，如果连续几个月入不敷出或者因为其他原因导致企业的现金流中断，就会给新创企业带来极大的威胁。相当多的企业会在创办初期因资金短缺而严重影响业务拓展，甚至错失商机，最后不得不关门大吉。

没有广阔的融资渠道，创业计划就是一纸空谈。除了银行贷款、自筹资金、民间借贷等传统融资方式外，创业者还可以充分利用风险投资、创业基金等融资渠道。

（二）新企业风险的类型

企业创办初期的不确定性较高，风险较大，处理不好会导致创业失败。新企业面临的典型风险主要有经营风险、财务风险、人力资源风险、市场风险等。

1. 经营风险

经营风险是企业在生产经营过程中，供、产、销各个环节因素的不确定性所带来的企业收益的不确定性。创业初期，由于各个环节的不确定性都较高，企业的经营风险就会更大。另外，企业的固定经营性成本越高，销售收入变动带来的利润变动就会更大，经营风险就会更高。因此，创业初期，应尽可能降低固定性资产在全部资产中的比重，采取轻资产战略，合理控制经营风险。西安蓝晶生物科技有限公司就是通过与西安多个高校联合，共同从事科研开发，这样既节省了研发成本，又有利于新产品更快更好地推出。利用高校实验室也大大降低了企业的固定经营成本，让企业以轻资产运营，从而降低了经营风险，为蓝晶生物带来企业高速健康发展的新机遇。

2. 财务风险

财务风险指财务结构不合理、融资不当使公司丧失偿债能力，导致投资者预期收益下降的风险。企业只要有负债筹资，财务风险就不可避免。财务风险的发生不但会带来财务拮据，严重时还会使企业面临破产。所以，创业者应合理规划财务结构，安排好不同渠道的资金来源及比重，在获取财务杠杆利益的同时，将财务风险控制在可接受的范围之内。

3. 人力资源风险

人力资源风险指人的因素对创业活动的开展产生不良影响并使其偏离经营目标的潜在可能性。创业者自身的素质和能力有限、创业团队成员的知识和技能水平不匹配、管理过程中的用人不当、关键员工离职等因素是人力资源风险的主要诱因。因此，创业者需要从自身做起，不断学习提高个人素质，团结团队成员，并通过合理激励机制将员工凝聚在一起。

4. 市场风险

市场风险指市场情况的不确定性导致创业者或创业企业损失的可能性。市场风险包括产品市场风险和资本市场风险两大类。市场供给和需求的变化、市场接受时间的不确定、市场价格变化、市场战略失误等都会给创业活动带来一定的市场风险。为避免市场风险发生，创业者应该随时关注市场变化，主动变革，制定合理的市场战略。

三、创业风险产生的原因

(一)眼高手低

有的创业者认为创业是做大事，对一些小事、杂事不屑一顾。这是不正确的。在创业阶段，任何事情都是重要的，大意只会带来风险。

(二)经验不足

新创业者常常缺乏实践经验，在整合有效资源等方面，可能会遇到处理风险。

(三)缺乏合作

现在社会竞争激烈，信息瞬息万变，创业者如果选择单打独斗，处理不好人际关系，就无法利用好人脉关系这一重要的资源，在关键时刻就难以渡过难关。

(四)对市场需求了解不够

有的创业者认为自己直觉敏锐，不做细致的市场调查，不结合自己的资源情况，就单纯凭借个人爱好或兴趣决定投资方向，这必然会带来创业风险。

四、创业风险的防控

敢于冒险是优秀创业者的基本素质之一，他们一般具有高度的风险意识和风险承担能力，他们目标坚定、不畏困难，能推动创业实践活动的开展。创业者，只有加强对创业风险的识别与防控，才能更好地推进创业项目。从另一个角度来说，创业的过程其实就是创业者不断克服困难、迎接挑战的过程。因此，创业者要勇敢地面对风险，科学地处理风险。

(一)外部风险的管控

外部风险是由某种企业外部因素引起的，创业者或新创企业本身控制不了或无法对其施加影响，也难以采取有效的方法消除风险。

寻找蓝海是创业的良好开端，但并非所有的新创企业都能找到蓝海。更何况，蓝海也只是暂时的，所以，竞争是必然的。如何面对竞争是每个企业都要随时考虑的事，新创企业更是如此。如果创业者选择的行业是一个竞争非常激烈的领域，那么在创业之初极有可能受到同行的强烈排挤。一些大企业为了把小企业吞并或挤垮，常会采用低价销售的手段。对于大企业来说，由于规模效益或实力雄厚，短时间的降价并不会对它造成致命的伤害，而初创企业则可能遭遇毁灭性打击。因此，考虑好如何应对来自同行的残酷竞争是创业的必要准备。

外部风险是创业者难以掌控的，创业者只能加强监测和预警，努力规避外部风险。在创业活动中的各个阶段，创业者都应该充分认知风险，预防风险并理性把握相关风险。

理性把握相关风险，即分析、判断相关风险的具体来源、发生概率、程度大小，对可能的风险因素进行评估；测算借机冒险创业的成功概率，设计并选择综合风险较小且自身有能力承受相关风险的行动方案，并提前准备相应的风险应对预案。

创业者应对外部风险有充分的认知与敏锐的洞察，可以从以下三个方面做好外部风险管控。

1. 充分认知，科学分析

创业者应对其所处的创业环境进行深入了解与科学分析。目前，我国全面实施积极的创业就业政策，贯彻鼓励创业的方针，在自主创业税费减免、小额担保贷款、创业地落户及场地、项目、技术、培训等方面，为大学生创业提供了许多优惠和鼓励政策，创造了更为宽松的创业环境。创业者首先应对创业环境进行正确的认识和了解，采用科学的方法对创业环境进行合理评估，特别是针对国家发展规划、政策导向、宏观经济环境、行业发展趋势、区域经济状况、技术发展与应用状况、人口消费趋势、社会问题等进行全面、系统、理性的分析判断，以求准确深入地解释创业过程中可能遇到的外部风险。

2. 敏锐洞察，理性预测

任何事物都有其发展规律。同时，任何事物的变化也将引发相关事物的变化，产生蝴蝶效应。因此，创业者可以通过观察身边事物的变化来预测风险；因创业者自身知识能力和信息渠道有限，有些风险不可预测。创业者应尽可能运用所学知识和掌握的资源，采用科学的方法深入分析可预测的风险，并通过和团队成员探讨、请教专家等方法来预测可能发生的外部风险及其影响。创业者应尽量对创业的外部风险做到心中有数并制订相应的应对预案。

3. 镇定应对，合理管控

由于外部风险的不可规避性，创业者只能根据上述对外部风险的分析和预测来采取合理的应对措施，沉着应对，实施风险预案，尽可能降低风险发生产生的不利影响。

（二）内部风险的管控

内部风险是由创业者或创业企业自身因素引起的，只对该创业者或创业企业产生影响。因此，创业者和新创企业可以在某种程度上对其进行控制，并通过一定的手段预防风险或分散风险。

创业失败，基本上都是管理方面出了问题。决策随意、信息不畅、理念不清、患得患失、用人不当、忽视创新、急功近利、盲目跟风、意志薄弱等都会导致内部风险的发生。大学生知识单一、欠缺经验、资金不足和心理素质差，都会产生内部风险，导致创业进程受阻或创业失败。

1. 机会选择风险的防范

机会选择风险是一种潜在且先天的风险。除前述在创业风险的分类中所谈及的，机会选择风险还涉及选择创业给创业者个人带来的人生发展的不确定性。因此，在思考创业时，创业者就应该对创业的风险和收益进行权衡，这种权衡会受到创业者价值观和人生目标的影响。

创业者应将创业阶段目标和目前的职业收益进行比较，结合当下的创业环境和自己的人生规划进行系统分析。如果创业时机已经成熟，而且是实现人生阶段目标的最佳途径，同时又存在商业机会窗口，且该项目与自己的生涯规划相吻合，那么创业者就可以选择创业，否则就不要急于创业。创业者可以去就业、深造或者继续从事目前的工作，继续观察社会发展，学习相关的知识和技能，积累经验与资源，同时建立良好的关系网络，待时机成熟再选择创业。

2. 人力资源风险的防范

人力资源是创业活动中最重要的资源，由此产生的风险对创业企业来说往往是致命的，因此人力资源风险受到创业者和企业家的高度关注。首先，创业者应不断充实自己，提高个人素质，使自己的知识和能力与创业活动的需求和企业发展相匹配。其次，创业者应通过沟通、协调、激励、奖惩、评价、目标管理等多种手段管理团队，并在创业团队发展的不同阶段确定相应的管理制度，科学合理地对成员进行绩效评价。另外，创业者还要招聘具有良好职业道德和团队合作意识、拥有相应岗位技能的员工，不断提升团队能力，加强团队的凝聚力，形成团队的主流价值观，选好人，用好人，才可防范人力资源风险。

3. 技术风险的防范

技术创新能够给拥有者带来丰厚的回报，但掌控不好也可能制约创业进程，使创业者颗粒无收。因此，创业者一定要通过加强自身能力建设或建立创新联盟等方式减少技术风险发生的可能性。第一，创业者应加强对技术创新方案与技术路径的可行性论证，减少技术开发与技术选择的盲目性，并通过建立灵敏的技术信息预警系统，及时预防技术风险；第二，创业者可通过组建技术联合开发体或建立创新联盟等方式来分散技术创新的风险；第三，创业者应提高创业企业技术系统的活力，降低技术风险发生的可能性；第四，创业者应高度重视专利申请、技术标准申请等，通过法律手段减少损失出现的可能性。

4. 管理与决策风险防范

创业者通过提高管理者的素质，建立管理和决策机制，有效防范创业企业的管理与决策风险。具体来说，可以采取的主要措施有：第一，努力提高核心创业成员素质，树立其责任意识、诚信意识和市场经济观念，并在此基础上建立管理和决策机制，针对企业发展需求，适时调整组织架构；第二，在充分调研的基础上实行集权管理，明确企业的决策流程、执行管理机制、监督考核机制和信息反馈机制，合理放权，实施责权利的统一，避免不规范、不负责的管理行为发生。

5. 财务管理风险防范

筹资困难和资本结构不合理是很多创业企业明显的财务特征和主要财务风险的来源。有效规避财务风险应做到以下几点：第一，创业者要对创业所需资金进行合理估计，避免筹资不足影响创业企业的健康成长和后续发展；第二，要学会建立创业者自身和创业企业的信用，提高获得资金的概率，丰富资金获取的途径；第三，创业者或团队一定要学会在企业的长远发展和目前利益之间进行权衡，设置合理的财务结构，从适当的渠道获得资金；第四，创业者应管好创业企业的现金流，避免现金断流带来的财务拮据甚至破产清算的局面。

五、风险应对

在创业初期，由于创业者及其团队的不成熟，发生风险的概率较高。为此，创业者及其团队应加强风险识别工作，可以采用绘制创业流程图、制作风险清单、制订风险预案、集体研讨、市场调查、专家建议等方法及时或提前识别风险。创业者及其团队还应时刻保持高度敏感，做到在计划中体现，在汇总中关注，在总结中分析。

风险应对指选择最佳的风险处理措施，采取及时有效的方法对风险进行防范和控制，用最经济合理的方法来综合处理风险，以实现最大安全保障的一种科学管理方法。常用的风险应对方法有风险避免、风险自留、风险预防、风险抑制和风险转嫁等。

风险避免指设法避免损失发生的可能性，基本上消除特定风险发生的可能性。这种方法是一种消极的风险管理方法。通常当某种特定风险所致损失的频率或者损失的幅度相当高时，或者创业者不能接受采用其他风险管理方法时才会采用。就像汽车驾驶新手上路时，为了不发生交通事故，选择到没有车的地方开车。

风险自留是创业者自我承担风险损失的一种方法。风险自留常常在风险损失概率和幅度较低、损失短期内可以预测及最大损失不影响创业活动的正常进行时采用。驾驶新手上路，即便非常小心，也会发生一些轻微剐蹭或被其他车辆鸣笛催促，这些都是很正常的，驾驶员应该可以承受上述事件造成的心情不悦与经济损失。

风险预防是指在风险损失发生前为消除或减少可能引起损失的各种因素而采取的处理风险的具体措施，其目的是通过消除或减少风险因素达到降低损失发生概率的目的。风险预防通常在损失的频率高且损失的幅度低时使用。比如汽车驾驶新手上路，为预防交通事故的发生，就应严格遵守交通规则，集中精力，认真驾驶。

风险抑制是指在损失发生时或损失发生后为缩小损失幅度而采取的各种应对措施。损失抑制常常在损失幅度高且风险又无法避免或转嫁的情况下采用，如损失发生后的自救和损失处理等。汽车驾驶员在交通事故无法避免时，宁可撞树、撞墙，也不能撞人。只有这样，才能将事故的风险损失降到最低。

风险转嫁是指创业者为避免承担风险损失，有意识地将损失或与损失有关的财务后果转嫁给他人去承担的一种风险管理方法。具体来说，创业者可采用保险转嫁、转让转嫁和合同转嫁等方式。汽车驾驶员应为车辆办理相关保险，在发生交通事故及造成损失时，可由保险公司承担损失结果。

创业者或创业企业需要针对风险评估的结果和具体的评估环境选择合适的风险应对方法，采用科学的风险应对策略，如表7-3所示。对于损失金额小的风险，创业者可采取风险自留的方式，对于那些出现概率大、损失金额高的风险，创业者可采用风险转嫁等方式。

表 7 - 3 　风险应对策略矩阵

风险影响程度	高频率风险	低频率风险
高程度	风险避免	风险避免 风险抑制
	风险抑制	
	风险转嫁	
低程度	风险避免	风险自留
	风险预防	

案例和练习题

【案例分享】

不熟悉法律法规带来的风险

魏先生欲在医院建立大屏幕药品广告播放系统，合作医院已经找到，药品生产厂家也十分愿意投放产品广告，正在紧锣密鼓地推行过程中，却遇到了相关执法部门的制止。因魏先生不熟悉新修订的《中华人民共和国药品管理法》，导致该项目失败。

产品技术成熟度认识不够带来的风险

张先生与开发出计算机远程控制全色护栏灯的朋友合作，注册了一家企业，拟进行产品的推广。他们刚做出样机，就有客户找上门来，看到计算机模拟演示奏效后，便签订了一个很大的工程订单。由于工期较紧，张先生便直接开始大批量生产产品，投入工程安装。由于产品的抗搅乱性能没通过验收，以致客户退货，给公司造成了巨大的经济损失。因为没有进行充足的产品可靠性试验，特别是缺乏模拟现场工况的试验，导致该项目失败。

【思考练习】

1. 结合以上案例思考，在进行创业项目可行性剖析时，应如何避免法律法规风险。

2. 结合大学生和大学生创业团队的特点思考，应怎样预防和管控大学生创业风险。大学生创业者应当如何应对创业风险？

3. 结合要选择的创业项目，提出 3 个降低创业风险的策略。

【活动体验】

训练指导书

训练名称	创业风险识别
训练目的	体验和训练风险识别与分析
训练所需器材	A4 纸、中性笔
训练要求	案情：根据自己小组创业项目的特点，分析可能的创业风险。 规则：在规定时间（2 分钟）内，进行小组讨论并识别风险。
所提问题记录	
训练结果	
体现原理	
训练总结与反思	

▶ 第三节　新企业注册与管理

学习目标

1. 了解新企业注册的程序与步骤。

2. 熟悉企业组织形式的选择对新企业的重要性。

3. 了解影响企业成长的因素。

4. 熟悉针对新企业管理的重点与行为策略。

阅读材料·

与西门子叫板的大学生创业

因为项目中的一个关键控制器被西门子垄断，刚刚开始创业的大学生杨某买不起，于是他率领团队独立开发了一套控制器，完成了一套合同金额达 200 万元的舞台机械控制系统。5 年后，杨某创办的成都炎兴科技有限公司（以下简称炎兴科技）打破了西门子在上述领域的垄断地位，并占据了全国 57% 的市场份额。

杨某走上创业道路，纯属偶然。他是电子科技大学电子工程学院的学生。在校期间，他和同班另外 5 名爱钻研技术的同学常常跟着老师在实验室做项目。有时候，他们也到外面接活儿干。大四那年，有一家公司找他们开发一套电力系统用的无线抄表系统，完成项目后，他们赚了 30 万元。

当时大家都惊呆了，眼看就要毕业了，他们不知道怎么处理这笔钱。于是，大家合计，由杨某牵头注册一家公司，取名炎兴科技。由于成都市成立了青年（大学生）创业园，杨某的公司入驻创业园，受到了优惠政策的扶持。现在看来，当时这个决定纯粹是为了给那 30 万元找个去处，他们甚至不知道开公司要做什么。于是他们骑着自行车，绕着成都市区一环路转了一圈，试图找到创业的灵感。

不久后，在实验室做项目时认识的一个朋友给他们介绍了一笔业务。炎兴科技这才有了第一个项目——给远在甘肃的嘉峪关大剧院做一套舞台机械控制系统。对年轻的创业团队来说，这个合同金额达 200 万元的项目价值不小，但难度也不小，最大的难题是系统中的控制器。

控制器是项目的核心部分。他们调查发现，当时国内所有剧院舞台的机械控制系统中，控制器都是西门子的产品，国内尚没有生产厂家。也就是说，西门子垄断了上述产品的国内市场。一问价格，70 万元，把他们吓一跳。更让他们憋屈的是，对方要求一次性支付，两个月之后才发货。炎兴科技没那么多钱，一年的项目期限也容不得他们再等两个月。于是杨某决定自己做。

钻研了两个月，杨某的团队做出了一个自己的控制器。当他们兴冲冲地从成都赶到甘肃，将控制器接上舞台设备时，眼前的景象"把他们魂都吓掉了"，各种设备在舞台上空飞来飞去。他们赶紧拉下紧急开关，带着设备返回成都，继续钻研。原来，实际荷载状态和实验室仿真状态大不一样，这才导致设备失控。经过反复调整，一年后，产品交付。"甲方很满意，因为他们需要的功能我们都实现了。"杨某说。

【理论讲授】

开办并且成功运营一家企业，需要遵循相关法律法规的规定，坚守社会道德，履行社会责任。因此，创业初期，创业者需要有强烈的法律意识，熟悉相关的法律法规，了解应该履行的社会责任，做一个守法履责的公民。

一、新企业选址的影响因素

为企业选择地址首先要选择一个地区，主要考虑该地区经济、技术、文化、政治等综合情况。肯德基、星巴克等，在进入一个新市场前，首先会对人口、商业、文化、政治及城市影响力等整体环境进行分析，然后选择适合本店消费定位的目标地。

选好地区后，要选择一个具体的地点，这时应考察商业区、住宅区、郊区、路段等。7-11便利店、橙子便利店等，基本都是围绕大流量社区的路口进行选择。新店周围的常住居民和流动人口消费层次，都直接影响未来的到店人流量和潜在销售额。

除了自然因素、社会因素、经济因素、政治因素等外部因素外，为新企业选址，还应考虑内部因素，如企业的性质、战略目标、项目和产品。企业的性质不同，选址决策的依据也有差异。制造业企业选址要考虑成本的最小化；零售业和专业服务类企业则看中收入的最大化；仓储设施服务类的企业更关注成本和产品的配送速度。企业的战略目标也会影响企业选址。不同的产品和服务的差别决定了选址时考虑因素的不同。手工类的项目须设立在劳动力充足的区域；知识型、技术型的项目倾向科技中心、经济中心。总之，内外因素都会影响企业的选址。企业选址的成功往往是对多种因素进行综合分析的结果。

随着"双创"时代的到来，大量人才涌入创新创业的队伍。各地为了吸引人才，也建设了创业园、创意产业园、创新中心、创新大厦、创客空间等，专门为创业型企业提供经营场地。

二、新企业的注册

企业组织形式指企业财产及其社会化大生产的组织状态，它表明一个企业的财产构成、内部分工协作和与外部社会经济联系的方式。根据市场经济的要求，现代企业的组织形式按照财产的组织形式和所承担的法律责任通常分为：个人独资企业、合伙企业和公司制企业。确定符合企业需要的法律结构是创业过程中非常重要的一环。

(一)大学生创业的市场主体类型

大学生自主创业可以采用的市场主体类型有：个体工商户、个人独资企业、合伙企业、农民专业合作社和有限责任公司等。创办不同类型的市场主体，需要准备的材料也不同。

1.个体工商户

有经营能力的公民，依照《个体工商户条例》规定，经工商行政管理部门登记，从事工商业经营的，为个体工商户。个体工商户可以个人经营，也可以家庭经营。个体工商户的合法权益受法律保护，任何单位和个人不得侵害。

申请登记为个体工商户，应当向经营场所所在地登记机关申请注册登记。申请人应当提交登记申请书、身份证明和经营场所证明。个体工商户登记事项包括经营者姓名和住所、组成形式、经营范围、经营场所。个体工商户使用名称的，名称作为登记事项。

申请成为个体工商户，创业者需要按照《个体工商户条例（2014 年修订）》的规定准备相应材料，由申请人或者委托的代理人直接到经营场所所在地登记机关或其下属工商所提出登记申请，经由登记机构审核通过之后申领营业执照。

2. 个人独资企业

个人独资企业的登记事项应当包括：企业名称、企业住所、投资人姓名和居所、出资额和出资方式、经营范围。个人独资企业的名称应当符合名称登记管理有关规定，并与其责任形式及从事的营业相符合。

申请成为个人独资企业，需要按照《个人独资企业登记管理办法（2014 年修订）》的规定准备相应申报材料，由投资人或者其委托的代理人向个人独资企业所在地登记机关申请设立登记，在经过登记机构审批核准后取得营业执照。

3. 合伙企业

合伙企业的登记事项应当包括：名称，主要经营场所，执行事务合伙人，经营范围，合伙企业类型，合伙人姓名或者名称及住所、承担责任方式、认缴或者实际缴付的出资数额、缴付期限、出资方式和评估方式。合伙协议约定合伙期限的，登记事项还应当包括合伙期限。执行事务合伙人是法人或者其他组织的，登记事项还应当包括法人或者其他组织委派的代表（以下简称委派代表）。

申请成为合伙企业，应该根据《中华人民共和国合伙企业登记管理办法（2014 年修订）》的规定，由全体合伙人指定的代表或者共同委托的代理人向企业登记机关申请设立登记，并经由企业登记机关核准后取得营业执照。

4. 农民专业合作社

农民专业合作社是在农村家庭承包经营基础上，同类农产品的生产经营者或者同类农业生产经营服务的提供者、利用者，自愿联合、民主管理的互助性经济组织。农民专业合作社依照《农民专业合作社法》登记，取得法人资格。农民专业合作社成员以其账户内记载的出资额和公积金份额为限对农民专业合作社承担责任。

工商行政管理部门是农民专业合作社登记机关。国务院工商行政管理部门负责全国的农民专业合作社登记管理工作。农民专业合作社由所在地的县（市）、区工商行政管理部门登记。国务院工商行政管理部门可以对规模较大或者跨地区的农民专业合作社的登记管辖作出特别规定。

农民专业合作社成员可以用货币出资，也可以用实物、知识产权等能够用货币估价并可以依法转让的非货币财产作价出资。成员以非货币财产出资的，由全体成员评估作价。成员不得以劳务、信用、自然人姓名、商誉、特许经营权或者设定担保的财产等作价出资。

设立农民专业合作社，应当具备下列条件：有五名以上符合《农民专业合作社法》(以下简称"本法")第十四条、第十五条规定的成员;有符合本法规定的章程;有符合本法规定的组织机构;有符合法律、行政法规规定的名称和章程确定的住所;有符合章程规定的成员出资。

农民专业合作社的登记事项应当包括:名称、住所、成员出资总额、业务范围、法定代表人姓名。

申请成为农民专业合作社,需要按照《农民专业合作社法》的相应规定准备材料,由全体设立人指定的代表或者委托的代理人向登记机关申请设立登记;经登记机构登记之后取得营业执照。

5. 有限责任公司

申请成为有限责任公司,需要按照《中华人民共和国公司登记管理条例(2014年修订)》和《中华人民共和国企业法人登记管理条例施行细则(2014年修订)》的规定准备相应材料,对于法律、行政法规或者国务院决定规定设立有限责任公司必须报经批准的,还应当提交批准文件;然后由全体股东指定的代表或者共同委托的代理人向公司登记机关申请设立登记;最后由登记机关视情况作出是否受理的决定,对决定予以受理的登记申请,在规定的期限内作出是否准予登记的决定,对予以登记的申请在规定的时间内发放营业执照。

公司、合伙企业和个人独资企业是三种常见的企业法律组织形式,各有优缺点。创业者要根据项目的实际情况,选择更适合自己的组织形式。不同企业组织形式的优缺点见表7-4。

表7-4 不同企业组织形式的优缺点

项目	公司	合伙企业	个人独资企业
法律基础	公司章程	合伙协议	无章程或协议
责任形式	有限责任	无限连带责任	无限责任
投资者	无特别要求,法人、自然人皆可	完全民事行为能力的自然人,法律、行政法规禁止从事营利性活动的人除外	完全民事行为能力的自然人,法律、行政法规禁止从事营利性活动的人除外
注册资本	章程规定,投资者认缴	协议约定	投资者申报
出资	货币、实物、工业产权、非专利技术、土地使用权	货币、实物、土地使用权、知识产权或者其他财产权利、劳务	投资者申报
所得税义务	企业所得税/个人所得税	个人所得税	个人所得税
出资评估	必须委托评估机构评估	可协商确定或评估	投资者决定
解散后义务	无	5年内承担责任	5年内承担责任

(资料来源:《创业基础》,北京师范大学出版社,王艳茹、王兵著。)

（二）新企业注册流程

根据法律规定，企业开办之初需要经过工商行政管理部门核准登记，获得正式颁发的营业执照及有关部门的经营许可，取得合法身份。为此，创业者就需要进行名称核准、前置审批、编写注册文件、刻章并且开立银行账户。

从 2015 年 10 月 1 日起，全国范围内开始全面实行"三证合一"的登记制度。"三证合一"的登记制度是指将企业登记时依次申请的，分别由工商部门核发的营业执照、质监部门核发的组织机构代码证、税务部门核发的税务登记证，改为一次申请，由工商部门核发一个加载统一社会信用代码的营业执照，即"一照一码"营业执照。这样大大简化了新企业的注册流程。2016 年 5 月 18 日，国务院常务会议决定全面实施"五证合一、一照一码"的制度，将社会保险和统计登记证整合在内，进一步降低创业准入的制度性成本。

值得一提的是，2013 年修订的《公司法》，取消了原来的一般性验资要求，但仍然规定以募集方式设立的股份有限公司的注册资本应当经过验资机构验资。

三、新企业成长的驱动因素

创业企业要在日后获得快速成长，就需要在初创期充分了解影响企业快速成长的因素，事先做好准备。一般来说，影响新企业成长的因素既有内部因素，又有外部因素。

（一）影响新企业成长的内部因素

影响新企业成长的内部因素包括创业者的特质和能力，创业团队的愿景和股权设计，创业资源的配置与积累。

1. 创业者的特质和能力

创业者的高成长欲望，永不服输的工作激情和勇于挑战的特质等都会驱动企业快速成长。高成长的欲望会使创业者在企业有盈利时，将大部分的利润留存，为企业发展提供持续的资金支持；永不服输的工作激情则会使创业者在遇到困难时，想方设法去解决，不至于半途而废，使企业不断前进；勇于挑战的特质则会使创业者在企业面临外部环境的变化时，进行积极主动地应对，从关注机会的角度采取行动，使企业走向正轨。

创业者识别和把握机会的能力、管理能力和配置资源的能力，会帮助其更好地辨别企业发展方向，管理发展过程中出现的新情况，将资源从效率低的领域转到效率高的领域，产生更多的经济效益，让企业具有创新优势，赢得快速成长的机会。

创业者特质可以通过自我管理和训练获得。所以，有志于成为创业者的人应尽早参加训练，进行自我管理，培养企业家特质；同时通过学习和实践，掌握和提高创业能力。

2. 创业团队的愿景和股权设置

愿景是对企业前景和发展方向的一种高度概括，反映了企业的价值观和渴望。

只有创业团队拥有共同的愿景，团队内部的所有人才能得到有效的培育与鼓舞，团队成员的个人潜能才会被彻底激发，企业才能够得到快速成长。因此，创业者应调动每位成员参与构思和制订愿景的积极性，并通过制订愿景，激发组织的活力，使企业更有竞争力。

合理的股权设置对于一个企业的健康成长和快速发展非常重要。合理的股权结构可以充分调动团队成员的积极性和创造性，使其将企业发展和个人的发展同等看待，并在遇到矛盾时能够以团队的利益为重，在利润分配时更加考虑企业长远发展的资金需求，为企业快速成长提供内部资源支持。因此，创业者应设置合理的股权结构和利益分配机制，为企业的快速成长打下制度基础。

此外，创业团队的专业水平和组织方式也会对企业成长产生很大的影响。团队成员应努力提高在营销、管理、技术等方面的专业素质和能力水平，建立合适的运作机制和治理结构，提高新企业成长的实践能力，激发团队成员的工作热情。

2014年，芬尼克兹创始人宗毅首创的裂变式创业模式引发了关注。他在公司内部搞创业大赛，有野心、有能力的员工都可参赛，同时让高管用钱投票，获胜的员工可成为新公司股东或成为总经理带团队。通过裂变式创业，芬尼克兹在短时间内便孵化出了7家新公司，并且每家都赢利。宗毅这种通过合理的股权设计将员工和高管变成合伙人的裂变式创业方式，不但使企业获得了快速成长，而且也广为商界人士称道。

3. 创业资源的配置与积累

科学的资源配置能够使资源不断从效益低的领域转到效益高的领域，提升企业的经济效益。企业创办起来以后，创业者就应该适时地从资源获取向资源利用过渡，更好地对各种资源进行充分合理的利用，通过调整资源的配置方式，使其产生更高的效益。为此，创业者应具备较强的创新能力，能够以创新的眼光，从不同角度分析资源，按照有利企业成长的方式配置资源。

适当的资源积累有利于企业从内部筹集发展所需的资源。人力资源和技术资源的积累，一方面有利于提高团队成员和员工的信心，另一方面有利于提升企业的核心竞争力，使企业具有外界难以模仿的专业技术。所以，创业者应结合企业的股权设计，制定合理的利润分配机制，在满足团队成员现实利益诉求的同时，适当积累资源。

(二)影响新企业成长的外部因素

影响新企业成长的外部因素主要是产业和技术发展，以及细分市场的变化。

1. 产业和技术发展

产业发展周期会在一定程度上影响创业项目的增长速度。处于成长期的产业会有一个增长红利，使处于之中的企业可以坐享行业成长的成果，再加上企业自身的增长速度，企业的快速发展自然不出所料。然而，如果不幸地选择了一个处于成熟期或者导入期的产业，或者国家不支持甚至调整结构的产业，要获得高速成长，创业者或团队就要具有非凡的能力。这几年，白酒行业和高档餐饮行业面临很大的发展瓶颈，但是，文化艺术产业和智能制造领域是国家未来经济发展的支撑产业。因此，创业之前，创业者一定要研究国家的产业政策，尽量在国家重点支持的行业中选择创业项目，这样不但可以得到相应的税费减免，还会得到更多关键资源，比如资金支持、科研项目支持、基础设施的配套支持等。

技术的发展对于创业企业的成长也非常关键，当创业企业需要的配套技术能够快速完善和成熟时，企业的产品或服务的质量就能持续提高，也更容易升级换代，进一步满足消费者需求。相反，如果外部的技术发展缓慢，则可能会使得企业原本不错的产品的推广受到很大局限。

2. 细分市场的变化

当细分市场向着有利于企业的方向发展时，企业就可以借助外力获得成长，市场的发展速度越快，越有利于企业的高速成长。20 世纪 90 年代末，中国茶饮料市场井喷式的发展，旭日升集团茶饮料的销量快速从 1995 年的 5 000 万元上升到 1996 年的 5 亿元，进而上升到 1998 年的 30 亿元。当然，市场快速发展也会带来强大竞争对手的进入。随着康师傅、统一等国际品牌大举进入茶饮料市场，旭日升集团未能避免被并购的命运。因此，即便是市场快速发展的时候，创业者也要做好充分准备应对竞争。

产业、技术的发展，细分市场的变化等外部影响因素是创业者无法进行控制的，但是，创业者却可以对其进行预测，并且按照未来估计的变化方向作出应对，一方面享受外部环境带来的有利变化，另一方面减少不利的外部环境带给企业的冲击。

四、新办企业失败的原因

新创办企业的失败率很高，统计表明，中国企业的平均寿命只有 7 年左右，民营企业的平均寿命只有 3 年。中国百姓创业致富网上的调查显示，58.1% 的企业不到 1 年就关闭，2~3 年关闭的占 24.7%，4~5 年关闭的占 9.5%，5 年以上的仅占 7.7%。据美国相关调查显示，24% 的企业在 2 年内倒闭，6 年内有 64% 的企业彻底失败。新办企业失败的原因通常包括缺乏经验，能力不足；财务控制不良；对市场规模评估过分乐观；准备不充分；存货控制不善；选址不当；急功近利；不顾条件地盲目扩张；选择合作伙伴和用人不当等。

五、新企业管理的技巧和策略

了解新企业管理的技巧和策略，有利于新企业在激烈竞争的环境中得以生存，并实现快速成长。一般来说，新企业的管理技巧和策略包括注重整合外部资源追求外部成长，管理好保持企业持续成长的人力资本，及时实现从创造资源到管好、用好资源的转变，形成比较固定的企业价值观和文化氛围，注重用成长的方式解决成长过程中出现的问题，从过分追求速度转到突出企业的价值增加等。

(一)注重整合外部资源追求外部成长

企业成长需要依靠资源的支持,资源的来源渠道可以分为内部和外部。对于新企业来说,由于内部能够产生的资源有限,往往会对企业的发展起到抑制的作用,影响企业的成长速度,在竞争对手发展较快的情况下,使企业处于不利地位。充分利用外部资源,可以使企业将内外部资源进行很好的整合和匹配,能够为企业快速发展筹集到相应资源,保障企业的增长速度和竞争优势。

按照企业之间整合资源的方式不同,可以把资源整合分为三种形式:纵向整合,横向整合和平台式整合。

纵向整合是处于一条价值链上的两个或者多个厂商联合在一起结成利益共同体,致力于整合产业价值链资源,创造更大的价值。大学生创办的高科技企业,一开始可能会采用 OEM 的模式,通过代工方式完成相应产品的生产,创业团队只负责研发、销售和售后服务。但是,随着企业规模的扩大,创业者管理能力的提高,为了更好满足消费者需求,了解消费者的体验,就可以纵向整合原来的代工企业,使研发和生产可以更好对接,不断提高产品质量。在重型卡车柴油发动机市场已做到国内第一的潍柴动力,通过兼并收购,向上游整合了变速箱、车桥业务,向下游整合了重型卡车、装载机、大客车整车制造业务,成为一家在整个重型车辆产业链上都有布局的公司,从而形成强大竞争力。

横向整合是把目光集中在价值链中的某一个环节,探讨利用哪些资源,怎样组合这些资源,才能最有效地组成这个环节,提高该环节的效用和价值。横向整合是一种快速扩张和扩大市场占有率的较好方法。北大硕士毕业生王先生 2015 年初在上海创办米有沙拉之后,不仅第一个提出了主食沙拉这一概念,弥补了中国市场的空白,而且成功地受到了市场的认可。截至 2015 年年底,米有沙拉在上海已经拥有 10 家店,全国拥有近 20 家,计划中将要开的新店还有 10 余家。米有沙拉就是通过横向整合的方式迅速扩大了市场份额。2005 年 2 月至 9 月,框架传媒通过横向并购的方式,兼并了国内电梯平面广告市场的 8 家主要竞争对手,将市场占有率迅速提高到 90%,此后以 1.83 亿美元被分众传媒收购。

平台式资源整合是将企业作为一个平台,在此基础上整合供应方、需求方甚至第三方的资源,同时增加双方的收益或者降低双方的交易成本,自身也因此获利。

因此,创业者应采用最有利于企业发展的方式,通过整合获取外部资源,帮助企业获得快速健康的发展。

(二)管理好保持企业持续成长的人力资本

知识经济的背景下,人力资本在企业中的重要性日益突出,现代企业之间的竞争就是人才的竞争。初创期的企业如此,成长期的企业更是如此。不论是团队的完善,还是员工的招聘,乃至企业的人力资本积累在企业发展中都有着非常重要的意义。由此,创业者一方面应通过合理的股权设置和股权激励来维系创业团队的成员,另一方面应设计合理的业绩考核机制调动员工的积极性,并建立合理的上升通道,使员工可以不仅在工作上，而且可以在职位上和企业一起成长，保持企业人力资本的稳定性。同时企业经营者最好能够通过创新的方式，激励企业所有成员根据企业愿景和发展规划，确定自己的奋斗目标，和企业共进退。

(三)及时实现从筹集资源到管好用好资源的转变

创业初期，企业资源非常紧缺，需要筹集大量资源。但企业经过一段时间的经营活动之后，初期发展所需要的资源已经基本到位。这时候企业管理的重心就要及时从筹集资源向使用资源转变。创业者应通过各种渠道创新性地开发和利用资源，在经营中树立创造资源、管理资源和利用资源并重的管理理念和经营思想，建立企业的资源管理制度和资源利用监督机制，加强对企业各种资源的利用和管理，充分发挥各种资源的价值，将有限资源的效用发挥到极致。

(四)形成比较固定的企业价值观和文化氛围

企业价值观是企业文化的核心，是企业决策者对企业性质、目标、经营方式的取向所作出的选择，是为员工所接受的共同观念。企业价值观会对企业及员工的行为起到导向和规范作用，能产生凝聚力，激励员工释放潜能，是企业精神的灵魂，代表着企业存在的理由。因此，创业者应树立统一的价值观，同时通过健全配套机制来塑造企业精神，有意识培育积极向上的价值观。

企业文化氛围是笼罩在企业整体环境中，体现企业所推崇的特定传统、习惯及行为方式的精神格调。企业文化氛围是无形的，以其潜在运动形态使企业全体成员受到感染，体验到企业的整体精神追求，从而产生思想升华和自觉意愿。因此，创业者应在积极创造物质氛围和制度氛围的基础上，把创造良好的企业文化氛围作为重点，创造良好的学习环境，鼓励企业成员求知上进，使企业内形成浓厚的学习气氛，建立学习型组织。

随着企业的快速成长，企业的组织结构和员工构成等会发生较大变化，日常管理会变得日益复杂，创业者需要及时采取措施培育有利于形成企业凝聚力的价值观，打造良好的文化氛围。

(五)注重用成长的方式解决成长过程中出现的问题

企业在成长过程中会出现很多初创时无法预料的问题，这正是创业最吸引人的地方，也是企业面临的最大风险，当新的问题出现时，创业者应积极应对，注重变革和创新，运用发展的眼光来看待问题，用成长的方式解决问题，并做到以下几点。

第一，善于把握变革的切入点主动变革。

第二，重视人力资源开发。人力资源管理是任何一个初创企业都要高度重视的发展策略。

第三，注重系统建设。科学的管理系统有利于日常工作有条不紊地开展，能使各个部门按照日常分工高效开展工作，是保证企业未来高速增长的动力系统。创业者应尽早开始系统建设工作，使企业早日步入快速发展的轨道。

(六)从过分追求速度转到突出企业的价值增加

创业初期，企业的重点往往是快速扩大市场份额，增加销售收入。但是，随着企业的各项工作慢慢步入正轨，创业者应将关注的重点转移到客户价值上，通过不断创新，持续满足消费者的多元化需求，为客户创造更多价值，在客户价值提升的基础上，使企业价值得以增加。

案例和练习题

【案例分享】

店面商铺分布

王女士住在华北地区的一个中等城市，爱好时尚，有一定的审美眼光，一直想开一个时尚服装店。现在她有了很好的货源渠道。近年来，在她家附近建了几个新小区和商业街。商业街有很多门店，价格也比较合适，门店的具体位置如下图所示。

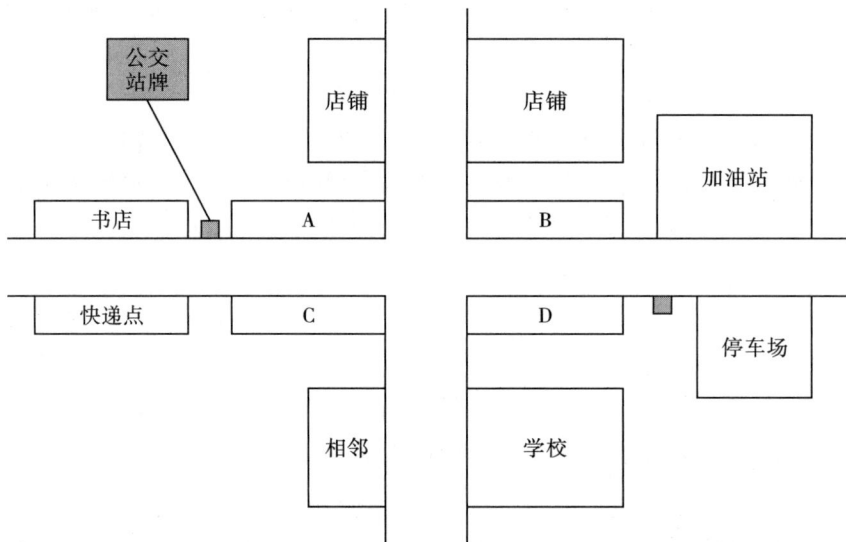

图 7-2　店面商铺分布

【思考练习】

1. 如果你是王女士，在图中标明的 3 处门店中，你会选择哪一处？请说明理由。影响该店选址的因素具体有哪些？

2. 大学生个人创办企业只能采用个人独资企业吗？如果不是，还可以采用什么法律形式？你是如何看待公司的法律形式选择的？

3. 企业价值观和文化氛围在成长过程中能发挥什么样的作用？

【活动体验】

训练指导书

训练名称	新创业企业成长的驱动因素分析
训练目的	学会分析创业初期影响企业成长的因素
训练所需器材	A4 纸、笔
训练要求	案情：以某一企业的创业实践或校内大学生创业实践项目为例，分析影响其成长的驱动因素。 规则：在规定时间(20 分钟)内，进行小组讨论并分享。
所提问题记录	
训练结果	
体现原理	
训练总结与反思	

第八章　商业计划书

▶ 第一节　商业计划书内涵与用途

学习目标

1. 了解商业计划书的内涵。
2. 熟悉商业计划书的用途。

阅读材料

一份商业计划敲开了一番事业

张先生原毕业于名牌大学，经过多年的业余研究，他在室内环境污染治理方面取得了一项重要技术突破。这项技术如果在实际中得到应用，前景将非常广阔。于是张先生便辞去原来的工作，准备自己创业。但由于多年的积蓄都用在室内环境污染治理的研究上，在东拼西凑注册了一家公司后，张先生已经无力再招聘员工、购买实验材料了。无奈之下，张先生想到了风险投资资金，希望通过引入合作伙伴的方式解决困境。为此，他多次与一些风险投资机构或个人投资者接洽商谈。虽然张先生反复强调他的技术多么先进，应用前景多好，并拍着胸脯保证投资他的公司回报绝对不会低，但这些都无法说服对方。而且他也无法回答投资人问到的数据问题，如市场需求量具体有多少，一年可以有多大的销售量，投资后年回报率有多高等。公司要招聘一些技术骨干也比较困难，因此，投资人总是对公司的前景缺乏信心。

这时，张先生的一位做管理咨询的朋友点醒了他，"你的那些技术有几个投资者搞得懂？你连一份像样的商业计划书都没有，怎么让别人相信你？投资者凭什么相信你？"。于是，在向相关专家请教咨询后，张先生又查阅了大量的资料，然后静下心来，从公司的经营宗旨、战略目标出发，对公司的技术、产品、市场销售、资金需求、财务指标、投资收益、投资者的退出等方面进行了分析和论证。当然在这个过程中，他还要做一些市场方面的调查。一个月后他就拿出了一份商业计划书初稿，经过几个相关专家的指点，他又再次进行了修改和完善。凭着这份商业计划书，张先生不久就与一家风险投资公司达成了投资协议。有了风险投资的支持，员工招聘问题也就迎刃而解。

现在，张先生的公司经营得红红火火，年销售利润已达到500万元。回想往事，张先生感慨地说："商业计划书的撰写绝不是随便写一篇文章的事。撰写商业计划书的过程就是我不断理清楚自己思路的过程。只有企业家自己思路清楚了，才有可能让投资人和员工相信你。"

（资料来源：黄萧萧. 创新创业创未来［M］成都：电子科技大学出版社，2020.）

一、商业计划书的内涵

商业计划是创业者实施创业活动的系统设想及行动方案。商业计划主要描述创立新企业相关的内外部条件和要素，包括战略构想、组织架构、行业市场、产品服务、商业模式、营销规划、财务融资和风险评估等内容。

创业是充满不确定性的，为什么我们还要写一份商业计划书呢？撰写商业计划书的过程，其实是根据自身的实际情况，认真分析各种环境因素，选定自己的目标市场，梳理创业项目的基本逻辑的过程。商业计划书就是一份梳理创业思路并规划未来发展计划的书面文件。它是创业者创业的蓝图，也是筹措创业资金的重要依据。

二、商业计划书的用途

（一）帮助创业者理清思路，准确定位

商业计划是创业者对企业未来发展的蓝图构想，描绘其创业理想与愿景，确定企业经营的发展方向与战略目标。商业计划厘定企业发展的整体规划，树立企业核心价值的灯塔，明确创业者创业的初心与使命。

在创业融资之前，创业者应该以认真的态度对自己所有的资源、已知的市场情况和初步的竞争策略作详尽的分析，并提出一个初步的行动计划。书写商业计划书可以使创业者做到心中有数。

另外，商业计划书还是创业资金准备和风险分析的必要手段。对初创企业来说，商业计划书尤为重要。通过编写商业计划书，创业者能对创业项目有更加清晰的认识。

（二）帮助创业者获得创业融资

对于正在寻求资金的创业者来说，商业计划书的好坏往往决定了融资的成败。

商业计划书的另外一个重要作用就是帮助创业者获得投资。因此，商业计划书还要说明创办企业的目的，创办企业所需的资金，为什么投资人值得为此注入资金等。

此外，对于已经建立的创业企业来说，商业计划书还可以为企业的发展定下比较具体的方向和重点，使员工更了解企业的经营目标，并激励他们为共同的目标而努力。更重要的是，商业计划书还可以帮助企业的出资者及供应商、销售商了解企业经营状况和经营目标，说服出资者（原有的或新来的）为企业进一步发展提供资金。

商业计划书是一套实现创业目标的具体行动方案。撰写商业计划书的原因，如表 8-1 所示。

表 8-1 撰写商业计划书的两大主要原因

内部原因	外部原因
迫使创业团队一起努力工作，全力以赴解决风险创业的各个问题	与外界进行创新企业价值方面的沟通，如投资家和银行家，赢得对方支持

【案例分享】

GPS 智能导盲手杖创业计划书

在"创青春"全国大学生创业大赛上，"GPS 智能导盲手杖"从全国 2000 余所高校近 10 万件参赛作品中脱颖而出，斩获金奖。这根斩获金奖的"GPS 智能导盲手杖"，其长度和外形与市面上常见的盲杖无太大区别，只在手柄下方多了一个凸起的仪器。这根看起来不起眼的导盲杖应用了最先进的科技，具有超声波避障、GPS 定位、SOS 一键求救、夜间警示和语音报时等五大功能。

"GPS 智能导盲手杖"之所以能脱颖而出，除了设计先进，更源于其灌注了公益理念，实现了公益性和实用性的完美结合。其创业计划书也值得我们认真学习。GPS 智能导育手杖的创业计划书由封面、保密要求、目录、正文、附录等组成。

正文分为执行总结、社会背景、市场分析、产品分析、公司模式与战略、财务设想、可行性分析和团队管理等。

1. 执行总结

执行总结相当于项目概要，简短地介绍整个创业计划书的整体内容，如社会背景、市场分析、产品分析等。

> 1.3.3 产品特点
> 1. 集多种功能于一身，硬件结构简单，功能完备，工作可靠，误差小。
> 2. 将无线网络技术应用到实际，融合运用现有成熟技术。
> 3. 功能简明实用，方便操作。
> 4. 技术成熟，成本较低，便于企业合作生产和投放市场。
> 1.3.4 竞争产品分析

对比项目	GPS智能导盲手杖	传统手杖	普通功能手杖	导盲犬
生产厂家	我公司(提供技术)	极多	15家左右	极少培训基地
主要功能	GPS定位 夜间照明 语音报时 壁障提示 短信发送	支撑	伸缩、照明、防滑	导盲
价位	680(起初定价)	几十到上千 (不同材质)	几十到上千 (不同材质)	几万到几十万
缺点		功能单一	功能简单	培训费用昂贵

2. 社会背景

社会背景要突出存在的问题。该创业计划在介绍社会背景时，着重强调了残障人士在生活中遇到的问题，以及残障人士康复护理用品匮乏的现实。

> 然而同日益增长的市场需求不相适应的是，我国残疾人、老年人用品缺乏性能优越、功能多样、技术含量高的产品。

图8-1 社会背景介绍

3. 市场分析

市场分析包括消费者分析、市场需求、市场前景、竞争对手等。需要指出的是，在做市场分析时需要有数据支撑。《GPS智能导盲手杖创业计划书》在进行消费者分析时，用了问卷调查的方式，可信度较高。

4. 产品分析

产品分析包括产品的性能特点、独特优势、产品技术来源、未来研发计划等，《GPS智能导盲手杖创业计划书》中关于产品的分析是这样写的。

> 特色
> (1)集多种功能于一身，硬件结构简单，工作可靠，误差小，较同类产品更具竞争力。
> (2)将无线网络技术应用到实际，整合运用现有成熟技术。
> (3)功能简明实用，SOS一键定位求助，方便操作。
> (4)技术成熟，成本较低，便于企业合作生产，投放市场。

创新

(1)应用创新：本项目改变了现有拐杖的功能，将 GPS 技术、超声波技术、光电感应技术及智能控制技术应用到拐杖中去，增加了拐杖的实用价值。

(2)结构创新：智能拐杖采用电子探测装置辅助盲人的行动，将电子探测装置与拐杖结合到一起。

(3)外观创新：本拐杖的外观更加地符合人体力学，可伸缩且能防滑，舒适、轻便。

(4)信息创新：添加 GSM 短信模块，一键发送，快捷实用。

(5)精神创新：以专注解决残障人问题为出发点，增加社会对残障人士的关注程度，推动公益事业影响。

5.公司规模与战略

公司规模与战略包括公司的使命愿景、公司目标、运作模式、公司战略等。使命愿景要突出创业项目的社会价值；公司目标包括公司初级目标、长远目标；运作模式的讲解要简洁明了。例如该创业项目计划书中运作模式只用一张图就呈现出来了（如图 8-2 所示）；公司战略要全面清晰，要有产品发展战略、企业形象战略、人才战略、差异化战略等。

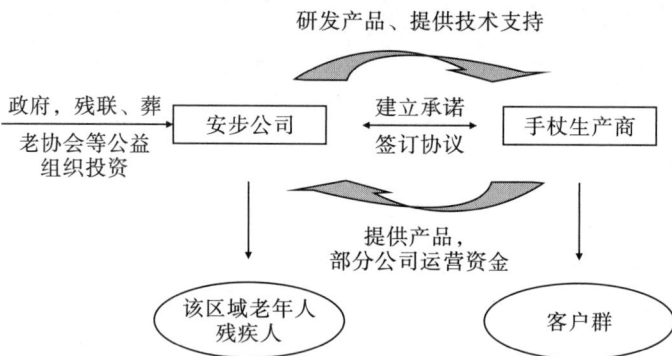

图 8-2 公司运作模式

6.财务设想

财务设想包括成本费用项目、财务报表分析、财务制度、经费筹集方案等。

7.可行性分析

可行性分析包括技术可行性、组织可行性、社会可行性、创业风险等。

8.团队管理

团队管理包括组织架构、核心人员介绍、人力资源计划、管理层分工与职责、考核制度、激励机制等。商业计划书在介绍核心团队成员时，需要着重强调人员与创业项目的匹配度。

▶ 第二节　商业计划书的撰写

学习目标

1. 了解商业计划书的撰写原则。
2. 熟悉商业计划书的注意事项。
3. 掌握商业计划书的主要内容。

阅读材料

好的商业计划书就是一个好的故事

小志是一名大专学生，受家庭环境影响，小志自小就随父母做点小生意，也因此养成了自立且独立思考的个性。早在读高中时，他就一直有一个创业的小点子，但一直没机会展示出来。最近他就读的学校团委号召大家踊跃参加一个创业大赛，参赛者必须提交一份商业计划书。他想借此机会历练一下，让专家们评审一下他的创业点子的可行性。但是，如何才能写好一份创业计划书呢？他上网搜索，发现很多商业计划书的写作都是固定的套路，有模板参考。于是小志按照模板编写了一份完整的商业计划书。他把第一稿交给了指导老师。指导老师翻阅了一下后，基本赞许了他的创业方向，但同时说："大赛的评委专家们，每年收到数不清的商业计划书，这些计划书都大同小异。他还会有兴趣深入了解你的项目吗？每一份商业计划书背后都是一个创业的故事；每一份商业计划书都有其独特性。完全照搬格式的商业计划书打动不了自己，不能让自己兴奋，又怎能让你的投资人兴奋？"

小志明白了，一份好的商业计划书就是一个好的故事。他决定回去好好修改一下，在保证计划书的基本信息完整的前提下，运用自己独特的叙述思路和呈现方法，让自己的商业计划书成为耀眼的那颗星。

一、撰写的基本原则及注意事项

(一)基本原则

(1)目标性。创业的目的不仅仅是追求企业的发展，而且要创造利润，突出经济效益。

(2)完整一致性。要完整陈列运营计划，涵盖创业经营的各项功能要素，前后基本假设或预估要相互呼应、逻辑合理。

(3)优势竞争性。要突出资源、经验、产品、市场及经营管理能力的优势。

(4)团队和谐性。要展现组建经营团队的思路、人员的互补作用，尽可能突出专家的作用、高管人员的优势、专业人才队伍的水平，明确领军人物。

(5)市场导向性。要明确市场导向的观点，明确指出企业的市场机会与竞争威胁，并充分显示对于市场现状的把握和对未来发展的预测能力。

(6)客观实际性。数字应客观、实际，以具体资料为证，并尽量同时分析可能采用的解决方法。不可以凭借主观意愿估计，高估市场潜力或报酬，低估经营成本，夸大其词。工作安排应循序渐进，有条不紊，可操作性强。

(二)注意事项

1.突出重点

撰写商业计划书的目的是让投资者了解商业计划，其内容必须紧紧围绕这一主题，开门见山，使投资者在最少时间内了解最多的内容。应第一时间让读者知道公司的业务类型；要阐明公司的目标及为达到目标所制定的策略与战术；陈述公司需要多少资金和时间，并给出一个清晰且符合逻辑的策略。

2.换位思考

撰写商业计划书的一个重要方法就是换位思考，假设自己是一位战略合伙人或风险投资人，想一想自己最关心的问题是什么，判断的标准是什么。要按照读者的思路去写商业计划书，这样才能弄清楚哪些是重点，从而获得投资者的青睐。

3.充分调研

广泛收集市场现有产品、存在的竞争、潜在市场、潜在消费者等具体信息，使市场预测建立在扎实的调查数据之上，否则生产、财务、投资回报预测就都成了空中楼阁。因此，商业计划书中忌用含糊不清或无确实根据的陈述。

4.适度包装

商业计划书的作用固然重要，但它只是一个敲门砖。过度包装是无益的，企业应该在盈利模式打造、现场管理、企业市场拓展、技术研发等方面下功夫。否则，即使有了机会，也把握不住。

5.开门见山

用真实、简洁的语言进行描述，不要讲与主题无关的内容；要表现出语言的感染力，从而展现领导才能。

6.注意细节

尽可能多地搜集更多资料，对于市场前景、竞争优势、回报分析等要从多角度加以分析和总结；对于可能出现的困难或问题要有足够的认识和预估，同时准备多位顾客的事前协议，帮助投资者强化项目可行性认识。

二、商业计划书的基本框架

商业计划书通常包括封面、保密要求、目录、摘要、正文(综述)、附录六个部分。

（一）封面

标题页可以放一张企业的项目或产品彩图，但需留出足够的版面排列以下内容：商业计划书编号、公司名称、项目名称、项目单位、地址、电话、传真、电子邮件、联系人、公司主页、日期等。

（二）保密要求

保密要求可放在标题页，也可放在次页，主要是要求投资方项目经理妥善保管商业计划书，未经融资企业同意，不得向第三方公开商业计划书中涉及的商业秘密。

（三）目录

目录标明各部分内容及页码，要注意确认目录页码同内容的一致性。

（四）摘要

摘要是对整个创业计划书的概括，目的是用最简练的语言将计划书的核心、要点、特色展现出来，吸引读者仔细读完全部文本。因而摘要一定要简练，一般要求在两页纸内完成。摘要十分重要，它是出资者首先要看的内容，因而必须能让读者有兴趣并渴望得到更多信息。摘要应从正文中摘录出投资者最关心的问题，包括公司内部的基本情况、公司的能力及局限性、公司的竞争对手、营销和财务战略、公司的管理队伍等。如果公司是一本书，它就像是这本书的封面，做得好就可以把投资者吸引住。

（五）正文

正文是商业计划书的主体部分，要分别从公司基本情况，经营管理团队，产品/服务，技术研究与开发，行业及市场预测，营销策略，产品制造，经营管理，融资计划，财务预测，风险控制等方面对投资者关心的问题进行介绍。正文要有丰富的数据资料支持，使人信服，重点突出、实事求是。

（六）附录

附录是对正文中涉及的相关数据、资料的补充。

三、商业计划书正文的内容结构

（一）摘要

摘要在商业计划书的最前面，一般要包括以下内容：公司介绍、主要产品和业务范围、市场概貌、营销策略、销售计划、生产管理计划、管理者及其组织、财务计划、资金需求状况及企业长期发展目标等。

介绍企业时，首先要说明创办新企业的思路及企业的目标和发展战略。其次，要交代企业现状和经营范围。最后，还要介绍一下企业家自己的背景、经历、经验和特长等。企业家的素质对企业的成败往往起着关键性的作用。在这里，企业家应尽量突出自己的优点并表示自己强烈的进取精神，给投资者留下一个好印象。

在商业计划书的摘要中，还必须包括以下内容。

(1)企业所处的行业，企业经营的性质和范围。

(2)企业主要产品的内容。

(3)企业的市场在哪里，谁是企业的顾客，他们有哪些需求。

(4)企业的合伙人、投资人是谁。

(5)企业的竞争对手是谁，竞争对手对企业的发展有何影响。

(6)如何投资及投资数量和方式。

(7)投资回报及安全保障。

摘要应简明、生动，要详细说明企业的不同之处及企业获取成功的市场因素。书写摘要应精益求精，使之形式完美，语句清晰流畅而富有感染力，以引起投资人阅读商业计划书的兴趣。

(二)产品/服务

在进行投资项目评估时，投资人最关心的问题之一就是企业的产品、技术或服务能否或在多大程度上解决现实生活中的问题，或者企业的产品、服务能否帮助客户节约开支，增加收入。

在产品/服务介绍部分，企业家要对产品/服务作出详细的说明，说明要准确、通俗易懂，产品介绍要附上产品原型、照片或其他介绍。一般来说，产品介绍必须要回答以下问题。

(1)顾客希望企业的产品能解决什么问题，顾客购买产品能获得什么好处?

(2)企业的产品与竞争对手的产品相比有哪些优缺点，顾客为什么会选择本企业的产品?

(3)企业为自己的产品采取了何种保护措施，企业拥有哪些专利、许可证，或与已申请专利的厂家达成了哪些协议?

(4)为什么企业的产品定价可以使企业产生足够的利润，为什么用户会大批量地购买企业的产品?

(5)企业采用何种方式改进产品的质量、性能，企业对发展新产品有哪些计划等。

(三)管理团队介绍

管理团队是投资者非常看重的，这部分主要是向投资者展现企业管理团队的结构、管理水平和能力，职业道德与素质，使投资者了解管理团队的能力，增强投资信心。

这部分主要介绍管理团队、技术团队、营销团队的工作简历、取得的业绩，尤其是与目前从事工作有关的经历。在编写过程中，必须对公司管理团队的主要情况作一个全面介绍:企业管理人员的性格特质应该是互补的，各成员要具有团队精神。此外，在这部分商业计划书中，还应对公司组织结构作一个简要介绍。

在商业计划书中，必须阐明企业的管理结构及主要管理人员的相关情况，重点展示管理团队的凝聚力和战斗力，使战略伙伴和风险投资人了解企业的管理团队是由一批具有丰富管理经验和较高职业道德的人士组成的。优秀的管理团队能确保企业紧紧抓住好的商业机会以有效的方式实现企业的经营目标。

(四)行业、市场分析预测

1. 行业分析

商业计划书还对企业所在行业的基本情况，企业的产品或服务的市场情况及未来市场前景进行分析，使投资者对产品或服务的市场销售状况有所了解。这是投资者关注的重点问题之一。行业分析主要介绍行业发展趋势、行业发展中存在的问题、国家有关政策、市场容量、市场竞争情况、行业主要盈利模式、市场策略等。

2. 市场分析

(1)已有的市场用户情况。这部分要分析公司在以往经营中拥有了什么样的用户以及市场占有率如何，是否已经建立了完整的市场营销渠道。

(2)对需求进行预测。这部分内容包括市场是否存在产品需求，需求程度是否可以给企业带来所期望的利益，新的市场规模有多大，需求发展的未来趋向及其状态如何，影响需求的因素有哪些，新产品的潜在目标客户和目标市场是什么。

(3)市场竞争的情况。对于竞争对手的分析，主要包括以下几个方面。

(1)是否存在行业垄断。

(2)从市场细分看竞争者市场份额。

(3)主要竞争对手情况：公司实力和产品情况(种类、价位、特点、包装、营销、市场占有率等。)

(4)潜在竞争对手情况和市场变化分析。

(5)公司产品竞争优势。

(五)市场营销

营销策略的内容应包括营销机构和营销队伍的建立，营销渠道的选择和营销网络的构建，广告策略和促销策略，价格策略，市场渗透与开拓计划，市场营销中意外情况的应急对策等。在介绍市场营销策略时，创业者要讨论不同营销渠道的利弊，明确哪些企业主管专门负责销售，主要采取哪些促销手段，以及促销目标的实现和具体经费的支出等。

一般来说，中小企业可选择的市场营销策略有以下几种。

(1)集中性营销策略，即企业只为单一的、特别的细分市场提供一种类型的产品(如制造汽车配件)。这种方法尤其适用于那些财力有限的小公司，或者是在为某种特殊类型的客户提供服务且确有一技之长的企业。

(2)差异性营销策略，即为不同的市场设计和提供不同类型的产品。这种战略大多为那些实力雄厚的大公司所采用。

(3)无差异性营销策略，即只向市场提供单一品种的产品，希望它能引起市场上全部客户的兴趣。当人们的需求比较简单，或者并不被人们认为很重要时，该策略较为适用。

(六)生产计划

商业计划书中的生产制造计划包括产品制造和技术设备现状、新产品投产计划、技术提升和设备更新的要求，质量控制和质量改进计划。

生产制造计划旨在使投资者了解产品的生产经营状况。这一部分应尽可能把新产品的生产制造及经营过程展示给投资者，主要的内容包括以下几个方面：

(1)公司现有的生产技术能力，企业生产制造所需的厂房、设备情况；

(2)质量控制和改进能力；

(3)新产品的生产经营计划，改进或将要购置的生产设备及其成本；

(4)现有的生产工艺流程，生产周期标准的制定及生产作业计划的撰写；

(5)物资需求计划及其保证措施，供货者的前置期和资源的需求量；

(6)劳动力和雇员的有关情况。

(七)财务分析与规划

1.财务分析工具

财务分析工具见表8-2所示。

表8-2　财务分析工具

反映财务盈利能力的指标	反映项目清偿能力的指标	不确定性分析
财务内部收益率 投资回报周期 财务净现值 投资利润率 投资利税率 资本金利润率	资产负债率 流动比率 速动比率 固定资产投资借款偿还期	盈亏平衡分析 概率分析 敏感性分析

2.财务规划

财务规划一般要包括以下内容：

(1)创业计划书的条件假设；

(2)预计的资产负债表、预计的损益表、现金收支分析，资金的来源和使用。

财务规划和企业的生产计划、人力资源计划、营销计划等密不可分。要完成财务规划，必须要明确下列问题。

(1)产品在每一个期间的发出量有多大？

(2)什么时候开始产品线扩张？

(3)每件产品的生产费用是多少？

(4)每件产品的定价是多少？

(5)使用什么分销渠道，所预期的成本和利润是多少？

（6）需要雇用哪几种类型的人？

（7）雇用何时开始，工资预算是多少？

（八）融资计划

融资计划指根据企业的经营计划，提出企业资金需求数量，融资的方式、工具，投资者的权益、财务收益及其资金安全保证和投资退出方式等。它是资金供求双方共同合作前景的计划分析。

融资计划的主要内容包括以下几个方面。

（1）融资数额是多少？已经获得了哪些投资？希望向战略合伙人或风险投资人融资多少？计划采取哪种融资工具，是以贷款、出售债券，还是以出售普通股、优先股的形式筹集？

（2）公司未来的资本结构如何安排？公司的全部债务情况如何？

（3）公司融资所提供的抵押、担保文件。以什么物品进行抵押或质押？什么人或者机构提供担保？

（4）投资收益和未来再投资的安排如何？

（5）如果以股权形式投资，双方对公司股权、控制权、所有权比例如何安排？

（6）投资者介入公司后，公司的经营管理体制如何设定？

（7）投资资金如何运作？投资的预期回报是多少？投资者如何监督、控制企业运作？

（8）对于吸引风险投资的，风险投资的退出途径和方式是什么？是企业回购、股份转让还是企业上市？

这部分是融资协议的主要内容，企业既要对融资需求、用途提出令人信服的理由，又要有令人心动的投资回报和投资条件，同时也要注意维护企业自身的利益。

（九）风险分析

这部分主要是向投资者讲解企业可能面临的各种风险，风险的大小及融资者将采取何种措施来降低或防范风险、增加收益等，主要包括以下内容：

（1）企业自身各方面的限制，如资源限制、管理经验的限制和生产条件的限制等；

（2）创业者自身的不足，包括技术上的、经验上的或者管理能力上的欠缺等；

（3）市场的不确定性；

（4）技术产品开发的不确定性；

（5）财务收益的不确定性；

（6）针对企业存在的每一种风险，企业进行风险控制与防范的对策或措施。

（十）附录

正文中不方便纳入的文件，如财务报表、国家法规、团队主要成员简历等都可以放到附录中，给阅读者提供更详细的参考。附录应有选择地纳入，不宜过长。

四、商业计划书的不同版本

(一)商业计划书的 Word 版本和 PPT 版本

很多创新创业竞赛，在书面网评环节，需要项目团队提交一份商业计划书的 Word 版及一份 PPT 版本。你认为在评委专家评审时，会先看 PPT 版本，还是 Word 版本呢？

事实是，你做了充分调研的几万字的文字版的商业计划书，也许都不会被评委打开。一些评委倾向于先看 PPT 版本，投资人也青睐于 PPT 版本。这是由于投资人和评委希望在尽可能短的时间内快速作出判断。看完 PPT 版本，如果觉得项目有价值，他们才会更深入地去了解，去花更多时间看 Word 版本。因此，需要用心地制作，一份简明扼要、页面精美的 PPT 版本。

但是在准备材料的过程中，应该事先做一份详细的 Word 版本，供自己理清思路，随后再根据使用场景的需要，将其浓缩成 PPT 版本。

(二)商业计划书的 PPT 版和商业路演 PPT

PPT 使用的场景不同，功能也不同，准备时候的侧重也应该有所不同。

商业计划书 PPT 版本一般用于早期和投资人不见面时的交流，比如通过邮箱或者由朋友发给投资人；或者是参加创新创业竞赛，作为网评环节时提交的项目资料。在这个环节，你不能与评委和投资人面对面交流，因此 PPT 应呈现项目核心的介绍、有力的数据。而作为路演的 PPT 只是辅助沟通，因为此时项目团队已经获得了亲自面见投资人或评委的机会。因此，商业路演 PPT 应该尽量避免大段的文字描述，应更加简明、更加可视化，以支撑演讲人的路演。

▶ 第三节　商业计划书的检测与评价标准

学习目标

1. 了解商业计划的检测办法。
2. 熟悉商业计划书的评价标准。

一、商业计划书的检测标准

(一)"电梯"测验

同学们是否能在大约电梯上升一层的时间里，用最多两个短句告诉投资人自己的项目如何获利？"电梯"测验是广为人知的电梯销售演讲的变体，用来检验公司被解释的难易程度。如果一个人能在他的名片后面概括写出公司计划的话，这通常意味着他能向员工、客户和利益相关者描述公司的目标。一份需要一段文字或者 10 分钟来解释的商业计划是含糊不清的。

(二)"最多三件事情"测验

成功有赖于创业者将其能力集中在有限的几个关键领域的能力。审视一个商业计划时，创业者需要问自己如下问题。决定自己成功的三件事是什么？自己具备在这个范围内成功的必备能力吗？如果没有，如何获得？

(三)"假如你是顾客"测验

把自己放在潜在顾客的位置上，问自己以下问题。在已有选择的基础之上，自己会买这个公司的新产品和服务吗？如果是，为什么？作为一个潜在的买家，自己是独一无二的吗？还是很多人和自己一样？自己会以全价购买产品和服务吗？购买服务有多快？多容易？自己会立刻购买，还是先了解一下？

(四)"差异化和市场领导权"测验

成功需要自己的产品或服务与众不同并能占领一定的市场。定义自己的市场，才能使自己以与众不同之处吸引顾客，占领市场。

(五)"我会被包围吗?"测验

在创业之前，同学们就要让公司具备竞争优势，使供应商和合伙人难以复制自己向顾客提供的价值。

(六)"依赖性"测验

任何公司的重要风险来源之一就是对某个供应商或者顾客的巨大依赖。首要法则是单一顾客不能占据公司销售额的 35%。如果打算创立的公司严重依赖某个公司，要考虑以下两个问题：这种依赖性会榨取自己的利润吗？如果依赖的公司停业或者不再同自己做生意，将会发生什么事情？有办法减少这种依赖性或者减轻潜在的损失吗？

(七)"脆弱性"测验

"脆弱性"测验用来分析最坏的情况。如果公司开业运转了，什么事情会让公司面临危机？如何预测现有的和潜在的竞争者作出的反应？是否有竞争者，有能力将自己的公司立刻扫地出门？为什么现有竞争者不会对自己的进入作出反应？

二、商业计划书的评价标准

由于选择的产品(服务)不同，创业环境的优劣、创业人员能力的差异等，要对一个创业计划书的优劣进行评价是一件非常困难的事情。目前，投资人员和创业大赛的评审者多采用量化打分制来评定创业计划书之间的差异。

参考以往比赛和专家的经验，商业计划书的评价指标包括以下几个方面。

(一)执行概要

评价标准：简明、扼要、具有鲜明的特色。这部分包括对公司及产品(服务)的介绍、市场概况、营销策略、生产销售管理计划、财务预测，新思想的形成过程和企业发展目标的展望，以及创业团队的特殊性和优势等。

(二)产品(市场)

评价标准：如何满足关键用户需要；进入策略和市场开发策略；说明其专利权、著作权、政府批文、鉴定材料等；指出产品(服务)目前是否处于领先地位，是否适应市场的需求，能否实现产业化。

(三)市场

评价标准：市场容量与趋势、市场竞争状况、市场变化趋势及潜力，细分目标市场及客户描述，估计市场份额和销售额。市场调查和分析应当严密科学。

(四)竞争

评价标准：公司的商业目的、市场定位、全盘策略及各阶段的目标等。同时要有对现有和潜在竞争者的分析，包括替代品竞争和行业内原有竞争的分析。总结本公司的竞争优势并研究战胜对手的方案，对主要的竞争对手和市场驱动力进行适当分析。

(五)营销

评价标准：阐述如何保持并提高市场占有率，把握企业的总体进度，对收入、盈亏平衡点、现金流量、市场份额、产品开发、主要合作伙伴和融资等重要事件有所安排，构建一条畅通合理的营销渠道和与之相适应的新颖而富有吸引力的促销方式。

(六)经营

评价标准：原材料的供应情况，工业设备的运行安排，人力资源安排等。这部分要求以产品或服务为依据，以生产工艺为主线，力求描述准确、合理、可操作性强。

(七)组织

评价标准：介绍管理团队中各成员有关的教育和工作背景、经验、能力、专长。组建营销、财务、行政、生产、技术团队。明确各成员的管理分工和互补情况，公司组织结构情况，领导层成员、创业顾问及主要投资人的持股情况。指出企业股份比例的划分。

(八)财务

评价标准：包含营业收入和费用、现金流量、盈亏能力和持久性、固定和变动成本；前两年财务月报，后三年财务年报。数据应基于对经营状况和未来发展的正确估计，并能有效反映公司的财务绩效。

(九)总体评估

评价标准：表述应力求简洁、清晰、重点突出、条理分明；专业语言的运用要准确、适度；相关数据科学、翔实；计划书总体效果好。

表 8 - 3　商业计划书评价指标权重值

评价指标权重类别	创意可行性	商业计划	总计
执行概要	2.0%	2.0%	4.0%
产品(服务)	7.5%	5.0%	12.5%
竞争	5.0%	2.5%	7.5%
市场	10.0%	5.0%	15.0%
营销	8.0%	2.0%	10.0%
经营	2.5%	2.5%	5.0%
组织	10.0%	5.0%	15.0%
财务	8.0%	5.0%	13.0%
总体评估	12.0%	6.0%	18.0%
总体评价	65.0%	35.0%	100%

【案例分析】

山东XXX有限公司创业计划书

一、业务简介

公司拟开发智能农业管理系统，预期研发资金为 40 万元。该系统在现有智能农业模式基础上进行了改进和升级，增加了智能疾病监控系统、常见疾病后台数据库和病例分析系统。"XXX"智能农业管理系统将实现模块化分段激活，用户可先期购买产品的部分模块，后期根据实际需要跟进购买公司的其他产品模块。第一阶段，公司与设备生产商进行合作；第二阶段，产品成熟以后，公司将完善自己的设备生产基地。

二、产品简介

产品阶段：处于系统研发与设备调试阶段

主要功能：随着现代农业的不断发展，智能农业也将逐步发展起来。公司的"XXX"智能农业管理系统是由计算机控制的实时情况收集系统、常见疾病预防与提醒系统、可移动天窗遮阳系统、智能温控系统、喷滴灌系统等组成的集成操作管理系统，它管理着作物从栽种到上市的全部记录和独立的后台数据，可以对作物的疾病及预防进行实时处理。整套智能农业管理系统的控制由信号采集系统、中心计算机、控制系统组成。市场上同类产品须一次购买全套，本公司的"XXX"智能农业管理系统采用模块化分段激活技术，用户可以灵活购买和使用。

前景优势：就目前情况来看，"XXX"智能农业管理系统拥有广阔的市场前景。随着物联网技术的不断发展，越来越多的技术被应用到农业生产中。同时，我国先后出台了《农业科技发展"十二五"规划（2011—2015 年）》《关于加快推进农业科技创新持续增强农产品供给保障能力的若干意见》《全国农垦农产品质量追溯体系建设发展规划（2011—2015）》等政策，全力支持"十二五"期间我国农业的发展，为我们提供了良好的发展环境。

竞争优势：相对于原有的智能农业系统，"XXX"智能农业管理系统更加完整、智能化和人性化，充分考虑到每个农户的经济情况和产品需求。

公司开发的"XXX"智能农业管理系统详细地描述和记录了作物常见的病症和处理方法，通过对作物的生长进行数据采集和分析，智能提示用户该阶段常见疾病的预防方法和已发生疾病的治疗方法。此外，该系统还可对土壤的使用情况及当前市场情况进行分析，给用户的下一季种植提出建议。

盈利方式："XXX"智能农业管理系统的盈利方式主要来源于系统及衍生产品的销售和后期维护。

三、产品的生产经营计划

公司计划在未来的 1～2 年内开发出一套基于原有系统的更加全面、人性化的智能农业管理系统——"XXX"智能农业管理系统。公司将组建一支团结向上、技术能力全面的开发团队，在一年内开发出智能农业管理系统，利用半年时间对系统进行组装和调试，再用半年时间进行升级和完善。前期公司将和一些现有的智能设备生产商进行合作，系统研发完成后，公司将在 3 个月内赠送合作企业使用和推广，同时提供免费的维护与技术指导服务。系统稳定后，公司会权衡合作企业带来的利益，与之签订合作协议，同时收取相应的费用，并在合适的时间建立自己的设备生产基地。

四、服务简介

"XXX"智能农业管理系统主要是为了提高农业的生产效率，吸引更多的年轻人参与农业生产，让更多的人了解新农民这个职业。

公司服务对象是对智能农业有一定了解并充满兴趣的人，以及即将毕业的在校大学生。公司未来的销售方式是多样的，不仅会有实体店，也会进行网络销售，甚至还会建设设备使用基地供购买者参观。同样，我们的付款方式也是多样化的，客户可以一次性付清全款，也可以分期付款。

五、市场营销

公司对现有市场进行了实地调查，目前市场竞争非常激烈。相对于竞争企业公司面临起步晚、客户对公司的产品认识不深的现状。但是，"XXX"智能农业管理系统具备诸多优势，符合未来农业发展的需求。相对于原有的智能系统，该系统增加了智能疾病监控系统、实时疾病预防提醒、常见疾病的预防和治疗方案后台数据库和非常人性化的模块激活系统，客户可以仅购买自己所需的模块。

产品成型之后，公司将组建专业的营销团队，通过实体店、网店来进行推销。同时，公司也将在推广的初步阶段采取一些推广策略，从而让更多的客户充分认识到"XXX"智能农业管理系统和设备的优势。

现阶段公司主要的竞争者有北京 XXX 智能设备有限公司、常州 XXX 有限公司、XXX 智能设备有限公司、XXX 农业科技有限公司等国内公司和部分国外公司。

六、团队的组成与管理

"XXX"智能农业管理系统的团队尚处于组建阶段,未来将由经验丰富的一线生产者和能力出众的技术人员组成。公司也将采取特有的奖励机制来激发团队的竞争意识和创新意识,从而提高团队的开发效率和团队成员的工作积极性。

团队的主要负责人是 XX。

团队需要在职员工 15 人。

兼职员工 20 人。

团队实行贡献奖励机制。对公司有突出贡献的员工,公司将给予丰厚的奖励。

七、其他

公司的优势在于拥有一个年轻且富有朝气的创造性团队和一批富有经验的一线生产者,他们充满激情,具有良好的团结性和纪律性。这是我们通向成功的重要保证。

八、案例讨论

(1)讨论以下问题。

①该创业计划书结构是否合理?是否存在缺项?

②该项目的可行性如何?为什么?

③该团队组建是否合理?为什么?

④项目的最大亮点是什么?

⑤项目解决的问题是刚需吗?

⑥项目存在的风险有哪些?如何改进?

(2)每个小组总结本组的结论。

(3)每个小组派代表发言。

【思考练习】

(1)请根据本章节所学内容,撰写一份创业计划书的大纲和目录。

(2)请以小组为单位(5~7 人),根据现有或者构想的产品或服务,收集资料、分工协作,共同完成商业计划书。并在此基础上完成一页纸的商业计划书摘要。

【活动体验】

1. 项目概要的拟定

训练指导书

训练名称	项目概要
训练目的	训练撰写商业计划书的能力
训练所需器材	A4 纸、签字笔
训练要求	各小组根据前期自己创业项目的论证情况，拟定一份项目概要。用图片加关键词的方式呈现。 1. 目标市场与用户分析 2. 产品服务与技术研发 3. 营利模式 4. 竞品与壁垒 5. 营销策略与销售实现 6. 团队状况及优势 7. 财务分析与融资需求 8. 项目进展与发展规划
所提问题记录	
训练结果	完成训练所用的时间：_____ 训练结果：_____
训练总结与反思	

附录一 　创业项目综合分析
——以王先生创业案例为例

学习 目标

1. 掌握辨识他人创业项目的能力。
2. 了解自身专业特长与乡村振兴战略的有效融合。

阅读 材料

王先生的创业故事

资料一：

王先生，男，36岁，济南源虎食品有限公司总经理。毕业后，王先生同妻子返乡创业，于2009年成立济南源虎食品有限公司。他带领公司青年艰苦创业，积极争取青年创业扶持政策，克服了资金和土地紧缺的困难，成功打造了"源虎"土猪品牌，使公司逐步发展为集生态养殖、生态种植、品种培育、绿色饲料生产、绿色食品专卖及绿色养殖技术服务于一体的现代农业循环经济生态产业园。园区先后获得山东农产品产销龙头示范基地、济南市到村任职大学生创业实践基地、济南市畜禽标准化养殖基地、济南市农民创业示范基地等称号。王先生也先后获得济南市"十大青年创业标兵"、全省农村致富带头人标兵、全国农村致富带头人等称号。

2010年6月，公司成立团支部，利用有限的资源积极开展团的各项活动，增设学习和娱乐设施，为青年同志提供学习休息场所，把青年的活力充分调动起来。公司团支部在大家的共同努力和帮助下，不断发展壮大，由刚开始的10几个人发展到现在的近40个人。团支部的壮大也推动了企业的发展，给企业带来了意想不到的效益。

在自身做大做强的同时，公司立足实际，充分调动三涧溪村团员青年、毕业大学生的积极性，成立了绿涧生态养猪专业合作社，带领全村百姓走上了养猪致富的快车道。目前，合作社共有社员110户，注册资金500多万元，带动农户500余户，年产值达4000万元以上，农民收入显著提高。此外，公司先后联系山东省农业大学、山东省农业管理干部学院，与他们建立合作关系，建立教学实验基地，为未就业的大学生创业、就业提供帮扶。目前，源虎食品有限公司已带动大学生自主创业6人，解决大学生就业40余人。

资料二：

"猪倌"王某："我养猪，我快乐！"

略黑且瘦的脸庞，中等身材，鼻梁上架着一副近视眼镜，山东章丘青年王某，虽然在当地远近闻名，但无论是相貌还是言行，给人的感觉却似邻家小哥。

如果从毕业之初开兽医门诊算起，32岁的王某已经走了近10年的创业路。这期间，有过赚得盆满钵溢的狂喜，有过几乎血本无归的惨痛，更有数不清的磕磕绊绊。如今，王某少了曾经的稚嫩与懵懂，多了几分成熟与自信。

"我养猪，我快乐！"从当兽医到做"猪倌"，王某的年龄在变、事业在变、生活在变。但唯一没有改变的，则是那颗"坚持"的心。

创业前，先掂量自己有多重

1999年，王某考入山东农业管理干部学院，主修畜牧兽医专业。后来，他又到北京的一家兽药公司实习，两年间，他一直在乡镇村街跑业务，鞋底磨破了不少，也积累了许多经验与人脉。

"应该说，我所学的专业和实习经历，与我能够走到今天的关系很大。"那时候，王某就发现大学生毕业后回到农村做兽医的很少。"到处都是'土'兽医，而农村对专业人才的需求很强烈。"

2002年下半年，大学毕业的王某在章丘市租了一亩地，投了3万元资金建了个小型养猪场。不成想，当年疫病横行，王某没敢赌下去，到最后还是决定开兽医门诊。虽然养猪的钱打了水漂，王某却走出了一条活路。

兽医门诊旁树起的"大学生技术服务部"，让附近的乡亲们倍感新鲜。没两年时间，王某就带着十几个师弟师妹开了四家连锁店，钱也挣了几十万。不过，日子也有难过的时候。2006年蓝耳病暴发，门诊附近的很多养猪户都干不下去，王某和伙伴们一度连工资都发不出来。

"当时觉得这是个机会，猪都没了，但人不能不吃肉啊！"困顿中的王某，脑子里冒出了养猪的念头。"风险很大，我们旁边的一家养猪场一下就死了70多头猪，虽然决定干，但跟大家说的时候是都要抱着血本无归的心态。"

很快，王某租下一个小型养猪场，在提心吊胆中开始了又一次创业。那段时间，王某和伙伴们天天守在养猪场。一次，刚从南方运来的一百头猪崽中有十几头特别虚弱。大家把全部精力都用在救治猪崽上，经常忙到凌晨1点多。

功夫不负有心人。第一批四元多一斤买来的猪崽出栏时卖到了七元多一斤。"真是千年不遇的行情，养一批生猪，比我们干三年门诊都挣得多。"

被胜利冲"昏"头脑的王某马上又租下一个大型养猪场，准备再次大展拳脚。但这次幸运女神没有降临，由于当年粮食价格上涨快，而生猪价格迅速下滑，去年挣来的钱又一股脑儿全赔了进去。

不过，这次经历也让王某横下一条心。他彻底关掉了兽医门诊，专心研究起养猪的事儿，力图走出一条发家致富的路来。此时，同为山东农业管理干部学院毕业的妻子李某成为他坚定的支持者。两人相识于2002年，那时王某已经毕业，李某还在读书。2005年，二人结婚。从开兽医门诊，到决定养猪，李某始终无怨无悔，坚定地支持着丈夫。

瞄准高端市场，夫妻俩凭借着自己的专业知识养起了生态黑猪。时至今日，养猪场已经扩大到220多亩，一年出栏上万头黑猪。

"确定创业的目标之前，必须先好好掂量掂量自己有几斤几两，找到自己的强项。"多年的创业经历告诉王某，只有发自内心的喜欢，才会有源源不断的动力，"哪怕取得了一点点进步，也会非常开心"。

勇敢些，别把自己吓趴下

创业10年，困难是王某的家常便饭。

刚开始决定养猪时，各种压力纷至沓来。乡亲们说，别人养猪都赔了钱，你们还要养，不是疯了是什么？家人也反对，当个兽医还说得过去，养猪风险这么大，借的钱什么时候能还？就因为这事，王某的父亲至今对他仍有"成见"。

"毕竟是家里好不容易培养出来的大学生，到头来却养起了猪，一时肯定接受不了，都觉得我们很不明智，也有不少人冷嘲热讽。"对于王某和李某而言，那段日子的确不怎么好过。

更大的困难还在后头。因为2008年的失利，王某不得不进入了借钱的时代。他曾经就读的大学，系里总共七八个老师，有五六个当过他的债主。

2010年下半年，养猪场的投资规模已经达到600多万。凡是能借的、能贷的，王某都跑了个遍，个人的关系几乎全部用完。到最后实在没办法了，曾经给王某当过中学老师的三涧村党支部书记高某出面，带着他到有些余钱的村民家里挨个去借。

"那时候好多村民都不认识我，一看又是个毛头小伙子，走了22家，借到了100多万元。"回想起那段经历，王某心里满满的都是感动。"欠条上写着'王某和高某'两个人的名字，高书记签个字，我签个字。后来钱还是不够，高书记把家里的房产证拿出来让我去抵押贷款。"

有时候，夫妻俩说起如果成功了该感谢谁，李某就会不由自主地掰着手指头一一数个遍。"亏得王某的人缘好，要不然还真说不好能不能挺得过去，现在钱倒是都还完了，不过欠条都还留着，就当是个纪念，有时候会拿出来看看。"

投资规模到700多万元的时候，王某早上一睁眼就是1000多头猪等着吃饭，一天就是一万多元的花销。王某开始睡不着觉，时不时地还会掉头发。为了养猪场的发展，王某与青岛的一家企业开展了合作经营，还成立了销售公司。生产经营的压力暂时缓解，但新的问题又出现了。

王某最初的梦想，是保质保量地为社会提供一万头生猪，做全世界健康食品的标杆企业，而这样做带来的就是养殖周期长、成本高。对于合作方而言，利润的最大化才是最重要的标准。双方在理念上的差异与分歧，让王某很纠结。

尽管有千头万绪，如今的王某已经变得冷静而淡然。"毕竟我们还处在创业的前期，这个时候必须要有勇气，有一股子不服输的劲头，千万不能把自己吓趴下，这话说起来好像很简单，做起来还是要靠个人的意志。"

飞奔，也要停下来歇歇脚

这段时间，王某和李某很是头疼。问题的缘由，是他们注册的品牌有了些麻烦。

最初，夫妻俩并不太了解品牌的重要性。几年前，王某读大学时的一位老师来看过养猪场之后，建议产品对外打出"绿涧"的品牌。因为觉得特色不明显，夫妻俩后来又改用"义虎"品牌。可是没想到，这个品牌早已被省外的一家企业注册。

2010年，夫妻俩取了李某小名中的"乐"字和王某名中的"虎"字，正式注册了"乐虎"品牌。经过两年多的精心呵护，这一品牌渐渐有了一定的影响力。但是，在与企业的合作过程中，这一品牌按照协议不再属于他们。

"它凝结着我们的努力，还是希望能够拿回来，继续做大做强。"其实，李某也明白，这根本怪不得别人，问题还是出在自己身上。"一开始总想逃避，不愿想这个事情，后来就反思，从创业之初就没有好好地想过，更没有提前为今天的发展做过规划。"

搞技术出身的王某，思想也在不断地改变。"原来总觉得只要有钱了，事情就能干得成，事实并不是这样，比如团队的问题，比钱更重要，不能靠一个人的能力来成就事业，经营人心远远重于其他。"

这些年来，王某和李某总是积极地参加各种培训。就在前些天，李某还在清华大学上了一堂课。而每一次外出学习的经历，都会让夫妻俩感到视野更开阔，思路更清晰。

"我们比较幸运，赶上了国家重视、社会关注的好时候，是这个时代的宠儿。"走到今天，王某认为是时候停下来好好想想了。"企业要向哪个方向发展，团队如何建设，渠道如何打开，各种各样的问题要解决，不能再闷着头养猪。"

其实，在王某的心里，还深藏着一个更大的梦想：租下一片上千亩的山林，建上几十个小院，让周边的贫困乡亲、想要创业的大学生和下岗职工入住，一起发家致富，将生态养殖的事业发展壮大。

路还很漫长，困难也会更多，但王某说自己会一直坚持下去。"我是个很固执的人，干的活可能不怎么体面，但我很喜欢。"

也正是因为王某的"固执"，自嘲为从来就没有过梦想的李某义无反顾地追随其后。

（资料来源：2013年7月23日人民日报
http://finance.people.com.cn/n/2013/0723/c1004-22285852.html）

资料三：

<h1 style="text-align:center">大学生猪倌变身农场主</h1>

齐鲁晚报3月14日讯（记者肖龙凤）14日上午，位于章丘市文祖镇黑峪村北侧的青山上阳光和煦，近百位市民来到源虎生态养殖基地考察属于自己的"自留地"。据济南源虎食品有限公司总经理、自主创业大学生王某介绍，今后，这里将成为这些市民固有的家庭农场，可以种果树、庄稼和蔬菜。

还没正式挂牌推广，王某的农场就已经吸引了大批的城里人。"养猪不能光埋头干活，也要抬头看路，我不仅仅要卖猪肉，还要培养大家一种健康环保的生活理念。"谈到为何从"猪倌"向"农场主"的角色转换，王某说："我就是想让大家来这里体验一下当农民的感觉，并参与到种植食材的整个过程，同时在这里充分感受大自然，静心、养心。"

（资料来源：2015年3月15日齐鲁晚报 https：//sjb. qlwb. com. cn/qlwb/content/20150315/ArticelC04004FM. htm）

资料四：

<h2 style="text-align:center">定期组织消费者到养殖场参观，提升认可度
王某："互动式"养黑猪，做大高端市场</h2>

王某介绍，游泳是黑猪每天的"必修课"。为了增加黑猪的运动量，养殖场区专门修建了运动场和水池。

五六年前，出现过一股黑猪肉进城热的"黑旋风"，不少养猪户也纷纷进入黑猪养殖行业。从2013年以后，受严控"三公"消费等多重因素影响，高价黑猪肉的消费市场受到严重抑制，不少黑猪肉销售门店和养殖场关门歇业。

章丘市大学生创业者、济南源虎食品有限公司总经理王某，养殖黑猪已经有7年的时间。最近两三年，虽然高端黑猪肉的消费量下滑，但王某却把高端黑猪肉的市场越做越大。

让消费者走进养殖场

现在每到周末，都会有不少章丘或济南的市民带着孩子，来到王某的黑猪养殖基地。"我们的黑猪放养基地在山区，环境优美，市民带着孩子过来，可以看黑猪、捡鸡蛋、挖野菜，品尝全猪宴。"王某说。

王某大学学的是畜牧兽医专业，2002年毕业后，他在章丘当地开了一家兽医门诊。2008年，王某开始自己建设养殖场饲养黑猪，成立了济南源虎食品有限公司。

"以前每斤猪肉在六七十元都不愁销路，主要是单位团购。春节前的旺季，有时一天就能卖100多头猪。"王源虎说。

2013年以后，黑猪肉市场消费开始陷入低迷。王某也开始调整发展策略，一方面控制养殖规模，最近两年多，养殖场的能繁母猪规模一直在150多头，每年出栏量在 2600 多头。另一方面，采取会员制的销售方式，定期组织会员来养殖基地参观，让消费者充分了解养殖环境，认可黑猪肉。

"现在的消费者越来越注重食品安全，把消费者吸引过来，就是想让他们看看放心黑猪肉是如何生产的。"这种方式让消费者对产品产生了信任。

现在，每个月都有 100 多名新会员加入，预计明年会员人数将突破万人。据王某预计，以目前的存栏量，今年下半年黑猪肉供应会紧张，因此，目前他已经开始准备扩大养殖规模，争取明年出栏量达 5000 头。

"过去的猪肉是一车一车地卖，现在猪肉虽然是一斤一斤地卖，但我们更自信了，因为已经积累了众多忠实的会员。"王某说。

培育新品种，全程健康养殖

从养殖之初，王某就将产品定位更健康、更好吃的黑猪。他借助自己的专业知识，购进了莱芜黑猪、长白山野猪、蕨麻猪等 6 个黑猪品种进行杂交。这些杂交品种，集合了多种黑猪的优势。

"现在的杂交品种黑猪，氨基酸种类比较丰富，猪肉除了具有保健作用，吃起来口感也更香。"据介绍，王某养殖的黑猪，不饱和氨基酸含量比普通猪肉高 20%，对人体更有益。

在养殖过程中，王某在国内首创"有氧养殖体系"。从仔猪开始，保证充足的活动场地，每头仔猪的平均养殖面积比普通养殖场高出四五倍。冬天圈舍比较封闭时，为了增加氧气含量，会放上增氧机。

仔猪圈养 60 天以后，就采取在山区放养的方式，以增加黑猪的运动量。黑猪的饲料，全部是玉米、豆粕、麸皮和全株青贮玉米等无任何添加的纯绿色饲料。

据介绍，黑猪的养殖成本要比普通猪高 3 倍，还不包括占用的场地、人工等成本。

推出亲民价格，吸引消费者

目前，源虎食品有限公司已经形成了从养殖、屠宰，到配送、销售一条龙的产业链。黑猪在屠宰点屠宰完之后，由公司的冷链配送车按时送到直营店。为了保证产品质量，公司一直采取直营店的销售方式，目前已经在章丘开了 3 家直营店，在济南开了 1 家直营店。

据王某介绍，他所养殖的黑猪，生长周期在 13 个月，猪肉销售价格一直保持在 60 元每斤。从去年开始，为了迎合中端市场的消费，推出生长周期为 10 个月的黑猪肉，价格是 40 元每斤。他说，这个价格"只比普通猪肉价格高一倍，让更多的消费者可以买得起黑猪肉。"。

为了让消费者充分了解黑猪生长过程的情况，王某借助第三方电子数据平台，方便消费者上网查询每头黑猪的父母代、用药防疫情况等，实现了养殖环节的全程可追溯。

（资料来源：2015 年 5 月 28 日农村大众
http://paper.dzwww.com/ncdz/content/20150528/ArticelNC03002MT.htm）

资料五：

2007年，全国各地爆发了严重的蓝耳病疫情，很多养殖户都受到了影响，普集镇上的猪死亡率也达到了70%以上，兽医门诊也遭受到了极大的打击，营业额还不及发病前的十分之一。然而就是这个困境，却让他们发现了一个新的商机。做兽医的那几年，王某发现靠养殖致富的农户太少，他们不是输在疫情上，就是输在行情上。王某在想，能否带动农户走一条稳妥的养殖致富之路，既能从疾病上能摆脱疫情，又能从行情上自己定价，就这样，他开始了养猪实践。

可对养猪这件事，王某的父亲很反对，就连朋友们都无法理解。按当时老百姓的说法，家财万贯，带毛的不算。很多人认为王某疯了。因为当时门诊是挣钱的，养猪是赔钱的。虽然所有人都反对，并且确实存在极大的风险，但这些都没有改变夫妻两人的想法。夫妻两人拿出开动物门诊赚的所有钱，开始着手养猪。

2007年的时候，王某边开着门诊，边租着厂子养猪。当时市面上的猪大多是四个月养成，王某和李某在老师的指导下转变了思路，专门养黑猪，且将其定位为年猪子，就是饲养一年出栏的猪。对于追求高品质生活的人来说，猪肉的口感是第一选择，年猪子正好满足了他们的需求。而风味是基因决定的。在选择猪的品种上，经过多次研究，他们选择了几乎市面上很少见的黑猪。饲养一年后上市的猪肉很受欢迎，尤其黑猪年猪子特别受欢迎，很多人都说香，一下子就吃到了原来的那种味道。这坚定了他们的信念。

考虑到饲养时间是普通猪的三倍，定价也是三倍。当时，王某利用专业所学，将每年猪的行情、豆子的价格画成了曲线图，基本上预测到第二年的猪肉价格会大幅度增长，赚来了养猪的第一桶金。

除此之外，在防疫上，王某利用专业所学，按照日龄、月份对黑猪进行必要的防疫，用好的疫苗把黑猪的免疫力提上去，减少了猪的发病率。

除了饲养黑猪，王某还建了许多蔬菜大棚，发展循环农业是王某的下一步目标。从他身上，毕业生发现回乡创业有甜头、有奔头。

为了更好地走出去，他们专门成立了山东源虎食品销售公司，以销售为龙头，带动后方生产，实现良性循环。

如今在三涧溪村，像王某这样回乡创业的年轻人越来越多。如何用年轻的思维，助力乡村发展，成为这些年轻人思考的问题。

资料七：

"我也为拍摄《三泉溪暖》出了一分力"
——走近济南章丘创业青年王某

近日，以济南市章丘区双山街道三涧溪村为故事原型的电视剧《三泉溪暖》在央视一套晚间黄金档开播。凭借生动的故事原型和强大的主创阵容，开播首日该剧在全国网、酷云等平台上的收视率位居第一！当熟悉的泉城风景和"泉A"车牌一一亮相，一段段济南故事让多少老济南心潮澎湃。

业内人士分析，《三泉溪暖》这部电视剧能获得如此高的收视率，其中原因至少有两个方面：一是故事生动，时代气息、地域特色浓厚，该剧以济南章丘区三涧溪村党建和高书记带队的各位为原型，再现了他们克服重重困难，最终带领村民迈入小康时代的动人故事；二是剧组阵容强大，实力雄厚，由王文杰任总导演，杨甲兵任总制片人，刘克中任编剧，王力可、陈逸恒、戴向宇、夏星等主演。据了解，该剧中的返乡创业大学生原型，就是章丘青年王某——济南源虎食品有限公司总经理，三涧溪村党总支青年创业支部党支部书记。济南源虎食品有限公司经过十多年的发展，从最初的生态养殖场，发展到拥有 50 多名员工、总占地 2000 余亩，拥有章丘双山街道三涧溪村、文祖街道黑峪村、湖南泸溪宋家寨村三个生态基地。公司的主营业务是黑猪养殖，并从事集生态养殖、生态种植、农产品初加工销售、生态旅游、休闲观光于一体的农业循环产业。

王某曾荣获全国农村青年致富带头人、全国杰出农村实用人才，全省农村青年致富带头人标兵、山东省乡村之星、齐鲁乡村之星、山东省"乡村好青年"，济南现代农业百花奖"十大青年创业标兵"等荣誉称号。

据了解，在《三泉溪暖》的拍摄过程中，王某的创业故事不但被作为创业青年的故事原型，他本人也参与了拍摄。他协助剧组在农创农场拍摄，所养的黑猪也作为道具参与了拍摄。王某说，作为返乡创业大学生原型，不论在剧中还是在现实中，他都要发挥党建引领、支部领办的作用，组织青年党员带领 121 位返乡青年和家属成立合作社，共同发展农业，在乡村振兴中起到了模范带头作用。"看到剧中播出返乡青年的剧情，联想在农创园区的拍摄场景，他感到甚是亲切和激动，同时又受到几分鼓舞，打算下一步更要做好现实中的原型，做出榜样，吸引和带动更多青年返乡，让他们参与到乡村振兴中来，为家乡的发展贡献青春力量！"

目前，王某正在积极打造章小福农乐园。坐落于地处济南市章丘城区近郊的三涧溪村章小福农乐园，是由济南源虎食品有限公司为了响应"新旧动能转换"，斥巨资拆掉原有猪舍，为实现产学研融合打造的章小福农乐园的主体建筑。一层是园区肉、菜、果蔬的分拣分割包装冷链仓储，能实现园区生产和主营业务配套功能；二层是章小福农创空间，实现农创＋文化＋科普，可增加中小学生对农业的科普知识，配合园区劳动体验项目和互动体验项目，打造以劳动课和研学为主的农乐园。同时，为实现农创＋创意＋设计＋电商直播，公司通过招募优秀青年合伙人，服务更多乡村产业、产品升级、增强销售。同时，公司为那些对乡村振兴有情怀和梦想的大学生提供校外实训和创业创客空间，为章丘留住青年、培养青年、用好青年尽一份力！

（资料来源：2022 年 5 月济南日报

https：//baijiahao.baidu.com/s？id＝17343297346674175102&wfr＝spider&for＝pc）

【思考与练习】

　　以上资料为不同时期不同媒体对大学生王某同妻子李某回乡创业的有关报道，均来自网络。阅读以上资料（也可自行扩展），并根据本书所学的内容，思考以下问题。

　　1. 从创业机会来源与特点、商业模式、盈利模式、营销策略、市场定位、创业资源、创业者素质等方面综合分析王某创业成功的原因及其对我们的启发。

　　2. 结合自身所学专业，以小组为单位，进一步思考和讨论融合乡村振兴战略的创业构想。

第一章　大赛解读

▶ 第一节　"互联网+"大学生创新创业大赛的时代价值及发展历程

阅读材料

"互联网十"大学生创新创业大赛将更加突出教育导向

中国国际"互联网十"大学生创新创业大赛已经成为我国深化创新创业教育改革的重要载体和关键平台，成为覆盖全国所有高校、面向全体大学生、影响最大的高校双创盛会，七年来，围绕"更中国、更国际、更教育、更全面、更创新"的总体目标，培养了一大批有理想、有本领、有担当的青春力量。

高等教育的根本任务是立德树人。大赛将进一步回归和突出育人本质，引导各地各高校深化高校创新创业教育改革，厚植大众创业万众创新土壤。在评审规则设置方面将更突出教育导向，加大教育分值所占比重，"引领教育"将成为重要考察点。在评审过程中，将更加聚焦学生在创新创业实践中的成长与发展，对项目的创意过程、专业知识运用情况、专业教育与创新创业教育结合情况、学科交叉融合情况等进行多维度考察。

一、"互联网＋"大学生创新创业大赛的时代价值

创新创业教育应贯穿人才培养的全过程、以创造之教育培养创造之人才，以创造之人才造就创新之国家。青年是国家和民族希望，创新是社会进步的灵魂，创业是推动经济社会发展、改善民生的重要途径，全社会都要重视和支持青年创新创业，搭建更广阔的展示舞台。为贯彻落实国务院《关于大力推进大众创业万众创新若干政策措施的意见》有关精神，共同推进大众创业万众创新蓬勃发展，国务院同意建立由国家发展改革委员会牵头的推进大众创业万众创新部际联席会议制度。各级政府、省市和地区积极贯彻落实中央精神，推动创业教育、传播创业理念、提升创业技能、促进创业就业，各种主题的创新创业大赛如雨后春笋，层出不穷，声势浩大，蓬勃开展。教育部积极推广"互联网＋"大学生创新创业大赛，让双创理念深入各个高等学校。目前大赛已经成为覆盖全国所有高校、面向全体高校学生，影响巨大的赛事活动之一。

"互联网＋"大学生创新创业大赛旨在深化高等教育综合改革，激发大学生的创造力，培养造就"大众创业、万众创新"的生力军，推动赛事成果转化，促进"互联网＋"新业态形成，搭建产教融合的创新平台，服务经济提质、增效升级；同时实现以赛促教即探索人才培养新途径、以赛促学即培养创新创业新力军、以赛促创即搭建产教融合新平台的目的。其中"青年红色筑梦之旅"活动贯彻了总书记重要回信精神，全面总结了"青年红色筑梦之旅"活动五年来的重要成就，持续推动红色教育、专业教育与创新创业教育的有机结合，加大"新农村、新农业、新农民、新生态"建设，让新工科、新医科、新农科、新文科赋能"红旅"。中国"互联网＋"大学生创新创业大赛作为深化高校创新创业教育改革的生动实践，成为中国创新创业大赛中的顶级赛事，被企业家誉为"全球最大最好的路演平台"，被国内外媒体誉为"惊艳非凡的空前盛会"。

二、"互联网＋"大学生创新创业大赛的发展历程

2013年11月，习近平总书记在《致2013年全球创业周中国站活动组委会的贺信》中指出：青年学生富有想象力和创造力，是创新创业的有生力量。特别强调了青年学生在创新创业中的重要作用，并希望广大青年学生把自己的人生追求同国家发展进步、人民伟大实践紧密结合起来，刻苦学习，脚踏实地，锐意进取，在创新创业中展示才华、服务社会。

2014年9月10日，李克强总理在夏季达沃斯论坛上首次发出"大众创业、万众创新"的号召，要在960多万平方公里的土地上掀起"大众创业""草根创业"的新浪潮，形成"万众创新"的新势态。

2015年国务院《关于大力推进大众创业万众创新若干政策所示的意见》提出："要营造创新创业文化氛围，支持创新创业公共服务，鼓励科技人员和大学生创业，

坚持创新引领创业、创业带动就业。"同时，该文件还指出，高校要高度重视创新创业实践活动，通过举办全国大学生创新创业大赛、办好全国职业院校技能大赛和支持举办各类科技创新、创意设计、创业计划等专题竞赛来强化创新创业实践。同年5月，教育部发布关于举办首届中国"互联网＋"大学生创新创业大赛的通知，拉开了中国"互联网＋"大学生创新创业大赛的帷幕，成为高校深化创新创业教育改革的重要突破口。首届中国"互联网＋"大学生创新创业大赛，以"'互联网＋'成就梦想，创新创业开辟未来"为主题，旨在深化高等教育综合改革，激发大学生的创造力，培养造就"大众创业、万众创新"的生力军；推动赛事成果转化，促进"互联网＋"新业态形成，服务经济提质增效升级；以创新引领创业、创业带动就业，推动高校毕业生更高质量的创业就业。

2018年8月31日，教育部致第四届中国"互联网＋"大学生创新创业大赛"青年红色筑梦之旅"活动全体的信中提出三个"希望"——希望大学生遵循总书记指引，传承红色基因、坚定前进方向；希望大学生践行总书记要求，扎根中国大地、矢志艰苦奋斗；希望大学生不负总书记的殷切期待，奏响团结起来、振兴中华的时代强音。同时，第四届中国"互联网＋"大学生创新创业首次开设国际赛道，致力于打造大赛国际平台，提升大赛全球影响力。随着"互联网＋大赛"逐步趋向于全球化发展，2020年大赛更名为"中国国际'互联网＋'大学生创新创业大赛"。

"互联网＋"大赛自2015年举办首届大赛以来，一直受到党中央领导的持续关注和支持：2017年，习近平总书记给第三届"互联网＋"大学生创新创业大赛"青年红色筑梦之旅"大学生回信，国务院副总理孙春兰出席第五届大赛总决赛并作出重要指示，并且第五届"互联网＋"大学生创新创业的承办单位中首次出现了市政府的身影。

迄今为止，中国互联网＋创新创业大赛已经成功举办了八届，随着大赛的不断发展，大赛的目标也逐步转变为：更中国、更国际、更教育、更全面、更创新，传承和弘扬红色基因，聚焦"五育"融合创新创业教育实践，激发青年学生创新创造热情，线上线下相融合，打造共建共享、融通中外的国际创新创业盛会，开启创新创业教育改革新征程。大赛也逐步发展成为全球最大规模的双创盛会：百国千校、共建共享、融通中外。大赛主题也从"成就梦想、创新创业"升华到"我敢闯、我会创"这一国际目标。参赛人数也逐步扩大到全球111个国家和地区、4554所院校、1450万名大学生和340万个参赛项目。2023年第九届"互联网＋"创新创业大赛在今年5月正式拉开了帷幕。大赛通过线上与线下比赛组合，聚焦"五育"并举的创新创业教育实践，在锻炼大学生的创新能力的同时，推动新时代高等教育育人质量工程、高等教育数字化战略行动、新时代振兴中西部高等教育攻坚。大赛向着更中国、更国际、更教育、更全面、更创新的目标，以新面貌、新形势、新内容开启创新创业教育改革征程。历届大赛参赛高校数，项目数和参赛人数如表1所示。

表1 历届互联网+"大学生创新创业大赛参赛信息

历届大赛	参赛高校数	参赛项目数	参赛人数
第一届	1878	36508	200000
第二届	2110	118804	540000
第三届	2241	370000	1500000
第四届	2257	650000	2650000
第五届	4093	1090000	4570000
第六届	4186	1470000	6310000
第七届	4347	2280000	9560000
第八届	4554	3400000	14500000

▶ 第二节 "互联网+"大学生创新创业大赛赛道及参赛要求

阅读 材料

青春绽放在创新赛场

自2015年举办以来,中国国际"互联网+"大学生创新创业大赛累计吸引了2533万名学子、603万个团队项目参赛,日益成为培育创新人才的沃土和推动高校创新创业教育改革的重要平台。

北京航空航天大学"天梭动力"团队研发的"北航4号"飞行器,实现了固液动力飞行器高空高速有控长时飞行;东北大学"管道侦察兵"团队研发的新型深海管道全息内检测机器人为我国深海管道安全运输保驾护航;南昌大学"珍蚌珍美"团队通过"鱼减蚌加"生态治水模式,在治理富营养化水体的同时推动产业发展;云南大学滇池学院"彩云本草"团队带领乌蒙山区老百姓种植千亩中药材,帮助当地农户增收。这些成果都来自中国国际"互联网+"大学生创新创业大赛。

多年来,中国国际"互联网+"大学生创新创业大赛涌现出一大批科技含量高、市场潜力大、社会效益好的高质量项目。不少项目涵盖学科交叉和跨行业创新,体现了大数据、云计算、人工智能等新一轮工业革命重点领域的前沿趋势和最新成果,催生了一批新产业、新模式、新业态。目前大赛已增设产业命题赛道,瞄准科技前沿和关键领域,推动高校的智力、技术和项目资源与经济社会发展需求紧密对接。"青年红色筑梦之旅"活动正式开启后,青年学子走进革命老区、贫困地区,展现了青年一代的家国情怀、责任担当和创业温度。经过多年的实践，累计 450 余万大学生走进井冈山、古田、延安、西柏坡等地，在创新创业中增长智慧才干。

（资源来源：人民日报）

"互联网＋"大学生创新创业大赛赛道经过迭代发展后变得愈加完善，第八届"互联网＋"大学生创新创业大赛赛道分为：高教主赛道（创意组、初创组、成长组）、"青年红色筑梦之旅"赛道（公益组、创意组、创业组）、职教赛道（创意组、创业组）、萌芽赛道和产业命题赛道。其中萌芽赛道面向的参赛对象是普通高级中学在校学生，不适用于在校大学生，本章对此不再赘述。

一、高教主赛道参赛要求

（一）高教主赛道项目类型主要包括

1. 新工科类项目

大数据、云计算、人工智能、区块链、虚拟现实、智能制造、网络空间安全、机器人工程、工业自动化、新材料等领域，符合新工科建设理念和要求的项目；

2. 新医科类项目

现代医疗技术、智能医疗设备、新药研发、健康康养、食药保健、智能医学、生物技术、生物材料等领域，符合新医科建设理念和要求的项目；

3. 新农科类项目

现代种业、智慧农业、智能农机装备、农业大数据、食品营养、休闲农业、森林康养、生态修复、农业碳汇等领域，符合新农科建设理念和要求的项目；

4. 新文科类项目

文化教育、数字经济、金融科技、财经、法务、融媒体、翻译、旅游休闲、动漫、文创设计与开发、电子商务、物流、体育、非物质文化遗产保护、社会工作、家政服务、养老服务等领域，符合新文科建设理念和要求的项目。

参赛项目团队应认真了解和把握"四新"发展要求，结合以上分类及项目实际，合理选择参赛项目类别。参赛项目不只限于"互联网＋"项目，鼓励各类创新创业项目参赛，根据"四新"建设内涵和产业发展方向选择相应类型。

（二）大赛具体参赛条件如下

1. 创意组

（1）参赛项目具有较好的创意和较为成型的产品原型或服务模式，在大赛通知下发之日前尚未完成工商等各类登记注册。

（2）参赛申报人须为项目负责人，项目负责人及成员均须为普通高等学校全日制在校本专科生（不含在职教育）。

（3）学校科技成果转化项目不能参加本组比赛（科技成果的完成人、所有人在参赛申报人中排名第一的除外）。

2. 初创组

(1)参赛项目工商等各类登记注册未满 3 年(2019 年 3 月 1 日及以后注册)。

(2)参赛申报人须为项目负责人且为参赛企业法定代表人,须为普通高等学校全日制在校本专科生(不含在职教育),或毕业 5 年以内的全日制本专科学生(即 2017 年之后的毕业生,不含在职教育)。企业法定代表人在大赛通知发布之日后进行变更的不予认可。

(3)项目的股权结构中,企业法定代表人的股权不得少于 1/3,参赛团队成员股权合计不得少于 51%。

3. 成长组

(1)参赛项目工商等各类登记注册 3 年以上(2019 年 3 月 1 日前注册)。

(2)参赛申报人须为项目负责人且为参赛企业法定代表人,须为普通高等学校全日制在校本专科生(不含在职教育),或毕业 5 年以内的全日制本专科学生(即 2017 年之后的毕业生,不含在职教育)。企业法定代表人在大赛通知发布之日后进行变更的不予认可。

(3)项目的股权结构中,企业法定代表人的股权不得少于 10%,参赛团队成员股权合计不得少于总股权的 1/3。

高教主赛道创意组评审内容主要包括创新维度、团队维度、商业维度、就业维度和引领维度五个方面,如表 2 所示。

表 2 高教主赛道创意组评审表

评审要点	评审方面	分值
创新维度	1. 具有原始创新或技术突破,取得一定数量和质量的创新成果(专利、创新奖励、荒野认可等) 2. 在商业模式、产品服务、管理运营、市场营业、工艺流程、应用场景等方面取得突破和创新	30
团队维度	1. 团队成员的教育、实践、工作背景、创新能力、价值观等 2. 团队的组织架构、分工协作、能力互补、人员配置、股权结构及激励机制的合理性 3. 团队与项目关系的真实性、紧密性,团队对项目的各类投入情况,团队未来投身创新创业的可能性 4. 支撑项目发展的合作伙伴等外部资源的使用及与项目的关系	25
商业维度	1. 商业模式设计完整、可行,项目已具备盈利能力或具有较好的盈利潜力 2. 项目目标市场容量及市场场景,项目与市场需求匹配情况,项目的市场、资本、社会价值情况,项目落地执行情况 3. 对行业、市场、技术等方面进行了详细的调研,并形成可靠的一手材料,强调实地调查和实践检验 4. 项目对相关产业升级或颠覆的情况:项目与区域经济发展、产业转型升级相结合的情况	20

评审要点	评审方面	分值
就业维度	1. 项目直接提供就业岗位的数量和质量 2. 项目带动就业的能力和规模	10
引领维度	1. 项目的产生与执行充分展现团队的创新意识、思维和能力，能体现团队成员解决复杂问题的综合能力和高级思维 2. 突出大赛的育人本质，充分体现项目成长对团队成员创新创业精神、意识、能力的锻炼和提升 3. 项目充分体现多学科交叉、专创融合、产学研协同创新等发展模式 4. 项目所在院校在项目的培育、孵化等方面的支持情况 5. 团队创新创业精神与实践的正向带动和示范作用	15

高教主赛道初创组和创业组评审内容主要包括商业维度、团队维度、创新维度、就业维度和引领维度五个方面，如表 3 所示。

表 3　高教主赛道初创组和创业组评审表

评审要点	评审内容	分值
商业维度	1. 商业模式设计是否完整、可行，产品或服务是否成熟，市场认可度如何 2. 经营绩效方面：项目存续时间、营业收入（合同订单）、企业利润、持续盈利能力、市场份额、客户（用户）情况、税收上缴、投入 3. 成长性方面：项目目标市场容量大小及可扩展性，是否有合适的计划和可靠资源（人力资源、资金、技术等方面）支持其未来持续快速成长 4. 经营管理方面：是否有科学、完备的研发、销售、运营、管理，人力等制度和体系支持项目发展。 5. 现金流及融资方面：项目已获外部投资情况、维持企业正常经营的现金流情况、企业融资需求及资金使用规划是否合理 6. 项目对相关产业升级或颠覆的情况：项目与区域经济发展、产业转型升级结合的情况	30
团队维度	1. 团队成员的教育和工作背景、创新能力、价值观念、分工协作和能力互补情况，重点考察成员的投入程度及团队成员的稳定性 2. 团队的组织架构、股权结构、人员配置及激励机制的合理性 3. 支撑项目发展的合作伙伴等外部资源的使用及与项目的关系	25
创新维度	1. 具有原始创新或技术突破，取得一定数量和质量的创新成果 创新奖品、行业认可等） 2. 在商业模式、产品服务、管理运营、市场营业、工艺流程、应用场景等方面取得的突破和创新	20

评审要点	评审内容	分值
就业维度	1. 项目直接提供就业岗位的数量和质量 2. 项目间接带动就业的能力和规模	10
引领维度	1. 项目充分体现多学科交叉、专创融合、产学研协同创新等发展模式 2. 突出大赛的育人本质，充分体现项目成长对团队成员创新创业精神、意识、能力的锻炼和提升 3. 项目所在院校对项目发展的支持情况或项目与所在院校的互动、合作情况 4. 团队创新创业精神与实践的正向带动和示范作用 5. 项目所在院校在项目的培育、孵化等方面的支持情况 6. 团队创新创业精神与实践的正向带动和示范作用	15

二、"青年红色筑梦之旅"赛道参赛要求

为贯彻落实党的二十大精神，深入贯彻落实习近平总书记给第三届中国"互联网+"大学生创新创业大赛"青年红色筑梦之旅"大学生重要回信的精神，"三位一体"统筹推进教育、科技、人才工作，把创新教育贯穿教育活动全过程，以创造之教育培养创造之人才，为全面建设社会主义现代化国家提供基础性、战略性支撑，2023年5月至10月举办第九届中国国际"互联网+"大学生创新创业大赛。

第九届中国国际"互联网+"大学生创新创业大赛继续在更大范围、更高层次、更有温度、更深程度上开展"青年红色筑梦之旅"活动。活动主题：强国有我新征程、乘风破浪向未来。紧扣学习贯彻习近平新时代中国特色社会主义思想主题教育，不断拓展"青年红色筑梦之旅"活动的时代内涵，引导广大青年学生"上山下乡出海"，乘风破浪向未来。通过扎实开展"青年红色筑梦之旅"活动，推动习近平新时代中国特色社会主义思想入眼入耳入脑入心，使广大青年学生深刻理解"两个确立"、坚决做到"两个维护"，坚定不移听党话、跟党走，厚植家国情怀，成为社会主义合格建设者和可靠接班人，为全面建设社会主义现代化国家贡献青春力量。

(一)参赛项目要求

1. 参加"青年红色筑梦之旅"赛道的项目应符合大赛参赛项目要求，同时在推进农业农村、城乡社区经济社会发展等方面有创新性、实效性和可持续性。

2. 以团队为单位报名参赛。允许跨校组建团队，每个团队的参赛成员不少于3人，不多于15人(含团队负责人)，参赛成员须为项目的实际核心成员。参赛团队所报参赛创业项目，须为本团队策划或经营的项目，不得借用他人项目。

3. 参赛申报人须为项目负责人，须为普通高等学校全日制在校生(包括本专科生、研究生，不含在职教育)，或毕业5年以内的全日制学生(即2017年之后的毕业生，不含在职教育)；国家开放大学学生(仅限学历教育)。企业法定代表人在大赛通知发布之日后进行变更的不予认可。

(二)该赛道参赛组别和对象

参加"青年红色筑梦之旅"赛道的项目，须为参加"青年红色筑梦之旅"活动的项目。否则一经发现，取消参赛资格。根据项目性质和特点，分为公益组、创意组、创业组。

1. 公益组

(1)参赛项目不以营利为目标，积极弘扬公益精神，在公益服务领域具有较好的创意、产品或服务模式的创业计划和实践。

(2)参赛申报主体为独立的公益项目或社会组织，注册或未注册成立公益机构（或社会组织）的项目均可参赛。

2. 创意组

(1)参赛项目基于专业和学科背景或相关资源，能解决农业农村和城乡社区发展面临的主要问题，助力乡村振兴和社区治理，推动经济价值和社会价值的共同发展。

(2)参赛项目在大赛通知下发之日前尚未完成工商等各类登记注册。

3. 创业组

(1)参赛项目以商业手段解决农业农村和城乡社区发展面临的主要问题、助力乡村振兴和社区治理，实现经济价值和社会价值的共同发展，推动共同富裕。

(2)参赛项目在大赛通知下发之日前已完成工商等各类登记注册，学生须为法定代表人。项目的股权结构中，企业法定代表人的股权不得少于10%，参赛成员股权合计不得少于总股权的1/3。

(三)评审要点

"青年红色筑梦之旅"赛道项目评审要点如表4所示。

表4 "青年红色筑梦之旅"赛道项目评审表

评审要点	评审内容	分值
项目团队	1. 团队成员的基本素质、业务能力、奉献意愿和价值观与项目需求相匹配 2. 团队的组织架构与分工协作合理 3. 团队权益结构或公司股份结构合理 4. 团队的延续性或接替性	20
公益性	1. 项目以社会价值为导向，以解决社会问题为使命，不以营利为目的，有可预见的公益成果，公益受众的覆盖面广 2. 在公益服务领域有良好产品或服务模式	20
实效性	1. 项目对精准扶贫、乡村振兴和社区治理等社会问题的贡献度 2. 在引入社会资源方面对农村组织和农民增收、地方产业结构优化等的效果 3. 项目对促进就业、教育、医疗、养老、环境保护与生态建设等方面的效果	20
创新性	1. 鼓励技术或服务创新、引入或运用新技术、鼓励高校科研成果转化 2. 鼓励组织模式创新或进行资源整合	20

评审要点	评审内容	分值
可持续性	1. 项目的持续生存能力 2. 创新研发、生产销售、资源整合等持续运营能力 3. 项目模式可复制、可推广、具有示范效应等	10
引领教育	1. 项目充分体现专业教育与创新创业教育的结合，体现团队成员所学专业知识和技能在项目和相关创新创业活动中的转化与应用 2. 突出大赛的育人本质，充分体现项目成长对团队成员创新精神、创业意识和创新创业能力的锻炼和提升作用	10
必要条件	参加由学校、省市或全国组织的"青年红色筑梦之旅"活动，符合公益要求	

三、职教赛道参赛要求

第八届"互联网＋"大学生创新创业大赛职教赛道致力于推进职业教育领域创新创业教育改革，组织学生开展就业型创业实践。

(一)参赛项目类型

1. 创新类

以技术、工艺或商业模式创新为核心优势。

2. 商业类

以商业运营潜力或实效为核心优势。

3. 工匠类

以体现敬业、精益、专注、创新为内涵的工匠精神为核心优势。

(二)参赛方式和要求

1. 职业院校(包括职业教育各层次学历教育，不含在职教育)、国家开放大学学生(仅限学历教育)可以报名参赛。

2. 大赛以团队为单位报名参赛，允许跨校组建团队。每个团队的参赛成员不少于3人，不多于15人(含团队负责人)，参赛成员须为项目的实际核心成员。参赛团队所报参赛创业项目，须为本团队策划或经营的项目，不得借用他人项目。

(三)参赛组别和对象

本赛道分为创意组与创业组。

1. 创意组

(1)参赛项目具有较好的创意和较为成型的产品原型、服务模式或针对生产加工工艺进行创新的改良技术，在大赛通知下发之日前尚未完成工商等各类登记注册。

(2)参赛申报人须为团队负责人，须为职业院校的全日制在校学生或国家开放大学学历教育在读学生。

（3）学校科技成果转化项目不能参加本组比赛（科技成果的完成人、所有人在参赛申报人中排名第一的除外）。

2. 创业组

（1）参赛项目在大赛通知下发之日前已完成工商等各类登记注册，且公司注册年限不超过 5 年（2017 年 3 月 1 日及以后注册）。

（2）参赛申报人须为企业法定代表人，须为职业院校全日制在校学生或毕业 5 年内的学生（即 2017 年之后的毕业生）、国家开放大学学历教育在读学生或毕业 5 年内的学生（即 2017 年 6 月之后的毕业生）。企业法人在大赛通知发布之日后进行变更的不予认可。

（3）项目的股权结构中，企业法定代表人的股权不得少于总股权的 1/3，参赛团队成员股权合计不得少于 51%。

（四）评审要点

职教赛道项目评审要点见表 5。

表 5　职教赛道项目评审表

评审要点	评审内容	分值
创新性	1. 具有原始创意、创造 2. 具有面向培养"大国工匠"与能工巧匠的创意与创新 3. 项目体现产教融合模式创新、校企模式创新、工学一体模式创新 4. 鼓励面向职业和岗位的创意及创新，侧重于加工工艺创新、实用技术创新、产品技术改良、应用性优化、民生类创意等	30
团队情况	1. 团队成员的教育、实践、工作背景、创新能力、价值观念、分工协作和能力互补情况 2. 团队的组织构架、股权结构、人员配置及激励制度的合理性 3. 创业顾问、投资人和战略合作伙伴等外部资源的使用及项目关系	25
商业性	1. 商业模式设计完整、可行，项目已具备盈利能力或具有较好的盈利潜力 2. 项目在商业机会识别与利用、产品或服务设计、技术基础、竞争与合作、资金及人员计划，以及在现行法律法规限制等方面具有实施的可行性 3. 对行业、市场、技术等方面有详细的调研，并形成可靠的一手材料，强调实地调查和实践检验 4. 项目目标市场容量及市场前景，发展战略和规模扩张策略的合理性和可行性，在财务管理（筹资、投资、营运资金、利润分配等）方面的合理性 5. 项目对相关产业升级或颠覆的情况，项目与区域经济发展、产业转型升级相结合的情况	20
带动就业	1. 项目直接提供就业岗位的数量和质量 2. 项目间接带动就业的能力和规模	15

评审要点	评审内容	分值
引领教育	1. 项目充分体现专业教育与创新创业教育的结合,体现团队成员所学专业知识和技能在项目和相关创新创业活动中的转化与应用 2. 突出大赛的育人本质,充分体现项目成长对团队成员创新精神、创业意识和创新创业能力的锻炼和提升	10

四、产业命题赛道参赛要求

产业命题赛道是"互联网+"大赛的增设赛道,与其他赛道一样,都是大赛主题赛事的一部分,目的是加强产学研深度融合。

(一)赛道设置的目标任务

1. 发挥开放创新效用,打通高校智力资源和企业发展需求,协同解决企业发展中所面临的技术、管理等现实问题。

2. 引导高校将创新创业教育实践与产业发展有机结合,促进学生了解产业发展状况,培养学生解决产业发展问题的能力。

3. 立足产业发展,深化新工科、新医科、新农科、新文科建设,校企协同培育产业新领域、新市场,推动大学生更高质量创业就业。

本赛道针对企业开放创新需求,面向产业代表性企业、行业龙头企业、专精特新企业及入选国家"大众创业万众创新示范基地"的大型企业征集命题。企业所提交的命题应聚焦国家"十四五"规划战略新兴产业方向,倡导新技术、新产品、新业态、新模式。要着重围绕新工科、新医科、新农科、新文科对应的产业和行业领域,基于企业发展真实需求进行命题。

(二)参赛要求

1. 本赛道以团队为单位报名参赛,每支参赛团队只能选择一题参加比赛,允许跨校组建、师生共同组建参赛团队,每个团队的成员不少于3人,不多于15人(含团队负责人),团队成员须为揭榜答题的实际核心成员。

2. 项目负责人须为普通高等学校全日制在校生(包括本专科生、研究生,不含在职教育),或毕业5年以内的全日制学生(即2017年之后毕业的本专科生、研究生,不含在职教育)。参赛项目中的教师须为高校教师(2022年7月31日前正式入职)。

3. 参赛团队所提交的命题对策须符合企业命题要求。参赛团队须对提交的应答材料拥有自主知识产权,不得侵犯他人知识产权或物权。

(三)评审要点

产业命题赛道项目评审要点见表6。

表 6 产业命题赛道项目评审表

评审要点	评审内容	分值
创新维度	1. 具有原始创新或技术突破，取得一定数量和质量的创新成果（专利、创新奖励、行业认可等） 2. 在商业模式、产品服务、管理运营、市场营销、工艺流程、应用场景等方面取得突破和创新	20
团队维度	1. 团队成员的教育、实践、工作背景、创新能力、价值观念等 2. 团队结构、分工协作、能力互补、人员配置及激励制度的合理性 3. 团队与项目关系的真实性、紧密性，团队对项目的各类投入情况，团队未来投身创新创业的可能性 4. 支撑项目发展的各类顾问、合作伙伴等外部资源的使用及与项目的关系	20
实现维度	1. 解决方案需分析合理，对技术（创意）前景判断合理、准确 2. 整体目标规划和工作进度安排合理，各阶段的工作目标清晰、难点明确、重点突出，解决方案合理并能兼顾目标与资源配置。 3. 项目技术方案可行性高、技术路线清晰明确、技术工具成熟可靠，项目完成度好 4. 技术资源及经济成本控制合理，与项目需求匹配恰当	20
商业维度	1. 商业模式设计完整、可行，项目已具备盈利能力或具有较好的盈利潜力 2. 项目目标市场容量及市场前景，项目与市场需求匹配情况，项目的市场、资本、社会价值情况，项目落地执行情况 3. 对行业、市场、技术等方面进行了详细的调研，并形成可靠的一手材料，强调实地调查和实践检验 4. 项目对相关产业升级或颠覆的情况，项目与区域经济发展、产业转型升级相结合情况	15
就业维度	1. 项目直接提供就业岗位的数量和质量 2. 项目间接带动就业的能力和规模	10
引领教育	1. 项目充分体现专业教育与创新创业教育的结合，体现团队成员所学专业知识和技能在项目和相关创新创业活动中的转化与应用 2. 突出大赛的育人本质，充分体现项目成长对团队成员创新精神、创业意识和创新创业能力的锻炼和提升	15

五、参赛时间安排及注意事项

（一）参赛时间安排

学生搜索进入"全国大学生创业服务网"的首页，点击网页中的"报名参赛"按钮，按照流程填写相关信息进行参赛报名。大赛于每年 4 月开始报名，6～7 月各高校举行初赛，7～8 月进行省市复赛，10 月下旬为总决赛。

(二)参赛注意事项

1. 竞赛选题要结合我国国情，结合社会热点和难点，根据政府通告的、媒体报道的、长期存在的难题和具有地方特色、民族特色、学校特色的热点进行项目选题，要围绕"选择做什么""解决什么问题""怎么解决问题""谁来解决问题"等方面展开。

2. 项目计划书要满足逻辑清晰、循序渐进、内容完整等特点。从分析市场数据，确定项目选题和竞品情况，针对某一问题建立项目核心技术，并将技术转变为产品，根据项目的发展获得成果，如科研论文、国家专利、调研报告、发明创造等，同时，说明产品竞争优势并明确目标客户，进行合理并有效的财务分析。

3. 项目 PPT 包括网评版本和路演版本两种，要做到简单易懂、图文并茂，能抓住评委眼球。网评版本的 PPT 页数应在 30 页左右，包括目录。用简单的文字和语句介绍项目，使评委老师能通过浏览找到答案并理解项目主题；路演版本的 PPT 页数应在 10～15 页左右，可以添加较少动画，字少图多，用关键性词语进行项目介绍，使评委老师能通过路演人员的语言和非语言表达理解项目含义。

4. 展示视频要遵循突出亮点、高效认知、视觉美观的原则。制作人应围绕项目精华找到切入点，形成聚焦并不断强化，正确呈现项目信息，实现复杂问题的简单化，使专业知识通俗化。视频应冲击力强，视觉美观，带给评委老师完美的体验。

第二章 案例分析

▶ "互联网＋"大学生创新创业大赛山东省赛金奖案例
——"数据共享下的隐私保护解决方案"项目

一、案例简介

本项目是互联网大赛中的企业命题项目。项目团队从实际出发，对命题单位——京东集团进行了深入调研。京东集团作为互联网企业的巨头，全国第三位的电商平台，是数据行业的先行者，拥有海量的用户和企业数据。在大数据共享时，京东遇到了共享效率低的问题，于是提出了企业命题，寻求海量数据下的共享不泄密、使用效率高的解决方案。

该项目团队提出智网＋精端的解决方案。在认证方面，引入先进的量子密钥技术进行认证，保障密钥的不可盗、不可复制性；在离线设备方面，提出数据孪生时空域的方案；在云端方面，依托前沿技术，提出数据不动价值动、数据可见不可用的方案，可以避免敏感信息外泄并能对密文进行实时运算；算法方面，采用世界首创的多方隐私学习模型，将计算任务下放到边缘计算机，降低计算复杂度。项目团队的设计集成了差分隐私、同态加密技术和快速计算体系，采用独立开发的世界首个多方隐私学习模型，学习效率和计算精度提高了20倍；并且创造性地将计算任务下放到边缘计算机上，大幅度降低了差分隐私计算的复杂度。

二、案例分析

(一)创业项目产生的背景

在市场经济条件下，信息已经成为一种极其重要的商品，具有极其特殊的价值。随着互联网技术的发展，各大互联网公司都拥有海量用户数据，包括个人信息等敏感信息。因此，公司或部门间在数据共享及使用必须确保不发生隐私的泄露。目前市场现行的加密存储设备存在技术效率较低，安全性不足的问题，所以急需一种更安全高效、可共享的加密技术。

(二)创业项目所解决的社会痛点

数据是现代社会的基础力量。大数据时代已经到来，数据安全尤为重要。2021年7月，滴滴出行涉嫌收集个人数据、泄密，被强制下架，接受联合审查，直接经济损失达500亿元。大数据时代，数据既要共享，又要安全，这本身就是矛盾的，就像一个仓库,既要给别人钥匙让他进去拿东西,又不能让他看到里面的东西。大数据服务商都在寻求大数据时代的数据安全解决方案。

当前互联网企业针对共享与安全的问题进行了很多探索,针对大数据中的个人隐私保护,必须使用差分隐私和同态加密算法。现有差分隐私技术存在数据使用效率低,企业损失大的问题;另外现有的同态加密技术耗时长,原本只需要1小时就能完成的计算任务,同态加密后需要计算1年,大大增加了成本。

项目团队提出智网+精端的解决方案。此方案能实现数据的不可盗、不可复制,采用世界首创的数据计算模型,提高了计算的效率,降低了计算的复杂度。

(三)创业团队成员合理分工,优化配置,形成合力

项目团队由教授作为主要指导教师。指导教师具备较高的专业素养和科研水平。项目团队成员所擅长的领域互补性较强,既有掌握研发技术的专业人才,也有懂得金融、法务等方面知识的人才。项目团队成员合理分工,形成梯队作战模型。根据每个人的专业特长进行明确分工,确保每个团队成员都能够进行深入钻研,拓展每个团队成员专业技能提升的深度和广度。

(四)项目团队成员进行科研攻关,掌握先进技术,形成项目的核心竞争力

项目团队所研发的核心技术能实现用户信息加密,保护个人隐私,同时可实现海量数据毫秒级反应,既保证了用户信息的安全性,又通过技术手段实现大容量、高速度运行,大幅度降低了企业运营成本。项目的三大核心技术如下。

在认证方面,采用量子密钥认证。团队设计的量子密钥分发装置,保证了密钥的不可破解、不可复制性。京东集团的现有光纤链路加装量子密钥分发装置后,可完成企业级量子身份认证,保证用户真实可信。

在云端处理方面,依托前沿技术提出数据可用不可见的使用方案,利用差分隐私技术,在加密分享时自动将敏感信息加密,在确保个人隐私同时,能够充分发挥数据的社会价值;信息的使用者在不可得知具体数据和隐私信息的前提下,可以完成对数据的正常使用。团队设计的差分隐私、同态加密技术和快速计算体系,采用独立开发的世界首个多方隐私学习模型,学习效率和计算精度提高了20倍;创造性地将计算任务下放到边缘计算机上,大幅度降低了计算的复杂度。

在加密终端方面,硬件存储设备搭载6Gpbs高速存储模块,实测加解密读写速度510M/s,相对三星同类型产品速率提升88%;独有的三芯锁定模式和解密技术,解决了原有解密步骤复杂烦琐的问题。配备的分布式服务器,满足了企业海量级数据毫秒级反应的需求。专用移动存储设备搭载自研北斗模组获取位置信息,通过去中心化的区块链技术完成身份认证,可以规定使用区域,也可以限制使用时间,这样设备一旦被带出使用场景,我们就可以远程锁定存储内容,如果被暴力破解,还可以实现一键销毁。

(五)项目团队合作企业和团队成员所在高校提供大力支持

该创业项目的合作企业向团队提供了产品研发所需要的实验环境与研发平台。该合作企业根据项目研发需求，提供了高速加解密技术和高集成度芯片，为项目产品研发提供了宝贵的技术支持和产品支持。同时，该创业项目得到项目研发所在学校的大力支持。学校重点实验室、集成电路设计中心等机构支持项目研发、优化和测试。

(六)团队成员的参赛感悟

互联网＋创新创业大赛为团队成员提供了一个经受历练、锤炼意志的舞台。为期近一年的比赛，与数百万名参赛学生同台竞争，使团队成员更加明白"台上一分钟，台下十年功"的道理。任何事情想要取得成功都离不开日复一日的艰苦奋斗。经历了许多的磨难、失败与坚持，最后的成果浓缩成大赛上那几分钟的汇报与演示。项目团队的奋斗历程是互联网＋创新创业大赛上所有为了梦想而执着奋斗的同学们的缩影。这一段参赛经历本身就是一种宝贵的财富。比成绩和荣誉重要的，是这些磨难和挫折带给团队成员的无坚不摧的坚定信念与钢铁般的顽强意志，以及深刻在骨子里的爱国主义精神和家国情怀。"奋斗才是青春最亮丽的底色"，这也正是互联网＋创新创业大赛所有参赛学生共同的底色。

▶ "互联网＋"大学生创新创业大赛国赛金奖案例 ——"国家战略急需高性能电磁材料与天线产业化"项目

一、案例简介

在信息技术革命的推动下，电磁科技朝着小型化，轻量化，高频化发展。在此背景下，国家战略急需高性能电磁材料。天线产业化项目团队成功研制出高性能电磁材料、高端小型天线、阵列天线三个创新创业产品。高介电常数、低损微波电磁材料成功解决了我国缺乏高性能电磁材料的问题；基于该材料研发的小型天线解决了缺乏高端天线的问题；研发的轻型化、小型化阵列天线解决了中国北斗导航抗干扰小型化天线的设计问题，并成功实现了产业化生产。研发出的产品获得多个国家航天立项、多项发明专利及国防专利，并且在国家军事项目竞标中多次获得第一名。我国的神舟飞船、多型 155 炮弹、第一批出口欧洲的 CH－92A 无人机、中国最大的无人运输机飞鸿 98、载人航天天馈系统都装备有公司相关设备。该项目为国家电磁科技领域中的诸多"卡脖子"难题作出了重要贡献。

二、案例分析

(一)项目由来及解决的社会问题

通信系统和电子电路正快速向着高频化方向发展，高频通信系统不仅干扰更少、频段更宽，而且信息可容纳量更大。因此高频通信既是 5G 通讯、大数据、物联网等发展的必然趋势，也是我国可视化军事作战、安全通讯的必然选择。但是高频通信的毫米波同时面临着大气中传播衰减严重，器件加工精度要求高，信号衰减快，覆盖范围小，易受到建筑阻碍等问题，且对高频电磁材料要求极高。

当前世界先进高频材料产品主要集中在发达国家，中国要发展高频通信必须拥有自己的核心技术。我国在高频通信领域，特别在中高端复合材料、小型化天线设计及智能化天线领域，还存在诸多不足。该项目成功解决了高性能电磁材料、高端天线短缺的问题。设计研发的抗干扰小型化天线，为我国高频通信的发展提供了智力和技术支撑。

(二)项目形成完整的技术支撑

项目团队深入研究了高性能高频复合材料制备、批量化生产关键工艺技术、材料介质检测技术等一系列核心技术，并在天线产品研发方面实现了小型化、抗干扰。所研发的抗干扰设备如同一个智能手机的大小，使用起来非常方便，形成了项目的独特优势。

1. 高频复合材料

高频复合材料是中国制造 2025 重点突破的关键战略材料。该项目团队目前已全面掌握高频复合材料的生产技术。现有产品的指标与美国相似产品相当。研发的部分产品填补了国内市场的空白，并可取代国外同类产品，打破国外进口的严格限制，改变了同类产品受制于人的被动局面。

2. 天线业务

在天线领域，项目团队以航天航空领域的专家为顾问成员，以中青年技术骨干为核心。团队研制出的产品曾获得国家级、省部级重大技术进步奖。项目团队依托所建立的专业性较强的天线微波暗室，实现了在军民两用天线领域的深厚技术积累。目前项目团队已研发出小型化、宽频带、抗干扰的天线产品，并与航天、航空、兵器近 20 个厂家实现了合作。

3. 小型化抗干扰业务

由于卫星导航信号的频率是公开的，在军事用途中，电磁波极易受到干扰。该项目团队和某航天研究所合作共同研制的抗干扰机已经在装备上使用，目前已经具备批量化生产的条件。团队成员通过艰苦研发，将抗干扰系统的重量做到 120 克左右，体积和一个智能手机大小差不多，可以抵抗小于导航信号 1 亿倍的干扰源，并且其安装和使用非常方便，不需要改变以前的导航设备，只需进行加装即可。

(三)创业团队专家顾问实力雄厚，核心成员有较强的技术研发实力

技术团队以航天航空领域的一批顶级专家为顾问，以中青年技术骨干为核心。团队主要核心人员具有较强的技术研发经验，团队成员强强联合展现出团队强大的实力。团队成员无论是在专业知识还是产品研发方面都具有很强的互补性，是一支具有强大战斗力的团队。团队成员都有共同的理想，愿意为我国制造业和航天技术的发展壮大而努力奋斗。由此可见，该团队是一个拥有共同价值观且能力互补的高效团队。

(四)指导教师及学校提供的支持

指导老师已成立公司，可依托公司进行产品研发和商业化运作，并且指导教师具有较强的科研实力，能够有效指导大学生创新创业团队进行核心技术攻关和产品研发。学生所在学校也提供了必要的创业产品研发的场地支持，可使用学校内的实验室和工程训练中心进行研发。

▶ "互联网＋"大学生创新创业大赛山东省赛案例 ——"沃农园"果蔬资源循环利用践行者项目

一、案例简介

本项目针对山东省果蔬生产过程中因果蔬副产物处理不当引起的环境污染、资源浪费、产品附加值低等问题，依托昆虫过腹转化技术、人工立体养殖黄粉虫技术、超微粉碎—超声波—微波耦合蛋白质提取技术等先进技术，对果蔬栽培领域、流通领域、加工领域产生的果蔬副产物进行绿色高效处理，实现资源高值化利用，构建绿色循环模式，解决了果蔬副产物的环境污染问题；并且通过向农民养殖户提供技术，协助农民养殖黄粉虫，促进农民增收。该项目目前已与企业达成合作，生产的黄粉虫干虫制品已实现盈利，达成用科技助力现代农业发展的目的。

二、案例分析

(一)项目由来

山东省是果蔬生产大省，果蔬损耗量不容小觑。在查阅相关文献的基础上，本团队前往山东 12 个地级市展开实地调研。调研结果显示，我省果蔬产业损耗率大，且目前没有合适的、较为环保的处理方式，因此造成了严重的环境污染和经济损失。如何实现果蔬资源循环利用是一个亟待解决的问题。

作为农业院校的学子，该项目团队成员迫切希望依靠团队的力量来解决这个现实问题。该项目依托团队指导老师从事黄粉虫养殖工作 10 年的经验，基于黄粉虫食性广、吃湿排干，无二次污染等优点，经过多年的实验选育出了 HH－1 黄粉虫新

品种。该品种是全国唯一一种可以转化含水量高于 90% 果蔬副产物的品种。在果蔬副产品处理过程中使用黄粉虫,可破解果蔬资源循环利用这一难题。

(二)该项目解决的社会问题

自 2013 年以来山东省的果蔬产量稳居全国第一,但是每年的果蔬损耗量高达 2962 万吨,而且目前尚无较为合理的综合处理方式,仅山东省每年的果蔬损耗就造成了超过 200 亿元的直接经济损失,间接导致的果蔬产业综合效益流失更加严重。

为此,本项目构建起果蔬资源循环利用的新模式,果蔬生产的农副产品经昆虫过腹转化技术被黄粉虫食用,黄粉虫产生的虫沙经好氧堆肥技术回归田园,而黄粉虫虫体经微波干燥技术又被制成高价值产品,实现了良性循环。

本团队成立"帮扶团队",通过项目合作的方式与果蔬种植、果蔬加工或黄粉虫养殖企业开展合作,根据其需求定向帮助,设计黄粉虫转化果蔬副产物的方案,制定养殖标准,为黄粉虫养殖户产房建设与改造提供助力;同时成立培训小组对农民进行黄粉虫养殖、加工技术培训,提高农民的综合技能,实现绿色、环保、高效益的养殖;另外,通过山东省虫业协会等平台联系国内外加工企业收集黄粉虫,解决了农民养殖后的销售问题。

(三)主要产品及核心技术

本项目获批国内外首创超细粉碎—超声波—微波耦合黄粉虫蛋白质提取技术,采用超细粉碎—超声波—微波耦合黄粉虫蛋白质提取技术进行黄粉虫蛋白质提取。用上述方法制备蛋白质耗时短、效率高,提取率和纯度分别达到 63.23% 和 75.59%,且制备的蛋白质脂肪含量低,品质优异。相较于黄粉虫蛋白质提取的其他方法,本方法具有鲜明的优势,应用前景广阔。

(四)本项目已实现良好的社会效益,能助力农民增收和高科技农业发展

本项目集中收购核心技术实际应用后的黄粉虫进行高值化转化处理,将其生产成为商品,实现盈利。本团队成立培训小组对农民进行黄粉虫养殖、加工技术培训,提高农民的综合技能;同时成立黄粉虫高值加工合作社,提供就业岗位,农民在种植、养殖的间隙可前往合作社工作,从而扩充收入来源,为当地经济发展注入了新鲜血液。

昆虫过腹转化处理技术在泰安市岱岳区马庄镇洼口村扶贫基地得到应用。基地采用"虫—果—菌"种养一体化发展循环模式,利用桃子废弃物养虫和菌,虫粪转化肥料栽培桃子,促进当地农民增收,为乡村振兴贡献力量,带动当地 286 名农户养殖黄粉虫,实现人均增收 21200 元。团队成果先后被泰安电视台、《大众日报》、齐鲁电视台、今日头条、学习强国等媒体报道。

(五)创业团队注重实地调研,团队成员多学科背景形成优势互补

本团队以高校教授、山东省蔬菜创新团队贮藏加工岗位专家为专业顾问,以农业院校教授团队为指导老师。指导教师经常带领团队成员前往黄粉虫养殖基地、果

蔬种植基地和大型果蔬物流园等地进行实地调研，让团队成员看到农业生产中存在的各种问题，听到各地农民的真实诉求。

团队成员秉承以赛促学、以赛促教、以赛促改、以赛促创的创新创业理念。核心团队成员由来自食品、财务、营销、黄粉虫养殖及艺术设计等专业的优秀创客们组成。

（六）指导老师及项目所在学校积极联系相关企业，为本团队核心技术的产业化运营提供相应支持

小农女农业开发有限公司与本团队合作。该公司将本团队的项目模式投入运营，在实际运营过程中进行查缺补漏，帮助该项目模式接受市场的检验。

青岛吉茂源农业科技有限公司与本团队签订合同，打开了黄粉虫的销路。

（七）项目团队成员的感悟

当代大学生正在成为创业的主力军，作为一支创业团队，团队成员秉持着为社会服务的理念，脚踏实地，勇往直前，为乡村振兴贡献自己的力量。团队成员专注项目的研发与推进，也欣然接受创业之路的各种酸甜苦辣。成员们深知创业之路的艰辛与漫长，但坚信努力过后必将收获成功。本项目在学校和项目团队合作企业的支持下取得了质的进步，让一群热血青年看到了希望，为他们创业梦的实现提供了强有力的支持。